中文社会科学引文索引（CSSCI）来源集刊

产业经济评论

REVIEW OF INDUSTRIAL ECONOMICS

第20卷　第2辑　（总第66辑）

主编　臧旭恒

中国财经出版传媒集团

经济科学出版社
Economic Science Press

图书在版编目（CIP）数据

产业经济评论．第20卷．第2辑/臧旭恒主编．
—北京：经济科学出版社，2021.6
ISBN 978 -7 -5218 -2655 -5

Ⅰ.①产… Ⅱ.①臧… Ⅲ.①产业经济学-文集
Ⅳ.①F062.9 -53

中国版本图书馆CIP数据核字（2021）第123376号

责任编辑：宋　涛
责任校对：杨　海
责任印制：范　艳　张佳裕

产业经济评论
第20卷　第2辑　（总第66辑）
主编　臧旭恒
经济科学出版社出版、发行　新华书店经销
社址：北京市海淀区阜成路甲28号　邮编：100142
总编部电话：010 -88191217　发行部电话：010 -88191522
网址：www.esp.com.cn
电子邮箱：esp@esp.com.cn
天猫网店：经济科学出版社旗舰店
网址：http://jjkxcbs.tmall.com
北京季蜂印刷有限公司印装
787×1092　16开　11.5印张　230000字
2021年8月第1版　2021年8月第1次印刷
ISBN 978 -7 -5218 -2655 -5　定价：46.00元
（图书出现印装问题，本社负责调换。电话：010 -88191510）

目　　录

CONTENTS

经济行为实验与反贫困：一个文献综述

姚　宇　刘骄阳*

摘　要：随着我国全面小康社会的建成，反贫困工作的重点从消除绝对贫困转向治理相对贫困。行为和实验经济学将关注点集中于贫困产生的心理机制并主张从内生动力角度探究贫困治理，这与相对贫困治理和当前防止返贫工作目标十分契合。将贫困者个体行为纳入理论视野，行为和实验经济学的兴起推动了反贫困研究逐步从统计调查和政策评估等外部分析转向人的认知、信念和动机等内在行为原因，为新的历史时期反贫困研究打开了一扇新的窗户。在对贫困者行为特征文献梳理基础上，本文以 Woodworth（1939）S－O－R 心理模式为架构从外部环境、认知资源和内生动力三个方面对近年来基于行为实验的反贫困文献进行了归纳和总结，旨在为今后研究和制定扶贫政策提供一些有益的借鉴，也希望为进一步的反贫困研究发现一些可行的方向。

关键词：经济行为实验　反贫困　综述

一、引　言

截至今天，人类社会的发展史仍旧是一部与贫困抗争的奋斗史。伴随着绝对贫困（Rowntree，1902）在我国的消除，相对贫困（Runciman，1966）的治理提上了我国经济社会发展治理的日程。贫困地区的物质生活水平有了极大提升，贫困群众已在物质层面脱贫，绝对贫困或者说生存性贫困问题已经解决，但是仍存在部分贫困群众的脱贫主体意识淡薄、脱贫内生动力欠缺，贫困地区的陈规陋习短时间内仍然无法消除等实际现象；随之而来的是范围更广、持续时间更长的相对贫困问题的治理；精神贫困或者说贫困心态成为了当前亟待解决的主要问题。

新的历史时代需要反贫困工作的新发展，以往“以消除绝对贫困”为目

---

* 本文受国家社科基金项目“虚拟资本时代社会公平效率矛盾的解决路径研究”（16BKS040）、陕西师范大学中央高校基本科研业务费专项资金项目“以县城为抓手协调推进新型城镇化和乡村振兴研究”（21SZYB34）资助。

感谢审稿人的修改意见。

姚宇：陕西师范大学国际商学院；地址：西安市长安区郭杜街道西长安街 620 号，邮编：710119；E-mail：Jason_yao@ snnu. edu. cn。

刘骄阳：陕西师范大学国际商学院；地址：西安市长安区郭杜街道西长安街 620 号，邮编：710119；E-mail：2622001637@ qq. com。

标、更多强调制度建设和外力推动作用的输血式扶贫已不再适用。如何从内在上改变贫困者行为，防止返贫并消除相对贫困，行为实验、认知科学与经济学的结合为此目标提供了新的思路。行为和实验经济学将关注点集中于贫困产生的心理机制并主张从内生动力角度探究贫困治理，这与相对贫困治理和当前防止返贫工作目标十分契合。基于此，本文希望对以往基于行为实验的反贫困研究文献进行梳理和总结，以期通过这一工作对新的历史要求下我国扶贫工作和扶贫研究提供可能的帮助。

二、贫困者的行为特征研究

贫困这一状态是贫困个体上一阶段行为的终点，也是下一阶段行为的起点。贫困者行为分析可以为解释“为什么处于贫困状态”提供一个与其他研究方法不同的切入点。不同收入等级群体资源禀赋、生活环境和社会关系等多方面均存在较大差异，这是否会造成他们在行为选择上的差异？是否会造成他们风险偏好、反应速度和思维认知等方面的不同？在贫困约束下，个体的最优行为决策所基于的传统“理性经济人”假设是否仍然成立？是否会产生行为偏差，行为偏差又会对其贫困状况产生怎样的影响？为回答这些问题，本文将首先基于文献梳理分析贫困者是否存在行为决策上的个体特征或群体特征；如果存在，我们将通过文献进一步分析这类行为所产生的原因。第一个问题的回答构成了本部分内容，本文第三、四、五部分则期望对第二个问题进行回答。

Banerjee and Duflo（2007）提出了一系列的贫困者行为特征，并以多国实际案例对这些特征进行了全方位描述和解释。他们所提出的特征分类为本文贫困者行为特征研究的文献梳理提供了框架（见图 1）。

消费行为	风险规避	教育投资	储蓄和借贷	其他，如保险、健康状况等
• 1996 Subramanian & Deaton发现贫困者食物消费的收入弹性并非大于或等于1，他们会将增加收入的很大部分花在其他食品之外的商品或服务上。 • 2007 Banerjee & Duflo结论表明贫困者在非食物支出上酒精和烟草和节日开支是重要组成部分。 • 2010 Banerjee & Mullainathan进一步提出诱惑品概念来解释穷人在消费上的非理性。 • 2012 Moav & Neeman解释原因：认为 由于“面子”问题贫困者更倾向于花费较多的收入用于购买炫耀性商品。	• 2001 Banerjee & Gertler指出多数贫困者风险厌恶系数大，较少进行冒险行为。 • 2006 Duflo & Esther印度贫农较为保守，较少采用产量高的新型杂交种子。 • 2007 Banerjee & Duflo发现贫困者常常有多份工作来确保自身免受风险。 • 2013 Banerjee进一步指出，贫困者的脆弱心理使得他们规避创业风险，因此难以摆脱贫困。 • 2016 Carvalho et al.从流动性约束角度来解释了贫困者的风险规避行为。 • 2020 Banker et al. 研究表明：“经济上不安全”的贫困身份会影响一个人从事具有挑战性的任务的倾向。	• 2004 Schultz在墨西哥通过“有条件现金转移”的方式资助贫苦母亲，降低了初中学生的辍学率。 • 2007 Banerjee & Duflo调查发现在贫困家庭中教育支出一般占家庭预算的2%左右，并进一步指出贫困家庭由于公共教育的存在在教育支出上会花费较少。 • 2014 Dinkelman & Martinez在智利发现，贫困家庭子女入学率较低的原因是信息获取不足。	• 2004 Bertrand et al.的研究发现，在美国有10%到20%的贫困家庭没有银行账户，这将导致其借贷多为周围人借款或高利贷。 • 2007 Banerjee & Duflo 的研究指出对贫困者来说通常无法找到安全和合理的方式进行储蓄。 • 2012 Shah et al.指出贫困者出现了只关注当下而忽视贷款成本问题导致了贫困者过度借贷行为的产生。 • 2014 Karlan通过野外实地实验进一步列出了五种可能阻碍穷人储蓄的制约因素。 • 2016 Carvalho的研究总结了贫困者在行为表现上存在习惯赌博、不愿储蓄、愿意以高利率进行借贷等非理性行为。	• 2006 Morduch的研究提出缺乏保险导致穷人的技术投资不足。 • 2005 Case & Deaton发现贫困者在经济上和心理上都面临着巨大的压力。 • 2006 Gubert & Fafchamps发现贫困者相互之间通过非正式社交网络能形成非正式的保险。 • 2007 Banerjee & Duflo的研究表明，贫困家庭承担着大多数的医疗风险。 • 2007 Banerjee & Duflo研究显示贫困者和富人相比也会更容易身体虚弱或生病。

图 1　贫困者行为特征研究文献分类

第一，贫困者在消费行为或日常开销方面表现出非理性特征。Engel 在 19 世纪就指出由于贫困者存在较大的经济约束，其资金消费将会主要用于食物支出和家庭必需品上。但 Subramanian and Deaton（1994）发现贫困者食物消费的收入弹性并非大于或等于 1，他们会将增加收入的很大部分花在食品之外的其他商品或服务上。Banerjee and Duflo（2007）通过全球实际案例分析发现，在穷人花大量钱购买的非食品项目中，酒精和烟草表现得尤为突出；更令人惊讶的是，对于许多极贫困家庭，节日开支（包括婚礼、葬礼或宗教节日）是预算的重要组成。进一步，Banerjee and Mullainathan（2010）提出了消费品中的诱惑品概念，指出诱惑品消费与收入水平之间的关系可以实现对穷人消费非理性的有效解释。Moav and Neeman（2012）对贫困者消费行为特征进行了另一个角度的解释。他们指出，人力资本水平较低的个体由于“怕人说穷”更爱“面子”，更倾向于花费较多的收入用于购买炫耀性商品，但这些花费对于自身贫困消除毫无意义，相反会加剧贫困循环、陷入持久性贫困。

第二，贫困者因风险承受能力有限，具有普遍的风险规避特征，不愿尝试新事物和进行冒险挑战。Banerjee et al.（2001）指出多数贫困者是脆弱的，他们比其他人更害怕失去，风险厌恶系数更大，进而较少进行冒险行为。Duflo（2006）在印度进行的实地实验观察中发现尽管新型种子产量更高，但由于存在一定风险，贫农和富农相比采用新型杂交种子的比例更低，表现出风险规避特征。Banerjee and Duflo（2007）的研究发现许多贫困户同时有多种职业，并认为造成这一现象的原因是贫困者所处的经济市场环境与富人存在着不同，穷人进入高效的市场和接触到高质量的基础设施的机会非常有限，他们从事农业以外的第二份工作可以确保自身免受很多风险。Banerjee（2013）进一步指出，贫困者的脆弱心理使得他们难以承受创业所面临的风险，因此错过摆脱贫困陷阱的机会。Carvalho et al.（2016）研究发现贫困者在进行金钱相关的跨期决策时，获得收入前后的行为存在差异，并进一步从流动性约束角度来解释风险规避行为，认为贫困者由于日常生活缺乏保障，因此他们通过较少地尝试冒险行为来避免风险。对贫困者的风险规避特征，Banker et al.（2020）给出了另一种文化上的解释，他在美国和印度的实验中塑造了被试的“贫困身份”，结果表明：“经济上不安全”的贫困身份会影响一个人从事具有挑战性任务的倾向。

第三，在教育投资方面，贫困者行为与理性决策存在较大偏差，贫困家庭无论子女的入学率还是教育花费的收入占比都比较低。Schultz（2004）在墨西哥的研究发现对于贫困家庭来说子女的辍学率较高。他通过对在墨西哥实施的“进步教育项目”考察发现，通过有条件现金转移的方式资助贫苦家庭可以显著地降低初中学生的辍学率。Dinkelman and Martinez（2014）在智利的研究同样发现贫困家庭的子女入学率较低，并指出造成这一现象的一个重要原因是贫困家庭信息不足，告知贫困家庭成员有关教育的公共资助信息能显著提高中小学入学率，甚至是高等教育的入学率。除了入学率低所造成的贫困家庭教育花费在总收入中比例低，选择公共教育同样是贫困家庭教育花费少的重要原因。Banerjee and Duflo（2007）调查发现在贫困家庭中教育支出一般占家庭预算的 2% 左右。他们对这一现象调查后的解释是，由于公共教育的存在，贫困家庭父母更倾向于将子女送到公立学校或其他不收费的学校，因此对于贫困家庭子女的基础教育并非必须花费。

第四，在储蓄和借贷行为方面，贫困者与非贫困者的行为特征存在差异。就储蓄方面来说，贫困者很少有储蓄账户。Bertrand et al.（2004）的研究发现，在美国有 10% ~20% 的贫困家庭没有银行账户，这就使得他们在面临经济风险时，无法向银行进行借贷，而只能靠向周围人借款或者借高利贷来度过危机。缺乏可靠的储蓄账户似乎对各地的穷人都很常见，Rutherford（2000）的著作中描述了穷人用来处理这个问题的策略：他们组成了储蓄的“俱乐部”，每个人都能确保其他人的储蓄，这类自助团体的形成允许人们轮流将储蓄相互借贷，然而多数贫困者不会参加这类半正规储蓄机构。Banerjee and Duflo（2007）的研究认为阻碍穷人储蓄的一个重要的原因是无法找到安全和合理的储蓄方式，由于没有银行账户，把现金放在枕头里或家里其他地方既不安全也不能抵御通货膨胀，还需要不断抵制消费的诱惑。Karlan et al.（2014）通过野外实地实验，列出了五种可能阻碍穷人采用和有效利用储蓄产品和服务的制约因素：交易成本、缺乏信任和监管障碍、信息和知识差距、社会制约和行为偏见，并认为这些制约不仅可能导致储蓄不足还可能引致严重的福利损失。就借贷方面来说，贫困家庭存在贷款渠道匮乏和过度贷款等行为特征。Banerjee and Duflo（2007）通过来自 13 个国家的数据分析表明，存在未偿债务的农村极端贫困家庭的比例虽在各国之间有所不同，但一致的是，很少有贫困家庭能从正规贷款来源获得贷款；样本中大约 2/3 的贫困者有贷款，而借款来源主要是朋友或邻居和家庭成员以及专门放贷的借款人，只有很少一部分的贷款来自商业银行。Shah et al.（2012）指出当贫困者处于能够借贷的经济环境时，他们往往又是只关注当前情景而忽视贷款后期所要支付的成本问题，从而导致过度借贷的行为产生。Carvalho et al.（2016）之后的研究对以上贫困者行为特征进行了总结，指出贫困者在行为表现上存在习惯赌博、不愿储蓄、愿意以高利率进行借贷等非理性行为。

第五，在其他如保险、健康状况等方面，贫困者也表现出特殊的方面，比如他们几乎得不到任何正规保险。Morduch（2006）的研究提出缺乏保险导致穷人对存在风险但有盈利的技术投资不足。Fafchamps and Gubert（2007）介绍了贫困者解决风险防范的方法，他们发现贫困者相互之间有非正式社交网络能形成非正式的保险，但提供保险的数量取决于组织者是否愿意照顾那些不受欢迎的人，组织者更倾向于将风险分散到居住在附近、收入和职业与他们自身相似的家庭身上。Banerjee and Duflo（2007）的研究表明，贫困家庭也承担着大多数的医疗风险，如果发生意外事件，大量的医疗支出将由借款或取消储蓄来应对。除了保险方面，贫困者的健康状况同样值得关注。Case and Deaton（2005）发现贫困者在经济上和心理上都面临着巨大的压力，经常处于“担心、紧张或焦虑”状态，从而干扰了睡眠、工作和饮食等正常活动。

可以看出，由于资源约束等多种原因，贫困者的经济行为存在与社会大众在诸多方面的显著不同。学术上进一步的追问是，贫困者为何会呈现出以上所提到的这些行为特征？这些特征是贫困者在已有贫困约束下的最优选择，还是贫困这一状态导致了贫困者产生行为选择上偏差？本文进一步的文献梳理希望对此进行解释。

三、外部环境对贫困者行为决策的影响研究

为实现对贫困者行为特征原因的分析，本文以 Woodworth（1938）S－O－R心理模式为架构对近年来基于行为实验的反贫困文献进行归纳和总结。Woodworth 不同意 Watson 和 Skinner 为代表行为主义心理学的 S－R（刺激—反应）方程，认为在刺激（S）和反应（R）之间还存在有机体（O）的主体作用，完整的心理过程应该是 $W - S - O_W - R - W$ 这样一个循环模式。式中，W 代表周围世界（环境），S 代表刺激，O 代表有机体，附于 O 下的小 W 代表有机体对环境的调整及它对情境和目标的定势，R 代表反应。整个公式可以解释为：外部环境作为一种长期刺激通过主观心理机能（包括对情境和目标的定势）形成个体行为即反应，行为结果或操作性条件刺激通过诱发下一轮个体行为而导致内部变化（生理记忆和信念记忆）和环境变化（社会文化记忆所带来的社会环境变动和行为客观结果所带来的自然环境变动），内部变化（主要是信念记忆）通过改造主观心理机能而导致相同刺激带来不同反应，环境变化则令以上过程回到头部从而开始个体行为的新循环，外部环境、心理机能和内部变化构成了 Woodworth 心理模式三个中心的环节。Woodworth 的 S－O－R（刺激—有机体—反应）方程并不仅是机能主义心理学的复兴，它更多地继承了行为主义心理学 S－R 方程所提倡的基于个体客观行为的研究范式，并有力推动了认知心理学革命。本文对贫困者行为特征原因的分析基于以上 Woodworth 心理过程分析框架，不同的是反贫困研究更强调心理机能之中认知资源对贫困者行为影响的关键性，更强调内部变化中内驱力对贫困者反贫困的影响。因此，本文选择外部环境、认知资源和内生动力三个相互独立又不可分割的部分对贫困者行为决策研究进行梳理。

环境包含着地理因素、资源因素和社会网络等很多方面。个体是否会因环境差异而形成特定的行为偏好，或者说贫困者生活环境是否造就了他们的

行为特征？Banerjee and Duflo（2007）首先将基础设施作为外部环境的主体对这一问题进行了回答。这里的“基础设施”既包括一般意义的公共基础设施（如供水、电力、交通、保健、医疗和教育等），也包括可供使用的金融市场、劳动力市场等促进人们就业和发展的市场平台。他们认为贫困者所享有的基础设施不论是城市公共服务、教育医疗等一般意义的基础设施上，还是金融、就业等市场平台都更为匮乏，特别是市场平台接触机会更为有限，这些环境因素对贫困者行为具有显著影响。Zhao et al.（2009）的研究表明，贫困地区较差的生态环境和基础设施以及当地社会网络的交互影响通过限制个体的流动性、子女的教育水平和商业投资等行为导致个体更容易陷入贫困陷阱。Ahuja et al.（2010）指出贫困地区周围水资源供给很容易受到来自周围环境的污染，受污染后的水资源将会损害贫困个体的身体健康及认知功能。Galster et al.（2010）进一步将个人行为受外部环境影响的作用机制归为四大类：社会互动、生态环境、地理和体制。他指出，由于贫困者长期暴露在暴力、腐朽建筑、不健康的污染物等此类生态环境中，这些环境因素会对他们的行为决策产生直接影响。Ludwig et al.（2012）将关注点聚焦基础设施中的一部分——居住环境，通过一项“随机住房流动性实验”发现生活环境从高贫困地区迁移到低贫困地区，会改善个体身心健康以及主观幸福感。

除基础设施外，很多学者认为外部环境中的社会环境，特别是社会网络所形成的交互效应，具有塑造贫困者行为特征的作用，并以此解释了贫困者在区域上的聚集特征。这与我国俗语中“近朱者赤近墨者黑”所要表达的内涵大体相同。Anna（2007）在尼加拉瓜的一个反贫困项目的研究表明，当帮扶对象所在社区德高望重的人参与项目时，帮扶对象的项目参与率提高且项目实施的成效更显著，这表明周边人的“示范效应”确实会影响贫困者的行为选择。Sharkey and Elwert（2011）研究发现，如果一个家庭长期生活在周边邻里有很多贫困者的环境中，那么他们小孩的认知能力会显著下降。Fang and Zou（2014）以中国国情为背景分析指出，邻里间产生的影响是中国农村区域性贫困聚集的重要原因。Eriksson et al.（2016）的研究表明个体在教育和医疗、消费与投资、择业等行为上容易受到其周边亲朋好友、邻居以及同事行为选择的影响，贫困家庭中青少年的不良行为很容易受周边人的影响，包括犯罪、吸烟、劳动、辍学等，这些行为不仅伤害身体健康，同时也不利于个体发展，使他们更容易陷入贫困循环。此外，宏观经济环境对贫困者行为特征的影响也被学者所关注。Paola and Antonio（2015）通过对 37 个国家的抽样调查数据发现，历史的宏观经济环境对人们生活信心的影响是持久的，年轻时经历过经济衰退的群体更偏向认为人生的成功取决于运气而不是努力，也就是说“贫困境况”降低了他们对生活的信心和追求成功的激情（见图 2）。

以上研究均说明贫困者所处的外部环境作为一种长期刺激在很大程度上

会影响贫困者经济行为和经济决策并在长期中形成贫困者行为特征，而这一对贫困者行为产生影响的关键因素又往往被基于其他理论的反贫困研究所忽略。行为经济学通过实验的实证研究说明了反贫困政策设计并不应该仅仅关注从生产要素投入到经济收入增长这个单一维度，通过对贫困者生活环境和社会环境的改善重塑贫困者行为，同样可以达到贫困治理的效果，同样应为贫困治理者所重视。现有研究的不足在于其仅是得出了外部环境与贫困者行为存在着显著的相关关系，而这一相关关系背后的行为选择与区域性贫困或者说贫困聚集的动态机理研究还有待进一步深入。

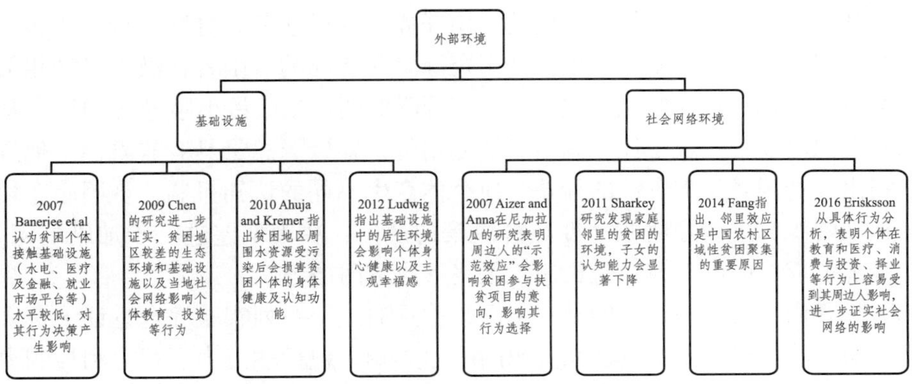

图2　外部环境影响贫困个体行为文献结构

四、认知资源消耗对贫困者行为的影响研究

设想这样的情景，如果一个人缺衣少食、债务缠身并对风险充满恐惧（一场自然灾害随时可以令他家破人亡），当他面对经济决策，他的做法会与其他人一样吗？显而易见，他必须集中精力先处理诸如债务清偿、食品获取和家庭安全等与生存密切相关的事情，因此他几乎没有任何“精力”去思考怎么投资一个健康保险（Shah et al.，2012）。这里所谓的“精力”就是本文探讨的决定贫困者行为心理机能的关键——认知资源，也称为“认知带宽”。Simon（1986）认为认知资源是人们心理机能的重要组成，人的大部分行为决策都是在“有限理性”下完成。Mullainathan and Shafir（2013）在其名著 *Scarcity：Why Having Too Little Means So Much* 首次正式提出了“认知带宽”概念，并指出由于一个人总的认知带宽是有限的，资源的稀缺会使每个人把更多的注意力放在自己面临的稀缺问题上，正是贫困者所面临的特殊资源稀缺性和认知带宽的有限性造成了贫困者和非贫困者行为决策的差异。

为进一步探究贫困心态如何影响个体心理机制并导致行为偏差，本文接下来将以认知资源理论为基础，围绕贫困对经济行为影响的传导机制进行文献梳理。Tamanna et al.（2010）在孟加拉国的实验中首先证实了认知功能与营养状况之间存在关系。他分别使用了单词同义词测试（来测试语义记忆功能，即晶体能力）和“十字球”和“完整盒子”测试（评估认知处理速度，即流动智力）。结果显示：由于贫困者经济资源匮乏，会产生营养健康状况不良，而营养状况与认知功能之间的关联涉及了对认知能力的影响。Spears（2010）在进行的一系列研究中提出自我控制能力是相关贫困研究中的代表性资源。他根据“美国人时间利用状况调查”中“饮食及健康”的数据，对美国人的“吃零食”行为（这里的“吃零食”指的是在于与正事相比的情况下，比如开车或购物等，进行吃东西的行为）进行了分析，提出贫困者和富裕者相比，更容易在购物时出现“吃零食”的行为。随后，Spears 结合心理学中用来测量自我控制程度的常用任务“握柄任务”分别进行了实验室实验和实地实验，并得出结论：处于资源匮乏状况的贫困者在做出经济相关决策时会出现自我控制能力这一认知资源降低的现象。吕小康等（2014）从认知资源出发，发现个体注意力所能使用的认知资源总量具有有限性。他进而指出，贫困者经济资源的稀缺会使个体产生不同的认知机制，贫困心态损耗认知资源，进而导致非理性经济决策的产生，决策偏差进一步加剧贫困，一步步形成贫困的自我强化机制，最终形成贫困循环。

学者们不仅关注认知的某一角度，并且通过一系列实验综合论证了资源匮乏这一状况对贫困个体认知资源的全面影响，包括注意力、智力和控制力等。Shah et al.（2012）在 *Science* 的论文首先通过一系列实验论证了资源匮乏这一状况本身会损耗注意力。他将被试随机分入“贫困组”或“富裕组”，贫困与富裕的界定是由一系列广泛意义上的“资源”多少来代表，如机会、时间等。在一项实验室实验中，他以字母拼图的猜字游戏为实验载体，贫富界定为猜测机会的多少，当完成猜谜游戏后，研究者对被试进行认知能力测评，来衡量被试在游戏耗费的认知资源剩余。结果表明，尽管“富裕”被试拥有较多猜字机会，但是得分并没有显著高于“贫穷”被试；同时，“贫穷”被试在认知能力测试中，显示剩余认知资源较少，说明资源匮乏消耗了他们更多的注意力。在后续“愤怒的蓝莓”任务中（与游戏“愤怒的小鸟”类似），获得较少射击机会的“贫困组”被试平均每次射击花费更长的时间在瞄准目标的过程中，并且任务完成后余留的认知资源更少，使得他们在接下来的注意测试任务上表现更差。同时，实验中还设计了借贷条件，被试随机被分到是否可以借贷的情景，结果显示：贫困组被试的借贷比例高于富裕组被试；富裕组被试无论能否进行借贷，他们的表现并无明显差异；而贫困组被试结果并不如此，他们在不能借贷的情境中的表现显著好于可以借贷的情景。这表明资源的稀缺确实消耗了贫困者更多的有关注意力的认知资源，过多关注当前情景而忽视借贷所产生的成本，导致了他们过度借贷的非理性行为产生。以上实验是在实验室情境中控制了被试的“贫困”与“富裕”身份，为了使研究更具现实性，接下来 Mani et al.（2013）在

*Science*的另一篇论文通过在美国新泽西州某商场中选取现实生活中贫困与富裕情况有差别的被试进行了研究。这里的贫富界定是根据美国人口的年平均收入水平，根据被试所填的相关经济背景，将年收入水平位于美国收入较低的 25% 被试定为“贫困”组，其余定为“富裕”组。实验内容是随机将被试分入“容易”和“困难”模式，(“简单”和“困难”是为了解决他们面临的情景所消耗资源多少，“简单”组数额较低，“富裕”组数额较高)，让被试面对不同经济情景，从而启动他们对于自身经济情况的关注，然后思考解决办法，在此之后对被试进行认知能力测试。从瑞文测试和空间不相容任务的结果中，他发现经济资源的匮乏会加重贫困者的认知负担，使得流体智力降低和自我控制能力降低。此外，Bernheim et al. （2015）从理论模型和实证相结合的角度，研究了准一般偏好的消费者在信用约束下面临一个标准的跨期分配问题时的表现。低初始资产可以影响个体的自我控制能力，使人陷入贫困；而拥有高初始资产的个人可以无限期积累财富。丁建军（2016）总结了一系列文献得出，从认知资源消耗来解释贫困者行为证明了一个事实：决策是有“认知成本”的，对贫困人群更是如此，因为他们不仅拥有更少部分的经济资源，同时贫困状况给他们带来了心理资源上更大的认知负担，主要表现其所有的认知资源存量更少，且在决策过程中消耗更多。

也有研究关注到了问题的另一方面：认知损耗对个体的行为影响是否总是负面的？在这方面，相关研究领域给出了不尽相同的结论与证据。Mischel et al. （1972）采用心理学上著名的关于延迟满足的棉花糖实验发现，当学生当面对自己感兴趣的奖励时，便自愿延迟等待的时间来获得自己喜欢的奖励。研究结论也表明：善于自我控制的个体在后期有较高 SAT 得分，这似乎说明自我控制资源的短期消耗在某些情况下反而可能提升其认知能力。Blair (2012）综合了压力生理学、神经认知功能和自我调节的研究成果，探究了与贫困相关的逆境对儿童发展的影响，发现来自低收入家庭的儿童中有着更高的自我调节能力，并且更能抵御负性心理结果的冲击。这提醒研究者需要关注在个体长期的发展过程中，是否存在可以补偿认知能力损耗的机制。

以上研究结果推动了进一步制度设计的研究：是否可以通过减少贫困个体的认知消耗来促进政策效果的提升？如何通过制度设计降低可能存在的认知消耗负担？认知负担缓解机制的研究从这一方面着手探究了认知资源与减贫政策效果之间的关系。Hastings and Justine （2008）通过自然实验和实地实验两个实验研究了当家长可以容易且有效地获得学校信息时，对于学生成绩的影响。研究结果发现：接收信息显著增加了家长选择高水平学校的比例，且通过数据回归发现进入得分较高的学校，学生的考试成绩会提高。在以往的反贫困实践中，往往认为简化信息获取流程、精炼表格、提供帮助、增加关怀等只是处于道德层面考虑，并未从认知负担角度进行考虑。多数扶贫项目为了精准识别帮扶对象，从填写相关表格到了解项目的实施细则等一系列程序，烦琐难懂，使得部分贫困者“望而却步”，参与度不高，同时也影响了扶贫政策效果。实际研究发现简化或调整相关程序、帮助贫困者进入申请程序等举措确实可以减轻贫困者的认知消耗，进而有着更多的认知资源花费在其他需要专注和精力来处理的问题，比如经济行为决策等。除了简化程序等，通过政策实行的时机选择同样可以缓解贫困者的认知负担。Mani et al.（2013）在印度种植甘蔗的贫困农户中进行了一项实地试验。他们发现，收获前后农户的认知表现有着显著的差异，即收获后的农户经济资源较为充足，认知表现也更好。他们的解释是，根据多数贫困者从事的职业特点，比如农民等，这些群体每年在固定的时间节点可获得一到两次资金收入，在此期间经济压力相对较小，认知资源也相对充裕；他们因此提出建议：一些需要较多认知资源进行决策的扶贫支持项目应在这些时间节点实施。持类似观点的研究还有 Felipe et al.（2011）和 Evans et al.（2014）（见图 3）。

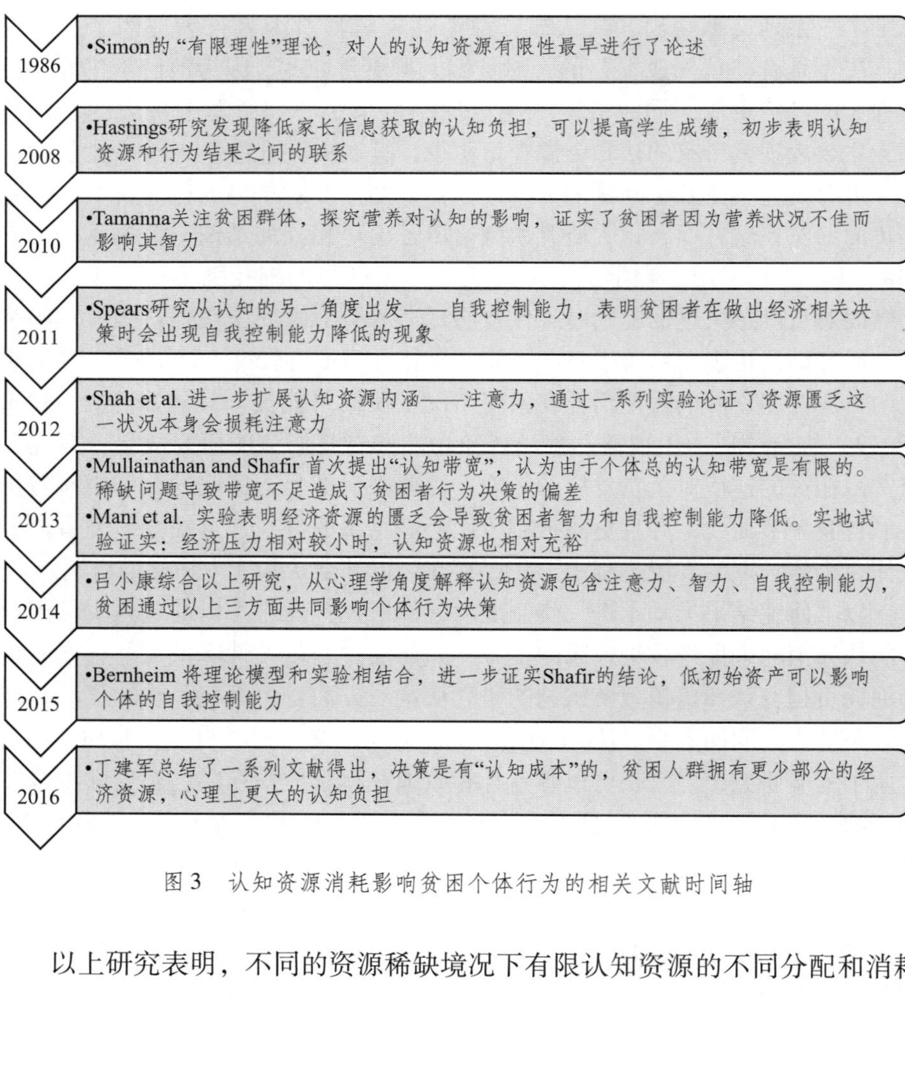

图 3 认知资源消耗影响贫困个体行为的相关文献时间轴

以上研究表明，不同的资源稀缺境况下有限认知资源的不同分配和消耗方式构成了决定贫困者经济行为决策的重要因素，缓解贫困者因为生存资源匮乏而导致的有限认知资源过度消耗应成为反贫困工作的关键。与其他领域的贫困研究相比，行为实验经济学对个体心理机能特别是认知资源的研究具有开创性，它向人们揭示出了与新古典经济学理性决策和投入产出分析不一样的真实贫困个体微观行为过程。也正因为这一原因，这一研究得到了 *Science* 的青睐，Mullainathan 和 Shafir 的著作被公众追捧。当前研究的不足之处主要存在两个方面，一是当前行为实验研究对于贫困者认知资源消耗的分析仅能为政策实施提供方向上指导，已有研究还无法为具体政策制定提供实践性依据；二是目前基于认知资源的反贫困行为实验研究还未能对绝对贫困和相对贫困作出区分，而这种理论上的区分对于我国当前的相对贫困治理非常关键。基于认知资源消耗的贫困者行为研究亟待推进。

五、内生动力对贫困者行为决策的影响研究

贫困者长期处于特定环境和社交网络中，长期把大部分认知资源消耗在生存问题之上，这是否会改变他们内在对目标的定势，或者说改变他们的志向和内驱力？中国俗语中有“自古寒门出贵子”，而在当今社会，越来越多的现象表明“寒门难出贵子”（刘媛媛，2018），这中间蕴含了怎样的深层原因？“寒门”的志向为何会变得消极，又该如何唤起？对于这些问题的思考使得越来越多的学者试图从贫困者内生动力角度来看待贫困和反贫困。方迎风（2019）在其文章中指出，贫困人口经常会有不思进取、过度依赖扶贫政策和缺乏志向等内生动力不足问题，这些问题如无法有效解决，仅靠“输血式扶贫”已经初步摆脱绝对贫困的人口就有可能重新返贫，并且这种行为特征还会影响其子女，形成代际贫困传递。

贫困者内生动力为什么会不足？Appadurai（2004）的实验研究发现内生动力不足或是由于贫困处境导致贫困者形成的一种对世界及其自身身份的特定认知模式，在这一模式下，他们产生了竞争信心不足、不被尊重和对改善生活缺乏希望等内在信念，这些信念阻碍了贫困者抓住改善自身贫困状况的机会，以致造成发展停滞、贫困积累或贫困循环。一些学者多从生理角度对此进行解释，认为贫困所导致的压力反应和负向情绪是影响贫困者内生动力的一部分因素。Haushofer and Fehr（2014）综述了已有的通过随机控制实验来探索贫困与压力反应及负向情绪间关系的实证研究，进而得出：贫困本身就会使贫困者产生压力反应及焦虑和抑郁等负向情绪，从而导致短视和过度规避风险等决策偏差。比如：接受现金转移支付的农民的挫折感和抑郁水平有明显下降，遭遇突发性干旱的农户有更高的压力水平等。胡小勇等（2016）通过 3 个相关实验，逐步深入考察了社会公平感对不同阶层个体目标达成愿望的影响作用及其过程。他的研究结果发现：相对于高阶层来说，

低阶层者的目标追求易受社会公平感的影响；由于低阶层者的社会公平感水平较低，导致其追求目标的动机水平不足，进而影响其目标达成。杭承政、胡鞍钢（2017）指出志向缺失其实就是精神贫困所表现出来的个体行为失灵，“精神贫困”描述的是贫困人口因为主观因素而影响脱贫的现象，主要指的是缺乏志向、信念消极以及由此导致的行为决策不理性。中国优秀传统文化中提倡的是“人穷志不穷”，但在扶贫实践的过程中经常会遇到贫困者“人穷志短”的现象，“人穷”是原因，“志短”是结果。杭承政进而指出，志向缺失会使得对未来期望不足，进而降低努力水平，影响行为决策，引致目标结果的偏离，从而一步步陷于贫困循环之中。

如何提升贫困者的内生动力？Wuepper and Lybbert（2017）的实验研究发现：当个人认识到自己在特定领域中的能力时，会使得自我效能感提升，即更有信心，这会驱动经济决策行为；当个体有更高的自我效能感时，将会有更加雄心勃勃的目标，从而付出更多的努力。Lybbert et al.（2018）通过经济模型分析，强调希望和期望在实现发展以及实施干预措施方面可以发挥的关键作用。Serneels and Dercon（2020）通过函数模型和数据信息研究了志向是否与教育有关，结果表明母亲的期望对子女教育成果具有一定影响，并指出期望是代际传递的一个渠道；如果在制订教育方案时考虑到父母期望来影响子女学习方面的志向，则可以有效改善子女的行为表现和教育成果。除此之外，也有学者关注了扶贫政策本身对贫困者内生动力的影响。Cavalcanti and Correa（2014）的实地研究指出存在一类并不少见的现象，这就是贫困主体为了使得自己后续仍然达到符合救助的条件会主动降低当前劳动供给。这与在中国扶贫实践中出现的部分贫困者“等、靠、要”的情况一致（杭承政、胡鞍钢，2017）。Maria et al.（2016）的研究指出，现金转移支付对贫困的代际传递影响的改善作用可能微乎其微，在中短期并没有影响贫困者的工作努力程度。丁志刚、李航（2019）的研究指出政府的扶贫政策会从信息角度对贫困者行为产生激励效应，一方面，信息不对称的扶贫政策实施会存在道德风险问题，如贫困者可能将政府补贴用于非必要生活部分，进行“攀比”、过度消费，并且不进行教育等人力资本投资；另一方面，可能会存在逆向激励效应，比如降低贫困主体参加工作的积极性，这是因为贫困者预期如果自己未来仍处在贫困中，政府会对其继续进行救助。因此，一些研究指出，政府应从激励贫困者内生动力的角度出发，不直接进行现金转移支付，而是实行条件转移支付或实物支持。比如，实行特定教育或医疗投资、进行技能培训、提供特定的食品补贴等。谢治菊、李小勇（2017）的研究认为，和促使员工努力工作的激励角度类似，内生动力激励也需要从贫困者的需求层次出发来制定政策。她进而建议可以利用好已有的反贫困政策对贫困者心理方面产生正向影响，如减少经济波动或改善基础设施等，以增强贫困者对生活信心及向往，在某些角度甚至可以达到释放认知资源或增强利用经济机会的信心的效果。Myrte and Hoekstra（2019）针对西欧地区贫困者对社区缺乏依恋以及他们与“主流”白人中产阶级社会疏远等社会现象的研究发现，通过政府措施加强贫困者对于“积极公民身份”的认知和促进他们与邻里间和睦相处可以提升贫困个体社会融入和社会活动参与的积极性，见图4。

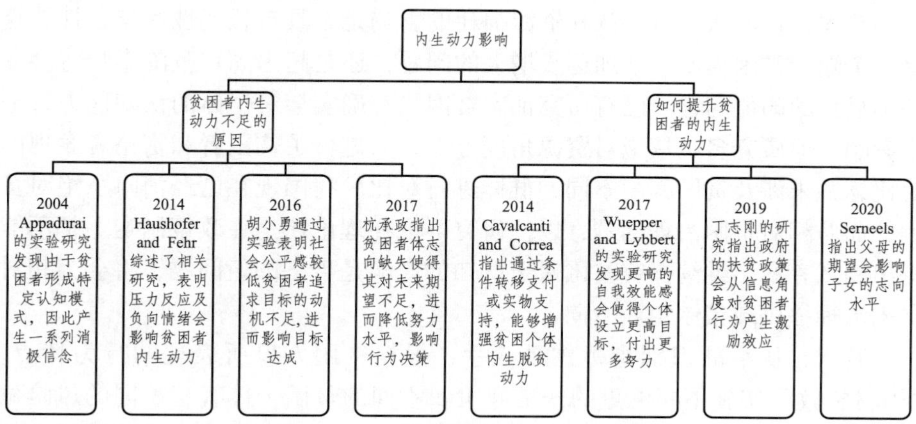

图4　内生动力影响贫困个体行为文献结构

习近平总书记“扶贫先扶志”的扶贫工作要求为我们指明了有效脱贫、防范返贫研究的方向，这就是通过研究发现提升贫困者内在脱贫动力的政策实施路径。行为实验经济学超越了新古典经济学的“理性人”假设，将个人主观的信念、意愿和内驱力等内容纳入了经济分析之中，为反贫困的经济研究拓展了新的方向，更为落实习总书记要求找到了研究方法。当前行为与实验经济学在贫困者内生动力研究的两个方面“贫困者内生动力为什么会不足”“如何提升贫困者的内生动力”已经开展了广泛的研究，取得很多重要的成果，但研究仍然存在很大的不足，主要表现在两个方面：一是理论上提出的“提升自我效能感”“增加社会融入度”等建议在政策实践上是否具有实施效率，具体的实验检验非常重要；二是当前关于贫困者内在动力的经济行为实验研究过于碎片化，还难以支撑系统化的反贫困政策设计和实施。

六、总结和研究展望

解决贫困问题就是实现发展。在党的领导下，全国人民共同努力创造了人类史上反贫困的奇迹，全面小康社会如期建成。新的历史时期，中国反贫困工作进入新阶段，防止返贫和治理相对贫困成为这一阶段反贫困工作的重心。新的工作重心要求反贫困研究不论在领域还是方法上都谋求新的突破，行为实验、心理机制、认知科学等个体决策研究方法较为契合由绝对贫困治理向相对贫困治理的转变，可以作为新的历史阶段反贫困研究探索的方向。

本文从贫困者因为受到物质约束而呈现出一些非理性的行为特征，以及行为决策过程中的重要变量和相关机制等视角将贫困者行为选择偏差如何产生的相关文献进行了梳理和总结。这些研究或可以为新时期扶贫政策的制定提供一定的借鉴和启示。通过对这些文献的梳理和总结，我们也发现了一些可以继续深入探究的角度，为进一步反贫困研究或可以提供一定的方向。

首先，贫困状态对于认知资源损耗的影响是否具有长期性和累积性，这是一个随着贫困程度的增加逐步增大的问题，还是超出固定范围影响将会变得不显著的阈值问题。已有研究证实贫困状态确实会对个体的认知能力有一定影响，但研究多是从绝对资源角度方面，只进行了贫困者和富裕者表现的对比，并未涉及贫困程度不同的群体进行对比。我国现在已经消除了绝对贫困，面对相对贫困治理问题，以往研究不论在理论还是在政策制定上都不能提出满意答案。继续探究贫困对于认知的影响是否是阈值问题，将会为相对贫困治理提供政策制定新方向。

其次，从精准识别指标体系入手，根据贫困人口所表现的行为特点，“因材施教”实施不同侧重的扶贫政策。不同的贫困个体有着不同的风险偏好、投资偏好、社会偏好等，如果盲目要求打心底就不愿从事挑战性活动的扶贫对象去进行小商品投资类经济行为，倒不如帮助其找到一份稳定工作，以此增强其脱贫动力。因此，接下来的行为实验研究中更多关注对不同贫困个体的智力测度、偏好测度等方面，判断其行为表现产生的原因，基于因果分析提出应该采取何种扶贫政策。

最后，从实验设计角度本身，应进一步提升经济行为实验的规范程度。目前这一领域研究中，研究者并非全部来自心理学领域，而包括了很多来自经济学、社会学等领域的学者。学科交叉使得很多概念界定不清，在相互交流中也容易出现混淆，进一步通过研究和探讨提升经济行为实验的统一规范程度很有必要。在此基础上，实验设计的内容可以进一步将关键因素明晰剥离，这样研究结果的科学性、准确性和稳健性也将进一步提升。

参考文献

[1] 丁建军：《“认知税”：贫困研究的新进展》，载《中南大学学报（社会科学版）》2016年第3期。

[2] 丁志刚、李航：《精准扶贫中的“精神贫困”及其纾解——基于认知失调理论的视角》，载《新疆社会科学》2019年第5期。

[3] 方迎风：《行为视角下的贫困研究新动态》，载《经济学动态》2019年第1期。

[4] 杭承政、胡鞍钢：《“精神贫困”现象的实质是个体失灵——来自行为科学的视角》，载《国家行政学院学报》2017年第4期。

[5] 胡小勇、郭永玉、李静、杨沈龙：《社会公平感对不同阶层目标达成的影响及其过程》，载《心理学报》2016年第3期。

[6] 吕小康、汪新建、付晓婷：《为什么贫困会削弱决策能力？三种心理学解释》，载《心理科学进展》2014 年第 22 期。

[7] 谢治菊、李小勇：《认知科学与贫困治理》，载《探索》2017 年第 6 期。

[8] Ahuja, A., Kremer, M., and Zwane, A. P., 2010: Providing Safe Water: Evidence from Randomized Evaluations, *Annual Review of Resource Economics* Vol. 2, No. 1.

[9] Anna, A., 2007: Public Health Insurance, Program Take – Up, and Child Health, *The Review of Economics and Statistics*, Vol. 89, No. 3.

[10] Appadurai A., 2004: *The Capacity to Aspire: Culture and the Terms of Recognition*, San Francisco: Stanford University Press.

[11] Banerjee, A. V., 2013: Microcredit under the Microscope: What Have We Learned in the Past Two Decades, and What Do We Need to Know?, *Annual Review of Economics*, Vol. 5, No. 1.

[12] Banerjee, A. V. and Duflo, E., 2007: The Economic Lives of the Poor, *Journal of Economic Perspectives*, Vol. 21, No. 1.

[13] Banerjee, A. V. and Mullainathan, S., 2010: The Shape of Temptation: Implications for the Economic Lives of the Poor, *CEPR Discussion Papers*, Vol. 21, No. 6929.

[14] Banerjee, A. V., Gertler, P., and Ghatak, M., 2001: The two poverties, *Social Science Electronic Publishing*, Vol. 29, No. 10.

[15] Banker, S., Bhanot, S. P., and Deshpande, A., 2020: Poverty identity and preference for challenge: Evidence from the U. S. and India, *Journal of Economic Psychology*, Vol. 76, No. 10.

[16] Bernheim, B. D., Ray, D., and Sevin, Y., 2015: Poverty and Self – Control, *Meeting Papers Society for Economic Dynamics*, Vol. 83, No. 5.

[17] Bertrand, M., Shafir, E., and Mullainathan, S., 2004: A Behavioral Economics View of Poverty, *American Economic Review*, Vol. 94, No. 2.

[18] Carvalho, L. S., Meier, S., and Wang, S. W., 2016: Poverty and Economic Decision – Making: Evidence from Changes in Financial Resources at Payday, *The American economic review*, Vol. 106, No. 2.

[19] Case, A. and Deaton, A., 2005: Health and Wealth among the Poor: India and South Africa Compared, *American Economic Review*, Vol. 95, No. 2.

[20] Cavalcanti, T. and Corrêa, M., 2014: Cash Transfers to the Poor and the Labor Market: An Equilibrium Analysis, *Review of Development Economics*, Vol. 18, No. 4.

[21] Dinkelman, T. and Martínez, A., 2014: Investing in Chill: The role of information about financial aid for higher education, *Review of Economics and Statistics*, Vol. 96, No. 2.

[22] Duflo, E., 2006: *Poor but Rational? Understanding Poverty*, New York: Oxford University Press.

[23] Eriksson, K. H., Hjalmarsson, R., Lindquist, M. J., and Sandberg, A., 2016: The importance of family backgrund and neighborhood defects as determinants of crime, *Journal of Popular Economics*, Vol. 29, No. 1.

[24] Evans, D. K., Hausladen, S., Kosec, K., and Reese, N., 2014: Community-

based conditional cash transfers in Tanzania: Results from a randomized trial, *World Bank*, Vol. 33, No. 1.

[25] Fafchamps, M. and Gubert, F., 2007: The Formation of Risk Sharing Networks, *Journal of Development Economics*, Vol. 83, No. 2.

[26] Fang, Y. and Zou, W., 2014: Neighborhood effects and regional poverty traps in rural china, *China & World Economy*, Vol. 22, No. 1.

[27] Felipe, B. O., Marianne, B., Leigh, L. L., and Francisco, P. C., 2011: Improving the design of conditional cash transfer programs: Evidence from a randomized education experiment in Colombia, *American Economic Journal*, Vol. 3, No. 2.

[28] Galster, G. C., Atkinson, R., Booza, J., and Thompson, L., 2010: The Mechanism (s) of Neighborhood Effects. Theory, Evidence, and Policy Implications, *Paper for presentation at the ESRC Seminar*, Vol. 23, No. 4.

[29] Hastings, and Justine, S., 2008: Information, School Choice, and Academic Achievement: Evidence from Two Experiments, *Quarterly Journal of Economics*, Vol. 123, No. 4.

[30] Haushofer, J. and Fehr, E., 2014: On the psychology of poverty, *Science*, Vol. 344, No. 6186.

[31] Ludwig, J., Duncan, G. J., and Gennetian, L. A., 2012: Neighborhood Effects on the Long-Term Well-Being of Low-Income Adults, *Science*, Vol. 337, No. 6101.

[32] Lybbert, Travis, J., and Wydick, 2018: Poverty, Aspirations, and the Economics of Hope, *Economic development and cultural change*, Vol. 66, No. 4.

[33] Mani, A., Mullainathan, S., and Shafir, E., 2013: Poverty Impedes Cognitive Function, *Science*, Vol. 341, No. 6149.

[34] Maria, C. A., Mariano, B., and Norbert, S., 2016: Can Cash Transfers Help Households Escape an Inter-Generational Poverty Trap?, *NBER Working Papers*. Vol. 30, No. 11.

[35] Mischel, W., Ebbesen, E. B., and Zeiss, A. R., 1972: Cognitive and Attentional Mechanisms in Delay of Gratification, *Journal of Personality and Social Psychology*, Vol. 21, No. 2.

[36] Moav, O. and Neeman, Z., 2012: Saving rams and power: The role of conspicuous consumption and human capital, *Economic Journal*, Vol. 122, No. 563.

[37] Morduch, J., 2006: *Microinsurance: The Next Revolution?*, New York: Oxford University Press.

[38] Mullainathan, S. and Shafir, E., 2013: *Scarcity: Why Having Too Little Means So Much*, London: Times Books.

[39] Myrte, S. and Hoekstra., 2019: Creating active citizens? Emotional geographies of citizenship in a diverse and deprived neighbourhood, *Environment and Planning*, Vol. 37, No. 3.

[40] Paola, G. and Antonio, S., 2015: Growing up in a Recession, *Review of Economic Studies*, Vol. 2, No. 7.

[41] Rowntree, B. S., 1902: Poverty: a study of town life, *International Journal of Ethics*,

Vol. 13, No. 1.

[42] Runciman, W. G., 1966: *Relative Deprivation and Social Justice*, London: Routldge & Paul.

[43] Rutherford, S., 2000: *The Poor and Their Money*, Practical Action Publishing.

[44] Schultz, T. P., 2004: School subsidies for the poor: Evaluating the Mexican progresa poverty program, *Journal of Development Economics*, Vol. 74, No. 1.

[45] Serneels, P. and Dercon, S., 2020: Aspirations, Poverty and Education: Evidence from India, *IZA Discussion Papers*, Vol. 21, No. 13697.

[46] Shah, A. K., Mullainathan, S., and Shafir, E., 2012: Some Consequences of Having Too Little, *Science*, Vol. 338, No. 6107.

[47] Sharkey, P. and Elwert, F., 2011: The legacy of disadvantage: Multignerational neighborhood defects on cognitive ability, *American Journal of Sociology*, Vol. 116, No. 6.

[48] Simon, H. A., 1986: Rationality in Psychology and Economics, *The Journal of Business*, Vol. 59, No. 4.

[49] Skinner, B. F., 1938: *The Behavior of Organismas*, New York: Copley Publishing Group.

[50] Spears, D., 2010: Economic Decision-making in Poverty Depletes Behavioral Control, *Working Papers*, Vol. 93, No. 12.

[51] Subramanian, S. and Deaton, A., 1994: The Demand for Food and Calories, *Papers*, Vol. 104, No. 1.

[52] Tamanna, F., Tommy, C., Zarina, N. K., Jena, D. H., and Ake, W., 2010: Nutritional Status and Cognitive Function in Community – Living Rural Bangladeshi Older Adults: Data from the Poverty and Health in Ageing Project, *Journal of the American Geriatrics Society*, 2010 Vol. 58, No. 5.

[53] Watson, J. B., 1913: Psychology as the behaviorist views it., *Psychological Review*, Vol. 20, No. 2.

[54] Woodworth, R. S., 1938: *Experimental Psychology*, New York: Henry Holt And Company.

[55] Wuepper, D. and Lybbert, T. J., 2017: Perceived self-efficacy, poverty and economic development, *Annual Review of Resource Economics*, Vol. 9, No. 1.

[56] Zhao, C., Jiang, S., Ming, L., and Sato, H., 2009: How Do Heterogeneous Social Interactions Affect the Peer Effect in Rural – Urban Migration?: Empirical Evidence from China. *LICOS Discussion Papers*, Vol. 18, No. 224.

Economic Behavior Experiments and Anti – Poverty: A Literature Review

Yu Yao　Jiaoyang Liu

Abstract: With the establishment of a well-off society in our country, the focus of anti-poverty work has shifted from eliminating absolute poverty to controlling relative poverty. Behavioral and experimental economics focuses on the psychological mechanism of poverty and advocates exploring poverty governance from the perspective of endogenous dynamics, which is in line with the relative poverty governance and the current goal of preventing poverty. The rise of behavioral and experimental economics has brought the individual behavior of the poor into the theoretical perspective, and has promoted the gradual shift of anti-poverty research from external analysis such as statistical surveys and policy evaluations to internal behavioral reasons such as human mentality, beliefs, and motivations. Anti-poverty research has opened a new window in this new historical period. On the basis of combing the literature on the behavior characteristics of the poor, this paper uses the Woodworth (1939) SOR mental model as a framework to summarize the anti-poverty literature based on behavior experiments in three aspects: external environment, cognitive resources, and endogenous motivation. It aims to provide some useful references for future research and formulation of poverty alleviation policies, and also hopes to find some feasible directions for further anti-poverty research.

KeyWords: Economic Behavioral Experiment Anti – Poverty Literature Survey

JEL Classification: D63 D91 I32

第 20 卷第 2 辑　　产业经济评论　　Vol. 20 No. 2
2021 年 6 月　　Review of Industrial Economics　　June 2021

内外资企业技术距离与企业创新水平
——基于知识产权保护的双向调节效应

方　慧　封起扬帆　周亚如*

摘　要：不同程度的内外资企业间技术差距对企业创新水平的作用如何？这种作用会因地方知识产权保护水平的提升而改变吗？本文首先基于技术距离理论及知识产权保护的双重影响，理论阐述了内外资企业技术差距对企业创新水平的影响以及知识产权保护的异质性调节效应。之后，本文以我国 30 个省份 2008～2018 年的数据为样本，分别对全样本及分样本情况下内外资技术差距对创新的影响及知识产权保护的调节作用进行了检验后发现，内外资企业间技术差距对企业创新水平呈现抑制作用。调节效应检验结果显示，知识产权保护将使内外资技术差距对企业创新水平的拟线性影响“凹”化。即在技术距离较小时，知识产权保护水平提升能够有效缓解因技术距离扩大所导致的创新水平的下降；在技术距离较大时，知识产权保护水平提升将进一步加剧因技术距离扩大所导致的企业创新水平降低。进一步的研究结果显示，企业经营环境将影响内外资技术差距与知识产权保护对企业创新水平的作用。更高的金融发展程度和强度更大的企业竞争水平将有助于提升（缓解）知识产权保护的积极（消极）调节作用。最后，在使用工具变量及替换衡量指标后，本文基本结论依然稳健。

关键词：内外资企业技术距离　企业创新水平　知识产权保护

一、导　论

外商直接投资（Foreign Direct Investment，FDI）将母国技术、管理等生

---

* 本文受国家社会科学后期资助项目“‘一带一路’倡议下中国 OFDI 与产业升级研究”（18FGJ013）、山东软科学研究计划“对外直接投资促进山东经济高质量发展”（2019RKB01076）、山东财经大学科研项目“现有培养模式对国际贸易学生创新能力的制约与对策研究”（SCY1802）资助。
感谢审稿人的宝贵修改意见！
方慧：山东财经大学“一带一路”经济发展研究中心；地址：济南市市中区舜耕路 40 号，邮编：250014；E-mail：15866603579@163.com。
封起扬帆：北京师范大学经济与工商管理学院；地址：北京市海淀区新街口外大街 19 号，邮编：100875；E-mail：fengqyf_sufe@163.com。
周亚如：北京师范大学经济与工商管理学院；地址：北京市海淀区新街口外大街 19 号，邮编 100875；E-mail：zouawu@163.com。

产要素通过国际流动方式转移至东道国，给当地市场带来有差别的技术与产品（张幼文，2013），而对于东道国企业而言，外来技术与差异性产品是促进“模仿创新”、推动其创新水平的重要因素，因此 FDI 往往被认为是国际技术转移的重要途径。由于自身技术及管理的比较优势，外资企业通常比东道国企业拥有更高的生产效率。东道国为扶持本土产业升级，将“后发优势”寄希望于作为外来技术主要渠道的 FDI，并希望通过一系列“溢出”效应实现本地企业的技术追赶。但众多研究结论表明，FDI 的技术溢出并非在所有地区均能实现，其是否溢出及溢出程度将受区域内资与外资企业间技术距离的影响（Borensztein et al.，1998；方慧等，2020）。

由于各国企业对生产技术所有权认定的呼声愈来愈烈，加之“北方”国家的技术在“南方”国家的传播，部分发展中国家与发达国家间技术距离不断缩小，引起了发达国家的广泛关注。20 世纪 80 年代以来，世界主要国家对技术保护的重视逐渐提升，知识产权保护成为世界的焦点。作为母国先进技术要素载体的 FDI 为保证自身技术优势而成为知识产权保护的主要诉求方之一。继《专利法》《技术合同法》等法律文件之后，2008 年我国颁布《国家知识产权战略纲要的通知》，为企业知识产权权益提供了良好的法律基础。为适应社会基本矛盾的转变、推动经济实现高质量发展，2018 年 6 月，国务院发布《关于积极有效利用外资推动经济高质量发展若干措施的通知》，明确提出了提升外资质量的要求，并对加大知识产权保护力度等给予相应建议。

企业创新水平提升是实现国家经济高质量发展的重要基础，在 FDI 引进导向趋向于高质量、高技术化，知识产权保护趋于严格化的大环境下，对区域企业创新水平的变化及影响因素的探究显得十分重要。在内外资企业间存在技术差距、知识产权保护水平不断提升的条件下，企业创新水平将受何种影响，是否存在某些因素能够缓解（或加剧）这种影响，目前仍不得而知。为了探究此类问题，本文首先从理论上阐述了不同技术距离情况下，知识产权保护对技术距离的创新影响的异质性调节作用，之后分别对我国整体、不同技术距离及不同地区分组下的样本进行了实证检验。进一步地，为了探索影响知识产权保护调节效应的再调节因素，文章分别从金融发展及企业竞争程度角度检验了经营环境对企业创新水平的再调节效应。最后，在总结归纳了文章主要结论后，本文提出了相应的应对策略，以期为推动我国企业创新、实现国家经济高质量发展提供参考。

二、文献综述

技术距离论认为，除地理距离外，企业间的技术距离亦是影响企业创新水平的重要因素，技术距离的存在是企业实现技术溢出的原因所在，一定的技术距离能够激发企业学习欲望，推动企业创新。这种激励机制不仅存在于同产业、同行业的企业之间，在产业多样性的区域则更加明显。但技术距离增大或将抑制技术在企业或行业间的流动，尽管对异质性技术与管理的寻求是企业创新的动力之一，但过于“陌生”的技术无疑会阻止它们之间的顺畅交流、充分理解和进而创新化的进程（方慧、赵甜，2017），只有生产率高、接近技术前沿的企业才有能力创新以面对技术威胁，其他企业往往会因技术垄断而丧失创新激励（Aghion et al.，2009）。因此，在技术距离较大时，企业自主研发将替代企业间协同研发，成为研发的主要方式（曹霞等，2020）。但亦有研究指出，企业间技术距离越小，企业自主创新的动力或将减少，易落入“模仿陷阱”（张海玲，2019）。吸收能力论亦提出了类似观点，即自身具备一定的人力资本和研发能力时，企业才能够有效吸收学习外来技术，并进而推动自身创新。邱立成等（2017）基于新熊彼特内生增长理论解释了外资进入对企业创新水平的影响，该研究认为，外资企业凭借技术优势会对当地企业创新造成抑制和促进双向影响，而离技术前沿近的企业更容易享受外资带来的“竞争逃离”效应从而获益。陈颂、卢晨（2019）测度了外商直接投资与中国23个工业行业间的技术相似度后发现，没有考虑技术相似度的外商直接投资水平溢出和垂直溢出效应均显著为负，而以技术相似度加权的外商直接投资溢出效应均显著为正。亓朋等（2009）通过研究企业层面的数据发现，内、外资企业间的技术差距会显著影响FDI对内资企业的技术溢出。总之，已有研究中技术距离对创新水平的影响通常为技术距离越大，知识溢出效应越小。

现有对知识产权保护的创新影响研究中，可大体分为直接影响与间接影响，其中又以间接影响的研究为主。对知识产权保护的创新直接影响研究认为，强有力的知识产权保护能够提高技术租借程度并降低许可合同成本，从而有利于获取外来技术并激励本土企业创新（Yang and Maskus，2001）。知识产权保护可以创造良好的环境吸引国际技术移民，进而促进本国技术创新（Naghavi and Strozzi，2015）。另一类研究认为，低水平的知识产权保护不利于外商直接投资与高技术商品进入，从而阻碍技术学习与“模仿创新”，而过高的知识产权保护水平则会强化企业技术垄断，限制企业市场扩张从而抑制企业创新水平的提升，因此知识产权保护水平仅存在一个“合理”区间能够促进南方国家的企业创新活动（Furukawa，2007）。对知识产权保护的间接影响研究则认为，知识产权保护将会通过影响外来技术学习进而对不同发展水平区域产生不同的创新影响。如韩剑、许亚云（2021）研究发现，加强知识产权保护将增加制造业外资企业以合资方式进入中国的倾向，或将有利于中国企业的技术创新。魏如青等（2021）的研究指出，知识产权保护对于高技术产品的生产具有不可忽视的调节作用，知识产权保护对出口产品技术复杂度有积极促进的作用。但已有文献亦指出，由于发展中国家技术创新主要源于发达国家的技术溢出，即通过外来投资与外来技术商品的外部性实现，因此，知识产权保护更加有利于发达国家，反而会给发展中国家带来贸易产品的垄断高价和社会福利损失（Chin and Grossman，1988；Helpman，1993；Maskus and Penubarti，2004），从而抑制本地企业创新投入。同时，知识产权保护带给“北方”国家的垄断优势将抑制“南方”国家的技术创新（Amy and Kamal，2002）。

综上所述，已有对技术距离的讨论多基于对企业现有技术与技术前沿的距离分析及对企业间、区域间技术距离的探讨，鲜有分析、测度区域内外来企业与本地企业间的技术差距状况，缺少对内外资企业技术距离的定量研究；现有研究对技术距离与企业创新的研究已得出了较为一致的结论，即技术距离越大知识溢出效应越小，但对二者关系的影响因素探究仍少有涉及，即此影响在其他因素的调节下是否发生改变，因此需进一步探索；现有文献对知识产权保护的间接创新影响尚未达成一致，并主要将研究焦点集中于外来技术与本地创新上，鲜有重视不同技术距离下知识产权保护的调节影响异质性问题。技术距离是企业溢出与学习的基础之一，而区域知识产权保护水平的变化将进一步影响不同技术距离下的企业创新行为，但迄今为止鲜有研究对此做出理论探讨及实证检验。基于此，本文对上述问题进行了进一步的理论探讨与实证检验。本研究可能的创新之处在于：（1）从科技水平与管理水平角度综合测度了我国省市宏观层面的内外资技术差距；（2）理论探讨并实证检验了在不同内外资技术差距下知识产权保护的异质性调节作用；（3）检验了在不同经营环境下，知识产权保护对技术距离的差别调节作用。

三、理论分析

根据技术距离论，适当的技术距离利于内外资企业间学习与竞争，促进企业创新水平，而企业间过大的技术差距则会产生“技术隔阂”，从而抑制企业创新水平。即技术距离越大，本地企业创新水平越低。因此，内外资企业间技术距离（Technology Distance，TD）与企业创新水平（Innovation Skill，IS）的关系可大体以图 1 左图中向右下方倾斜的直线段表示。图中纵坐标表示企业创新水平（IS），横坐标表示内外资企业间技术距离（TD），向下倾斜的直线段表示，随着内外资企业间技术距离的增加，本地企业创新水平下降。由于大部分研究均在适度技术距离与较远技术距离的情况下，讨论企业创新水平的变化，而在两种距离中间是否存在缓冲区并没有界定，尚存在讨论空间。因此，本文将适度及较远两种距离的过渡区间域定义为“中间距离”，即处于内外资企业技术相较中游距离的区域。相应的，以内外资技术差距处于适度距离的区域作为低技术距离区域，以处于较远技术距离的区域作为高技术距离区域，因此可将不同样本区域中内外资技术距离与企业创新水平的关系域分为低、中、高三个子域（见图1左）①。

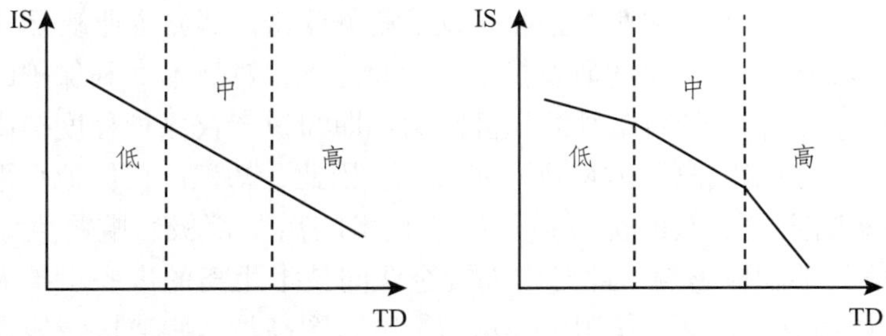

图1　知识产权保护增强前（左）后（右）内外资技术距离对企业创新水平的影响

在论述不同技术距离情况下知识产权保护的异质性调节影响前，需要首先明确知识产权保护对企业创新的“双重”影响。知识产权保护的主要目的是保证企业或个人知识专利权益不受侵犯。知识产权保护水平的提升将致使技术流动壁垒提高，降低了技术在内外资企业间的流动速度，提高了技术模仿成本，从而对企业创新产生积极与消极两方面影响。积极方面，技术保护力度增强降低了技术许可合同成本，激励内外资企业从事创新活动（吴超鹏、唐药，2016），企业间竞争因“技术隔离”而争相增加研发投入，提升自身技术创新水平，以“逃离竞争”（邱立成等，2017）。消极方面，技术流动受阻会强化处于技术垄断地位企业的垄断优势，技术优势方享有更多高水平技术知识产权，能够利用其高水平科技及管理经验提升生产效率，凭借技术优势以较低价格扩张市场份额，挤占其他处于技术劣势方企业的利润（Helpman，1993），加剧“技术隔离”程度，从而影响研发投入进而影响企业创新水平。知识产权保护对企业创新的积极与消极“双向”影响往往同时发挥作用，但在内外资企业技术距离异质性条件下，知识产权保护两方面影响程度将存在差异，即在不同内外资企业技术距离情形下，知识产权保护的双向调节作用或将表现为净积极、净消极或二者相互抵消的作用趋势。

在内外资企业间仅存在低技术距离条件下，企业间技术竞争活跃，技术保护程度提高对激励企业创新的作用较大，而由于技术差距较小，对技术垄断的支持效果较小。因此，知识产权保护水平的提升带给企业“逃离竞争”的积极作用将大于对技术优势企业垄断优势强化导致进一步“技术隔离”的消极效应。此时若内外资企业间技术距离进一步扩大，由于知识产权保护从中起到了净积极调节作用，将抑制技术距离扩大对企业创新的负向影响，即表现为技术距离对企业创新水平的抑制作用比初始状态下的抑制程度要小，

① 本文实证检验中，以技术距离的四分位数为依据划分样本，形成内外资企业间较高技术距离、较低技术距离以及技术距离的中间距离。之后，分别从省区市所属东、中、西部视角检验发现，东、中、西部地区内外资企业间技术距离呈现由低到高的趋势。

这一作用可表示为图 1 右图低技术距离区域线段斜率绝对值的减少；在内外资企业间存在高技术距离条件下，技术垄断引致的进一步“技术隔离”致使高技术含量企业与低技术含量企业间技术竞争低迷，部分企业缺乏“吸收能力”及用以进行技术竞争的研发投入，在此之下，对技术专利保护的进一步强化将进一步抑制其创新激励的积极影响，即知识产权保护程度提高将引致技术垄断的“技术隔离”效应进一步强化。因此，知识产权保护水平的提升带给技术垄断企业的垄断优势强化的“技术隔离”消极影响将大于对企业“逃离竞争”的积极影响，此时内外资企业间技术距离的进一步扩大将对创新的抑制作用更强，这一作用可表示为图 1 右图高技术距离区域线段斜率绝对值的上升。对于处于技术差距中间距离区域内的企业，由于具备一定的技术竞争能力，但又与高技术企业存在一定技术距离，因此知识产权保护水平进一步提升对企业创新水平的积极与消极调节影响并存且相互博弈，其最终影响程度取决于两种影响的“拉动”程度大小，因而最终或将呈现并不明显的影响，这一作用可表示为图 1 右图中间距离斜率与左图一致的线段。

简而言之，以上传导机制可用图 1 描述，并可总结概括为：在内外资企业技术差距较低时，知识产权保护起到净积极调节作用，能够有效降低因技术差距扩大而导致企业创新水平的下降；在内外资企业技术差距较高时，知识产权保护起到净消极调节作用，将进一步提高因技术差距扩大而导致的企业创新水平的下降程度；而在内外资企业技术差距处于相对中等水平时，知识产权保护的“双向”调节作用相抵消，起到的调节影响不明显。因此，内外资企业存在不同水平技术距离的情况下，知识产权保护的调节效应将呈现阶段异质性，最终将使内外资企业技术距离的拟线性影响“凹”化。

基于上述分析，本文提出以下假设：

H1：内外资企业间技术距离增大将会抑制企业创新水平。

H2a：当内外资企业间技术距离处于较低水平时，知识产权保护对技术距离的企业创新抑制作用起到正向调节效应，即能够减弱技术距离的负面影响。

H2b：当内外资企业间技术距离处于较高水平时，知识产权保护对技术距离的企业创新抑制作用起到负向调节效应，即会强化技术距离的负面影响。

四、研究设计

（一）模型设定

本文基本研究模型设定为：

$$\ln IS_{it} = \beta_0 + \beta_1 TD_{it} + \beta_2 IPR_{it} + \beta_3 Control_{it} + \delta_t + \gamma_i + \varepsilon_{it}$$

其中，IS_{it}表示区域企业创新水平，TD_{it}表示内外资企业技术差距，IPR_{it}表示地方知识产权保护水平，$Control_{it}$表示其他控制变量。δ_t 和 γ_i 分别表示控制时间及个体效应，ε_{it}为回归误差项。

为考察在知识产权保护的调节下，内外资技术差距对企业创新水平的影响方向及大小，本研究在基本计量模型中加入二者的交互项 $TD_{it} \cdot IPR_{it}$以测度知识产权保护的调节作用。因此构建扩展研究模型为：

$$\ln IS_{it} = \beta_0 + \beta_1 TD_{it} + \beta_2 IPR_{it} + \beta_3 TD_{it} \cdot IPR_{it} + \beta_4 Control_{it} + \delta_t + \gamma_i + \varepsilon_{it}$$

若基本模型中内外资技术距离系数 β_1 显著为负，而扩展模型中交互项系数 β_3 系数显著为正，则表示内外资技术距离对企业创新水平存在抑制作用，但知识产权保护水平的提升能够缓解这一作用；若基本模型中内外资技术距离系数 β_1 显著为负，而扩展模型中交互项系数 β_3 系数显著显著为负，则表示知识产权保护水平的提升将加剧内外资技术差距对企业创新水平的抑制作用程度。

（二）变量选取

1. 被解释变量

本研究被解释变量为企业创新水平，已有研究多使用地方专利授权量或新产品销售额表示当地企业创新水平。作为技术产出的主要指标，专利授权量常被用作衡量公司及区域层面的技术创新（Acs and Audretsch，1987），因为只有专利价值超过专利申请成本时，技术创新成果才会被申请专利（周煊等，2012）。而新产品销售额表示技术运用水平，用以衡量企业创新价值（刘思明等，2015）。但单一指标选取可能会导致结果存在偏差，为此，本文综合已有研究，选取地方国内专利申请授权量①作为企业创新水平的主要衡量指标，以区域内企业新产品销售额作为本研究的稳健性指标。主要衡量指标及稳健性指标数据均来源于历年《国家统计年鉴》《中国科技统计年鉴》及各省份历年统计年鉴。

2. 主要解释变量

（1）内外资企业技术距离。国内外对技术距离的研究多注重于考察区域及企业与技术前沿的距离。孙浦阳等（2015）将美国制造业行业生产率作为技术前沿，考察了中国特定区域及行业与技术前沿的距离。曹霞等（2020）以数据包络分析（DEA）法测算区域技术距离。但对区域内外资企业与内资企业技术差距的测度仍较少。由于 FDI 对东道国的溢出效应主要以技术溢出与管理经验溢出为主，白俊红、吕晓红（2017）采用了工业行业资产贡献率

① 数据指标“国内专利申请授权量”并未区分内资企业及外资企业的专利授权状况，其专利授权量实际包含了在国内的内资企业及外资企业的所有专利授权状况。对企业创新水平的稳健性指标——企业新产品销售额亦有类似解释。

以衡量企业管理水平，用工业行业人均总产值衡量企业技术水平，为本研究测度内外资企业技术距离提供了参考依据。基于此，本文以 FDI 行业资产贡献率衡量 FDI 管理水平，以剔除 FDI 后的工业行业资产贡献率衡量区域企业管理水平，并以 FDI 管理水平与区域企业管理水平差值的绝对值衡量区域内外资企业管理水平距离。类似地，以 FDI 劳动生产率衡量 FDI 科技水平，以剔除 FDI 后的工业行业劳动生产率衡量区域企业科技水平，并以 FDI 科技水平与区域企业科技水平差值的绝对值衡量区域内外资企业生产技术水平距离。最后，以管理水平差距与科技水平距离的绝对值之和综合衡量内外资技术距离。以上指标均源于历年《中国统计年鉴》及各地方统计年鉴①。

（2）知识产权保护水平。已有国内研究大多以能够衡量区域知识产权立法水平与执法水平的 G－P（Ginarte－Park）指数为基础，根据国内各区域实际状况进行调整后得到修正的 G－P 指数，并以此衡量区域知识产权保护水平。考虑我国各省区间只存在执法力度差异，无立法差异，知识产权保护指标的构建需体现地方知识产权执法水平。现有研究对知识产权保护指标的选取方案尚不唯一，代中强（2014）运用显示性比较优势指标，以侵权纠纷案件量占比衡量区域知识产权保护水平，但并未考虑其他纠纷及假冒专利案件在知识产权保护中的代表性。若要综合考虑区域知识产权保护水平的科学性及合理性则需要同时解决以上两项问题。基于此，本文借鉴苏世彬、陈月勤（2020）的研究，以侵权纠纷结案量占专利授权量的比重、其他纠纷结案量占专利授权量的比重、假冒专利结案量占专利授权量的比重三个子指标汇总得到各省区知识产权保护水平的主要衡量指标。指标构建所涉及的四项数据均源于国家知识产权局逐年发布的《专利统计年报》。知识产权保护水平综合指标构建方法如下：

$$IPR_{it}=1-\frac{1}{3}\left(\frac{\frac{TO_{it}}{AU_{it}}}{\max\frac{TO_{it}}{AU_{it}}}+\frac{\frac{OT_{it}}{AU_{it}}}{\max\frac{OT_{it}}{AU_{it}}}+\frac{\frac{CO_{it}}{AU_{it}}}{\max\frac{CO_{it}}{AU_{it}}}\right)$$

其中，IPR_{it}表示知识产权保护水平，AU_{it}表示专利授权量，TO_{it}表示侵权纠纷案量，OT_{it}表示其他纠纷案量，CO_{it}表示假冒专利结案量。

3. 控制变量

基于对技术创新的投入产出分析，并参考已有文献，本研究选取以下变量作为控制变量，所有变量均源于历年《中国统计年鉴》《中国科技统计年鉴》及各地方统计年鉴。

创新投入变量选取研发投入和研发人员数量作为主要变量。考虑企业创新过程中“过去的技术不会被遗忘”（白俊红、蒋伏心，2015），本文以永续盘

① 对内外资企业技术距离的详细数据描述请见附录一。

存法计算研发投入存量，并将其作为研发投入实际衡量指标，计算公式如下：

$$K_t = (1-\delta) \cdot K_{t-1} + (1-\eta) \cdot I_t$$

其中，K_t 表示当期研发资本总量，K_{t-1} 表示上一期研发资本总量，I_t 表示当期研发资本投入，借鉴已有研究，本研究假设研发投入资本折旧率 δ 与投入资本无效率 η 均为0.2。考虑数据可得性及合理性，本文以2000年为基期计算研发投入资本。

其他控制变量方面，企业技术创新还将受到周围软环境的影响与限制，基于此，本文选取约束企业融资的金融发展水平及影响企业外来技术获取的对外开放水平作为软环境衡量指标。其中，金融发展水平以金融深化（Depth）及金融效率（FEF）衡量（胡宗义、李毅，2019），对外开放水平以区域进出口总额衡量（包群等，2003）。此外，考虑区域市场集中度可能会影响企业创新水平，本文参考朱有为、徐康宁（2006）的研究，以区域企业数量代表当地市场竞争程度。

所有变量描述性统计如表1所示。

表1　变量描述性统计

指标名称	指标简称	观测数	均值	标准差	最小值	最大值
创新水平	IS	330	39869.58	62691.69	228	478082
	S（IS）	330	4375.30	6254.80	8.56	39376.06
内外资技术距离	TD	330	74.74	165.33	0.81	2395.33
知识产权保护	IPR	330	0.95	0.06	0.56	1
研发投入	R&DI	330	632.07	960.85	2.88	5706.34
研发人员	R&DP	330	11.81	10.61	1.19	71.71
金融发展	FD	330	2.99	1.14	1.29	8.13
对外开放	OP	330	0.32	0.40	0.02	1.92
市场竞争程度	MC	330	12855.53	14310.59	335	65495

注：表中数据均由计量软件Stata14.0计算得出。少量缺失值由线性插值法补全。表中S（IS）表示企业创新水平的替代指标，即新产品销售额。

五、实证检验及分析

（一）模型设定检验

首先，为了检验固定效应模型设定的合理性，本文用Hausman检验法对固定效应及随机效应设定进行了检验，检验结果P值为0.000，强烈拒绝应使用随机效应的原假设，支持固定效应的设定。其次，在用方差膨胀因子

(Variance Inflation Factor，VIF）检验全变量间是否存在多重共线性时发现，VIF均值为3.8，远小于经验临界值10，因此可判断不存在多重共线性问题。之后，通过作图及对数据描述性统计的观察，发现部分指标标准差过大，直接进行回归或导致严重的异方差问题，因此对变量创新水平、内外资技术差距、研发投入及市场竞争程度进行对数化处理，并在实际回归中均采用异方差稳健标准误以进一步减弱异方差影响。

（二）实证检验及分析

1. 全样本基准检验

本文首先对内外资企业技术差距、知识产权保护对企业创新水平的影响进行全样本检验，除将两主要解释变量外也将控制变量依次加入方程，以观测主要解释变量影响的稳健性。在所有模型中均使用了时间、个体双固定效应以及稳健标准误。

表2为全样本基本关系检验结果，模型（1）~模型（7）分别为依次加入主要解释变量及控制变量后的回归结果。由表2估计结果可知，平均而言，内外资技术距离对区域企业创新水平呈现显著的抑制作用，知识产权保护对创新水平呈现显著的促进作用，两变量的系数在加入研发投入、研发人员、金融发展程度、对外开放水平与市场竞争程度等控制变量后仍显著，表明结果较为准确，证实了本文假设1（H1）的正确性。控制变量方面，平均而言，增加研发投入利于提高企业创新水平，且在模型（3）~模型（7）中均显著。研发人员数量对企业创新水平的影响不显著，说明研发人员对创新产出的转化率仍有待提高。金融发展程度对企业创新有积极促进作用，且在模型（5）~模型（7）中均显著，说明提升地方金融市场发展水平有利于企业融资以促进创新水平。对外开放程度有利于企业创新水平，可能的原因是，外来产品与技术给当地企业提供了“模仿创新”的机会，现阶段开放程度提升，企业实现“模仿创新”的可能性越大，企业因此能够选择性模仿利于自身创新的产品或技术（陈启斐、张为付，2017）。市场竞争程度显著促进了企业创新水平，且在全变量条件下仍在5%水平显著，说明企业竞争有利于激发企业创新。

表2 全样本基本关系检验结果

变量	(1)	(2)	(3)	(4)	(5)	(6)	(7)
TD	-0.0212*** (0.0064)	-0.0183** (0.0075)	-0.0136** (0.0063)	-0.0161** (0.0076)	-0.0115* (0.0068)	-0.0148* (0.0088)	-0.0118* (0.0061)
IPR		1.5073** (0.5771)	1.1756** (0.5207)	1.2974** (0.5199)	1.2332** (0.4971)	1.2464** (0.4820)	1.5105*** (0.4345)

续表

变量	(1)	(2)	(3)	(4)	(5)	(6)	(7)
R&DI			0.3964 *** (0.1126)	0.4158 *** (0.1138)	0.4581 *** (0.1235)	0.4044 *** (0.1200)	0.3508 *** (0.0936)
R&DP				-0.0130 (0.0078)	-0.0111 (0.0072)	0.0032 (0.0081)	0.0039 (0.0090)
FD					0.1371 * (0.0770)	0.1852 ** (0.0780)	0.1740 ** (0.0746)
OP						0.6243 ** (0.2631)	0.5099 ** (0.2037)
MC							0.3155 ** (0.1140)
Time	控制	控制	控制	控制	控制	控制	控制
Province	控制	控制	控制	控制	控制	控制	控制
Cons	8.5333 *** (0.1387)	6.9979 *** (0.5746)	2.0994 (1.3238)	1.8000 (1.3699)	0.9891 (1.5833)	1.2230 (1.5313)	-1.1169 (1.5974)
N	300	300	300	300	300	300	300
R^2	0.8763	0.8852	0.9014	0.9039	0.9059	0.9100	0.9165

注：括号内为标准差。***、**、* 分别表示在1%、5%、10%的水平上显著。

为了检验全样本条件下，知识产权保护对内外资技术距离的企业创新水平影响的调节作用，本文分别对含有知识产权保护与内外资企业技术距离［模型（1）~模型（2）］、知识产权保护与内外资企业科技距离［模型（3）~模型（4）］、知识产权保护与内外资企业管理距离［模型（5）~模型（6）］的交互项的实证模型做了检验，在所有检验过程中均采用了与以上检验相一致的时间、个体双固定效应，并加入了能够有效处理短面板异方差问题的稳健标准误。表4中模型（1）、模型（3）、模型（5）分别为没有加入控制变量条件下知识产权保护分别与内外资企业技术距离、科技距离、管理距离的交互影响模型。而模型（2）、模型（4）、模型（6）分别为加入控制变量后的估计结果。

由表3各模型估计结果可知，在无控制变量条件下，知识产权保护与内外资技术距离、科技距离、管理距离的交互作用均对企业创新水平呈现显著负向影响，这一影响在加入控制变量后依然显著，说明平均而言，提升知识产权保护水平能够进一步加强内外资企业技术距离对区域企业创新水平的抑制作用。可能的原因为，对于全国省区市样本平均而言，内外资技术差距较大，知识产权保护水平的提升对强化企业技术垄断优势的影响大于对企业“逃离竞争”的影响，即积极影响无法全部抵消消极影响，因此对创新水平呈现净抑制作用。

表 3 全样本基准交互作用检验结果

变量	(1)	(2)	(3)	(4)	(5)	(6)
TD	0.6629 ** (0.2942)	0.2392 * (0.1313)				
TD × IPR	−0.7145 *** (0.2088)	−0.2538 ** (0.1130)				
PTD			0.3282 ** (0.1295)	0.1464 (0.0918)		
PTD × IPR			−0.3571 ** (0.1432)	−0.1442 ** (0.0657)		
MD					0.4785 ** (0.1809)	0.2075 (0.1424)
MD × IPR					−0.5355 *** (0.1860)	−0.2465 ** (0.1204)
IPR	4.2770 *** (0.8801)	2.4807 ** (0.9260)	2.7071 *** (0.7189)	2.0481 ** (0.6786)	2.7402 *** (0.4839)	2.0647 *** (0.3976)
R&DI		0.3442 *** (0.0944)		0.3493 *** (0.0922)		0.3620 *** (0.0922)
R&DP		0.0040 (0.0088)		0.0031 (0.0089)		0.0042 (0.0086)
FD		0.1665 ** (0.0737)		0.1687 ** (0.0757)		0.1809 * (0.0717)
OP		0.4913 ** (0.2070)		0.4879 ** (0.2048)		0.5046 ** (0.2088)
MC		0.2972 ** (0.1170)		0.3185 ** (0.1168)		0.2718 ** (0.1127)
Time	控制	控制	控制	控制	控制	控制
Province	控制	控制	控制	控制	控制	控制
Cons	4.3483 *** (0.8315)	−1.7686 (1.5802)	5.8060 *** (0.7126)	−1.6452 (1.6260)	5.8514 *** (0.4628)	−1.3483 (1.5411)
N	300	300	300	300	300	300
R^2	0.8900	0.9170	0.8880	0.9173	0.8899	0.9183

注：括号内为标准差。***、**、*分别表示在 1%、5%、10% 的水平上显著。

由模型（3）~模型（6）可知，知识产权保护与内外资企业科技距离、管理距离的交互系数为负且均通过5%显著性检验，但知识产权保护与内外资企业管理距离的系数绝对值大于与内外资企业科技距离的绝对值，说明知识产权保护能够通过对企业科技要素、管理禀赋的保护抑制地方企业创新，但对管理禀赋保护的创新抑制作用大于科技要素。

2. 知识产权保护的阶段异质性调节效应检验

目前为止，为了观测知识产权保护水平与内外资企业技术距离交互作用对企业创新水平的影响，文章分析了全样本条件下内外资技术距离与知识产权保护交互作用，但我国领土幅员辽阔，内外资企业技术差距存在较大差异，不同水平技术距离视角下，内外资技术距离对企业创新水平的影响如何，知识产权保护的调节效应是否存在差异等问题仍不明确，因此有必要对不同技术距离样本分别进行检验。对技术距离的分组检验采用分位数划分样本估计，即是将全部样本依据技术距离指标的25%、50%、75%分位数①划分为四部分，在每部分样本回归中均采用与以上实证模型中一致的时间、个体固定效应及异方差稳健标准误。

表4为分位数检验结果，模型（1）、模型（2）为0%～25%分位数样本回归，模型（3）、模型（4）为25%～50%分位数样本回归，模型（5）、模型（6）为50%～75%分位数样本回归，模型（7）、模型（8）为75%～100%分位数样本回归。其中，模型（1）、模型（3）、模型（5）、模型（7）为未加入交互项的估计结果，相应的，模型（2）、模型（4）、模型（6）、模型（8）为加入交互项后的估计结果。

表4 技术距离分位数划分样本的检验结果

变量	0%～25%		25%～50%		50%～75%		75%～100%	
	(1)	(2)	(3)	(4)	(5)	(6)	(7)	(8)
TD	-0.0422* (0.0254)	-0.1398 (0.3528)	-0.0734* (0.0485)	-0.8836 (0.6868)	-0.1382** (0.0631)	-0.5049 (2.0101)	-0.1085** (0.0420)	-1.4557* (0.7446)
IPR	2.7976** (0.7088)	1.6157*** (0.5333)	2.4262** (0.8848)	0.8723 (2.3006)	2.0438** (0.7682)	0.8668 (8.6225)	1.9463*** (0.2620)	-9.2525* (5.0479)
TD×IPR		0.3048* (0.1799)		-0.8802 (0.7948)		-1.1912** (0.5799)		-1.3885** (0.5916)
R&DI	0.9995*** (0.2353)	0.9959*** (0.2353)	0.3022 (0.2837)	0.2849** (0.1486)	0.2674** (0.0997)	0.2719*** (0.1031)	0.2359* (0.1217)	0.2365** (0.1184)
R&DP	-0.0020 (0.0096)	-0.0023 (0.0099)	-0.0270 (0.0242)	-0.0281 (0.0237)	-0.0022 (0.0182)	-0.0030 (0.0181)	0.0129 (0.0087)	0.0145** (0.0084)

① 技术距离25%、50%、75%分位数分别为3.0296、3.7232、4.3425。

续表

变量	0% ~25%		25% ~50%		50% ~75%		75% ~100%	
	(1)	(2)	(3)	(4)	(5)	(6)	(7)	(8)
FD	0.3540 ** (0.1370)	0.3511 *** (0.1400)	0.2622 ** (0.1063)	0.2415 *** (0.1061)	−0.0003 (0.0909)	−0.0002 (0.0918)	0.1051 (0.1316)	0.1127 (0.1272)
OP	0.8024 *** (0.2455)	0.7979 *** (0.2450)	1.0477 ** (0.4642)	1.0775 *** (0.4796)	0.3398 (0.3477)	0.3422 (0.3490)	0.4013 ** (0.1532)	0.4586 *** (0.1275)
MC	0.3473 (0.2364)	0.3507 * (0.2308)	0.6896 * (0.3348)	0.7097 *** (0.3384)	0.0472 (0.1735)	0.0496 (0.1778)	0.3569 ** (0.1675)	0.3128 ** (0.1669)
Time	控制	控制	控制	控制	控制	控制	控制	控制
Province	控制	控制	控制	控制	控制	控制	控制	控制
Cons	−11.0688 * (4.1284)	−10.8710 ** (4.2233)	−4.2139 (4.0338)	−1.4541 (5.5392)	2.1886 (2.1564)	3.5895 (7.4856)	−1.0239 (1.7676)	−7.8031 * (3.9546)
N	75	75	75	75	75	75	75	75
R^2	0.9119	0.9119	0.9336	0.9344	0.9396	0.9397	0.9557	0.9580

注：括号内为标准差。***、**、* 分别表示在 1%、5%、10% 的水平上显著。

通过对比不同内外资企业技术距离条件下，未加入交互项的估计模型中知识产权保护水平的系数可发现，随分位数逐渐增加，知识产权保护的积极影响逐渐降低，且均通过 5% 水平显著性检验，进一步证明了该结论的稳健性。在加入交互项的估计模型中，内外资企业技术距离对企业创新水平均呈现显著的负向影响，即证实技术距离论符合我国实际，内外资企业间技术距离增加平均来说将抑制我国企业创新水平。在 0% ~25% 技术距离水平下，技术距离与知识产权保护的交互项系数为正，且在 10% 水平显著，表示知识产权保护水平的提升能够减缓技术距离对企业创新水平的负向影响，即证实了图 1 右图中低技术水平域曲线斜率绝对值的减少，也即证实了本文假设 H2a 的正确性。在 25% ~50% 技术距离水平下，内外资企业技术距离与知识产权保护交互项系数为负但不显著，说明在该技术距离水平下，知识产权保护水平提升对技术距离的创新影响并无显著调节作用，即知识产权保护提升引致的积极与消极双面影响基本可相互抵消，因此证实图 1 右图中内外资企业技术距离——企业创新曲线斜率不变。在 50% ~75% 以及 75% ~100% 内外资技术距离水平下，技术距离与知识产权保护交互项系数显著为负，且后者系数绝对值大于前者，说明在此技术水平之下，知识产权保护水平的提升进一步加剧了内外资技术距离对企业创新水平的抑制作用，即知识产权保护带给企业的“逃离竞争”效应被技术垄断优势强化效应完全遮蔽，因而对创新水平呈现净负向作用，该部分结果证实了图 1 右图中高技术距离曲线斜率绝对值的增大，即证实了本文假设H2b的正确性。

3. 进一步检验

（1）区域分样本检验。由于我国东中西部地区发展较不均衡，东部地区往往能够通过区位优势吸引更优质的国内企业与国外企业的投资，一般地，东部地区的企业技术水平更接近国内前沿，内外资企业间技术差距更小。而中西部地区在资源和区位上均不占优势，高技术企业发展受限，导致内从而导致外资企业间技术差距较大。内外资企业间技术距离对不同地区企业的影响是否不同，知识产权保护在其中又充当何种角色，目前仍不得而知，因此有必要对不同地区进行检验，以探寻内外资技术差距与知识产权保护对不同区域的影响。考虑将全体样本划分为东、中、西部样本时，将由基准回归的“短面板”数据转化为“长面板”数据，因而可能造成组间同期相关及组间异方差问题，进而影响估计结果。因此在进行分区域检验时，本研究均采用能够有效处理组间异方差及组间同期相关的面板校正标准误（Panel - Corrected Standard Error，PCSE）进行回归估计，并在所有模型中保持了与基准回归相一致的个体、时间固定效应。在将使用PCSE的估计结果与使用普通稳健标准误的估计结果进行对比后发现，使用PCSE的估计结果更加显著，说明该方法更适用于分样本区域检验。

表5为对东、中、西省份的分样本估计结果。其中，模型（1）~模型（3）为对东部地区的估计结果，模型（4）~模型（6）为对中部地区的估计结果，模型（7）~模型（9）为对西部地区的估计结果。对东、中、西部地区的检验结果与技术距离分位数估计结果具有相似性，即知识产权保护对企业创新水平的净影响由东、中、西部依次递减，内外资技术距离与知识产权保护交互作用的影响由东、中、西部依次呈现正向、不显著、负向作用，说明知识产权保护水平的提升在不同区域将产生异质性影响，即在东部地区将缓和内外资技术距离对创新水平的负面影响、在中部地区的作用效果不明显、在西部地区将加剧内外资技术距离对创新水平的负面影响。符合本文理论分析中知识产权保护提升引致的内外资技术距离与企业创新水平关系曲线的“凹”化现象，因此可进一步证实本研究理论分析及假设H2a与H2b的正确性。

表5 东、中、西省份样本检验结果

变量	东部省区市			中部省区市			西部省区市		
	(1)	(2)	(3)	(4)	(5)	(6)	(7)	(8)	(9)
TD	-0.0165* (0.0099)		-0.0235 (0.1777)	-0.0398** (0.0193)		-1.1124 (0.7570)	-0.0198* (0.0122)		0.2373 (0.2754)
IPR		3.2140*** (0.3867)	3.1668*** (0.5511)		0.9124* (0.5181)	-2.8963 (2.9189)		0.6791** (0.3112)	1.8542 (1.3892)

续表

变量	东部省区市			中部省区市			西部省区市		
	(1)	(2)	(3)	(4)	(5)	(6)	(7)	(8)	(9)
TD × IPR			0.2168* (0.1231)			−0.1114 (0.1826)			−0.2597** (0.1190)
R&DI	0.4180*** (0.0625)	0.3824*** (0.0488)	0.3828*** (0.0485)	0.8144*** (0.0986)	0.7092*** (0.1073)	0.7025*** (0.1047)	0.0336 (0.1274)	0.0593 (0.1206)	0.0288 (0.1301)
R&DP	0.0080* (0.0044)	0.0059* (0.0035)	0.0061* (0.0032)	−0.0674*** (0.0223)	−0.0652*** (0.0228)	−0.0648*** (0.0213)	0.0009 (0.0224)	−0.0015 (0.0216)	0.0000 (0.0221)
FD	0.0834* (0.0505)	0.0764* (0.0406)	0.0823* (0.0458)	0.2761** (0.1371)	0.1861 (0.1187)	0.1784 (0.1200)	0.2375** (0.0841)	0.2294*** (0.0816)	0.2258*** (0.0808)
OP	0.4051** (0.2149)	0.5252*** (0.2270)	0.5331** (0.2179)	3.5705*** (1.1212)	2.4769** (1.0674)	3.2674*** (1.1654)	1.1541*** (0.3700)	1.0319*** (0.3762)	0.9757** (0.4110)
MC	0.1672** (0.0904)	0.2615*** (0.0729)	0.2595*** (0.0723)	0.2315* (0.1368)	0.2466* (0.1446)	0.2592* (0.1566)	0.1016 (0.1542)	0.1778 (0.1527)	0.1469 (0.1524)
Time	控制	控制	控制	控制	控制	控制	控制	控制	控制
Province	控制	控制	控制	控制	控制	控制	控制	控制	控制
Cons	1.1674 (1.0649)	−2.6974** (1.1524)	−2.6643** (1.1331)	−5.4524*** (1.6260)	−5.1957** (1.6836)	−1.3806 (2.9843)	5.6520** (2.3269)	3.9840 (2.2426)	3.5271 (2.4797)
N	110	110	110	80	80	80	110	110	110
R^2	0.9852	0.9882	0.9882	0.9650	0.9658	0.9671	0.9819	0.9823	0.9824

注：括号内为标准差。***、**、* 分别表示在 1%、5%、10% 的水平上显著。

（2）经营环境的再调节作用检验。企业经营环境不仅直接影响企业生产经营状况，也可通过不同路径影响企业创新活动，如地方金融发展水平或将影响企业融资约束，从而影响企业投融资行为，进而影响企业研发创新活动；区域企业竞争程度一定程度上影响了企业的生产经营状况和利润率水平，或将对企业的创新水平产生影响。而在不同经营环境水平下，内外资企业间技术距离的创新影响以及知识产权保护的调节方向及大小仍需要进一步探讨。因此有必要检验在不同企业经营环境下，内外资企业技术距离对企业创新水平的影响以及知识产权保护的调节效应。由于对外开放水平受地理位置及政策影响较大，短期内难以调整，因此本文选取区域金融发展水平及市场竞争程度两个方面代表企业经营环境状况。以金融发展水平及企业竞争程度变量的中位数为界分别划分样本为较高金融发展水平与较低金融发展水平、较大竞争程度与较小竞争程度异质性样本。

表6为不同金融发展水平下内外资技术差距、知识产权保护以及二者交互作用对企业创新水平的影响检验。其中，模型（1）~模型（3）为在较高金融发展水平下的估计结果，模型（4）~模型（6）为在较低金融发展水平下的估计结果。由结果可知，在较高金融发展水平下，内外资企业技术距离对企业创新水平并无显著影响，其与知识产权保护的交互作用系数为正但不具备统计意义，而知识产权保护系数显著为正，说明在此样本区间内，知识产权保护水平的提升对企业创新水平的影响起推动作用，但不能够通过加强技术距离对创新的影响而起到调节作用。在较低金融发展水平下，内外资企业技术差距对企业创新水平有显著抑制作用，其与知识产权保护的交互项系数显著为负，说明知识产权保护水平的提升将加剧技术距离对创新水平的抑制作用。可能的原因是，在较低金融发展水平条件下，金融机构往往缩小对中小企业及相对缺乏竞争力的企业的贷款总额，以保障自身盈利状况，因此，在缺乏研发资金的状况下，竞争力较弱的企业难以实现外部融资，进而加剧了与高技术企业间的技术距离，在此之下，知识产权保护水平的提升将进一步恶化技术相对劣势企业的创新水平。

表6　不同金融发展水平的分样本检验

变量	较高金融发展水平			较低金融发展水平		
	(1)	(2)	(3)	(4)	(5)	(6)
TD	0.0296 (0.0482)		-0.7066 (0.4872)	-0.0231* (0.0127)		0.2388** (0.1072)
IPR		1.2946** (0.4662)	-1.3049 (1.6744)		1.1671* (0.5826)	2.1646*** (0.5848)
TD × IPR			0.7550 (0.5219)			-0.2576** (0.1190)
R&DI	0.8542*** (0.2212)	0.7417** (0.2089)	0.7611*** (0.2062)	0.1170 (0.1547)	0.1537 (0.1371)	0.1468 (0.1413)
R&DP	0.0424*** (0.0151)	0.0425** (0.0174)	0.0440** (0.0163)	0.0136** (0.0068)	0.0110 (0.0076)	0.0118 (0.0076)
FD	0.1783** (0.0849)	0.1664* (0.0906)	0.1613* (0.0883)	0.1970 (0.1325)	0.1492 (0.1362)	0.1629 (0.1401)
OP	0.5916** (0.2735)	0.5573** (0.2566)	0.5605** (0.2698)	0.3078 (0.3559)	0.2207 (0.3122)	0.3101 (0.3452)
MC	0.1331 (0.1299)	0.2072* (0.1222)	0.1867 (0.1270)	0.0598 (0.2086)	0.1035 (0.2128)	0.1134 (0.2031)
Time	控制	控制	控制	控制	控制	控制

续表

变量	较高金融发展水平			较低金融发展水平		
	(1)	(2)	(3)	(4)	(5)	(6)
Province	控制	控制	控制	控制	控制	控制
Cons	4.8729 (2.4381)	2.6035 (2.0380)	1.9400 (1.8521)	-3.7031 (3.2809)	-3.6763 (3.2754)	-1.6451 (3.6931)
N	150	150	150	150	150	150
R^2	0.9160	0.9196	0.9209	0.8832	0.8907	0.8920

注：括号内为标准差。***、**、*分别表示在1%、5%、10%的水平上显著。

表7为不同市场竞争程度下内外资技术差距、知识产权保护以及二者交互项对企业创新水平的影响检验。其中，模型（1）~模型（3）为较大市场竞争程度样本估计结果，模型（4）~模型（6）为较小竞争程度样本估计结果。在较大市场竞争程度条件下，内外资企业技术距离对企业创新水平的影响不明显，知识产权保护能够有效促进企业竞争，二者的交互项系数显著为正，表示提升知识产权保护水平能有效抑制内外资企业技术距离对企业创新的负面影响。在较小市场竞争条件下，内外资技术差距显著抑制了企业创新，但知识产权保护的积极作用并不显著。二者交互项系数显著为负，表示在此条件下提升知识产权保护水平将加剧内外资技术距离对企业创新水平的负面影响。可能的原因为，在市场竞争较小的区域，技术分布松散且不容易实现溢出，加强对技术的保护程度并不能激发企业创新获活力，而技术保护程度提升将进一步加剧技术垄断企业的垄断优势，恶化其他企业的技术创新条件。

表7 不同市场竞争程度的分样本检验

变量	较大竞争程度			较小竞争程度		
	(1)	(2)	(3)	(4)	(5)	(6)
TD	-0.0394 (0.0473)		-0.1911 (0.2195)	-0.0404* (0.0205)		0.0469 (0.2133)
IPR		2.4244*** (0.5909)	1.7768 (0.8828)		0.6404 (0.4889)	0.6704 (1.1066)
TD × IPR			0.1848* (0.1021)			-0.2967*** (0.0882)
R&DI	1.1748*** (0.2198)	1.0123*** (0.2070)	1.0084*** (0.2023)	0.2352** (0.1019)	0.2211** (0.0888)	0.2224** (0.0942)

续表

变量	较大竞争程度			较小竞争程度		
	(1)	(2)	(3)	(4)	(5)	(6)
R&DP	0.0112 (0.0109)	0.0122 (0.0086)	0.0115 (0.0095)	0.0327 ** (0.0130)	0.0259 * (0.0122)	0.0256 * (0.0136)
FD	0.4058 *** (0.0898)	0.3153 *** (0.0613)	0.3350 *** (0.0703)	0.2058 *** (0.0482)	0.1984 *** (0.0615)	0.1877 ** (0.0664)
OP	0.3400 * (0.1886)	0.4586 ** (0.1660)	0.4997 ** (0.1847)	0.8704 *** (0.2505)	0.7651 *** (0.2416)	0.7533 *** (0.2459)
MC	0.1903 * (0.1268)	0.2660 * (0.1763)	0.2703 * (0.1402)	0.1752 * (0.0874)	0.2327 ** (0.0948)	0.2337 ** (0.1030)
Time	控制	控制	控制	控制	控制	控制
Province	控制	控制	控制	控制	控制	控制
Cons	-9.7867 *** (2.2549)	-10.6720 *** (2.0434)	-10.0686 ** (1.9384)	2.0767 (1.2019)	1.4132 (1.1184)	1.2186 (0.8856)
N	150	150	150	150	150	150
R^2	0.9224	0.9343	0.9348	0.9327	0.9327	0.9346

注：括号内为标准差。***、**、*分别表示在1%、5%、10%的水平上显著。

4. 内生性处理及稳健性检验

尽管面板数据一定程度上可以解决因遗漏变量而导致的内生性，但考虑企业创新水平可能反向影响知识产权保护水平以及内外资企业间技术差距，因此上述检验仍可能存在内生性问题。在内生性处理中我们使用了核心解释变量——知识产权保护及内外资企业技术差距的滞后一期与滞后二期数据作为备选的工具变量（Ⅳ），在对滞后一期、滞后二期以及以二者共同作为工具变量的2SLS一阶段检验时发现，三者t值均超过了经验值3.2（分别为4.8、3.6和4.1），因此可判断不存在弱工具变量问题。之后，在以Hausman检验进一步检验了模型统计的差异性以及使用过度识别检验了单个工具变量及共同作为工具变量的优劣后发现，使用滞后一期的核心解释变量作为工具变量更符合各项检验标准。基于此，本文以内外资技术差距及知识产权保护的滞后一期作为工具变量，对全样本检验进行2SLS（二阶段最小二乘）估计。表8中各模型为使用工具变量后的估计结果。由模型（1）、模型（3）、模型（5）及模型（7）结果可知，在利用工具变量法降低了估计结果内生性后，内外资企业技术距离（TD）对创新水平的负向影响依然较为显著。而交互项（TD×IPR）系数在模型（2）、模型（4）、模型（6）及模型（8）中逐渐由正显著转变为负显著，说明存在阶段性调节作用，对技术距离较小区域的调节作用趋向于积极，而对技术距离越大的区域趋向于消极，因此一定程度证明了上述检验及结论的稳健性。

表 8　　内生性处理结果

变量	0%～25%		25%～50%		50%～75%		75%～100%	
	(1)	(2)	(3)	(4)	(5)	(6)	(7)	(8)
TD	-0.2525** (0.0926)	-0.6164 (1.4070)	-0.4708 (0.4452)	-0.4997 (0.7295)	-0.8024** (0.3564)	-3.5620 (4.5237)	-0.1826** (0.0629)	-1.3168 (1.7795)
IPR	1.1836** (0.5869)	1.3944* (0.7865)	1.4390* (0.8032)	0.6351 (1.5316)	-1.6342*** (0.4052)	-0.9679 (6.6992)	-2.1574*** (0.4890)	-7.0002 (9.9633)
TD × IPR		0.5419** (0.1965)		-0.8439 (0.9901)		-0.8080 (1.7719)		-0.9435* (0.4260)
R&DI	0.6970** (0.2594)	0.7799* (0.4457)	0.6165*** (0.2730)	0.5754** (0.2471)	0.3069*** (0.0902)	0.3380*** (0.1174)	0.2175* (0.1168)	0.1508 (0.5118)
R&DP	-0.0250 (0.0663)	0.0225 (0.0191)	-0.0197 (0.0236)	0.0105 (0.0172)	-0.0067 (0.0094)	0.0053 (0.0139)	0.0060 (0.0088)	-0.0201 (0.1120)
FD	-0.3249 (1.0401)	0.5717** (0.2924)	0.3272* (0.1821)	0.4523** (0.2293)	0.0663 (0.0798)	0.1292 (0.1024)	0.0077 (0.1090)	-0.1723 (0.8393)
OP	0.9893* (0.5898)	1.1613** (0.4608)	1.4285*** (0.4999)	0.8784 (0.5346)	1.0569*** (0.2405)	0.6010 (0.6357)	0.3455* (0.2086)	-0.4250 (3.2052)
MC	0.0997 (0.5357)	0.0348 (0.3046)	0.4223 (0.2394)	-0.0250 (0.3545)	0.3889*** (0.1369)	0.1626 (0.1930)	0.3888*** (0.1178)	1.0571 (2.6245)
Time	控制	控制	控制	控制	控制	控制	控制	控制
Province	控制	控制	控制	控制	控制	控制	控制	控制
Cons	5.5929 (17.8578)	-12.5388 (11.2588)	-7.4015 (5.5063)	-16.9534 (12.8830)	-1.4178 (1.7988)	-10.6088 (13.0934)	-1.2668 (2.2584)	92.2507 (362.0703)
N	65	65	65	65	65	65	65	65
R^2	0.8965	0.8524	0.9105	0.8422	0.8756	0.8655	0.9212	0.8478

注：括号内为标准差。***、**、* 分别表示在 1%、5%、10% 的水平上显著。

除需要考虑内生性偏误外，当前学术界认为对企业创新水平指标选取的差别也是影响估计结果的原因之一。为了避免因指标选取差异造成检验结果偏误，本文以新产品销售额作为衡量企业创新水平的指标进行稳健性检验。表 9 中各模型为被解释变量指标替换后的稳健性检验结果，回归结果与基准检验及内生性检验具有较强的相似性，一定程度上说明本研究结论具有稳健性。

表9　指标替换的稳健性检验结果

变量	0%~25%		25%~50%		50%~75%		75%~100%	
	(1)	(2)	(3)	(4)	(5)	(6)	(7)	(8)
TD	-0.1260*** (0.0149)	-0.4787** (0.1368)	-0.0703** (0.0345)	-0.9030* (0.4719)	-0.0565* (0.0320)	-1.1424** (0.4704)	-0.2991** (0.1389)	-2.5132 (1.8234)
IPR	0.6160** (0.2372)	0.8972* (0.4459)	1.3555 (1.2243)	-0.6160 (0.9398)	1.8968 (1.2111)	1.5909 (1.1716)	-0.8969* (0.4652)	-8.1187 (5.4745)
TD×IPR		0.5078*** (0.1637)		0.9641 (0.5818)		-1.1457* (0.4849)		-2.7027* (1.4520)
R&DI	0.6653*** (0.1861)	0.6475*** (0.1882)	0.2698 (0.2798)	0.2508 (0.2811)	0.1628 (0.3754)	0.1554 (0.3687)	0.7721** (0.3110)	0.7709** (0.3179)
R&DP	0.0022 (0.0078)	0.0006 (0.0080)	0.0031 (0.0113)	0.0006 (0.0115)	0.0027 (0.0125)	-0.0004 (0.0131)	-0.0007 (0.0136)	-0.0038 (0.0109)
FD	0.1670** (0.0601)	0.1810*** (0.0613)	0.0545 (0.0982)	-0.0831 (0.0989)	-0.1618 (0.1532)	-0.1734 (0.1538)	0.3011 (0.2630)	0.2864 (0.2574)
OP	0.1178 (0.1007)	-0.0043 (0.0964)	0.6363** (0.2113)	0.0262 (0.2011)	0.2686 (0.2471)	-0.1711 (0.2230)	0.6137 (0.4826)	0.5022 (0.4155)
MC	0.2305 (0.1496)	0.2468 (0.1424)	0.2374 (0.1808)	0.2960 (0.1659)	0.3443 (0.2065)	0.3842* (0.1960)	-0.2211 (0.2800)	-0.1352 (0.2874)
Time	控制	控制	控制	控制	控制	控制	控制	控制
Province	控制	控制	控制	控制	控制	控制	控制	控制
Cons	5.6099 (3.6872)	6.5682 (3.7216)	9.2168** (4.1747)	11.4329** (4.5264)	9.5742** (3.8650)	12.6265*** (3.8927)	6.9366 (4.1745)	20.1324* (9.9642)
N	75	75	75	75	75	75	75	75
R^2	0.9284	0.9309	0.6518	0.6595	0.5769	0.5874	0.6835	0.7031

注：括号内为标准差。***、**、*分别表示在1%、5%、10%的水平上显著。

六、研究结论与建议

(一) 研究结论

为了探索内外资技术距离与知识产权保护对企业创新水平的影响，本文首先根据技术距离理论并结合知识产权保护的双重影响，从理论上分析了不同内外资企业技术距离下知识产权保护及其与技术距离的交互作用对企业创新水平的影响。之后，文章在构建计量模型、选取衡量指标的基础之上，对全样本、分样本及不同经营环境下三者的关系进行了检验。最终得出以下研究结论：

第一，内外资企业技术距离的增加将抑制我国企业创新水平，而知识产权保护水平提升有利于激发企业创新活力，从而促进创新水平。在不同技术距离水平、不同区域条件下二者对企业创新水平的影响均较为稳健。

第二，在不同水平内外资企业技术差距条件下，提升知识产权保护水平而引致的企业创新水平的变化存在差别，即知识产权保护将使内外资技术差距对企业创新水平的拟线性影响“凹”化。具体而言，在内外资企业技术距离较小时，知识产权保护水平提升带给企业的“逃离竞争”效应大于技术垄断强化效应，因而能够有效缓解因技术距离增加所导致的创新水平的下降；在内外资企业技术距离较大时，知识产权保护水平提升带来的技术垄断强化效应大于企业的“逃离竞争”效应，所以将进一步加剧因技术距离增加所导致的企业创新水平下降；而当内外资企业技术距离介于两者之间时，知识产权保护水平提升带给企业的正反两方面影响近似于相互抵消，因而作用不明显。

第三，企业经营环境能够影响内外资企业技术距离与知识产权保护对创新水平的作用。处于较低金融发展水平和较小企业竞争环境时，知识产权保护水平的提升将加剧因内外资企业技术距离增加而导致的创新水平下降。而当处于较高金融发展水平和较大企业竞争环境时，知识产权保护水平的提升更有可能会缓解这一下降趋势。

（二）政策建议

根据理论分析及实证检验结果，本文提出以下政策建议，以期为促进本地企业创新水平提供参考：

第一，外资引进过程中应尽量避免区域内内外资企业技术距离进一步扩大。对于内资企业技术水平较高的区域，可以加大高技术外资企业的引进程度；而对于内资企业技术水平较低的地方，应尽量避免大规模引进高技术水平外资，以防止出现本地企业创新水平提升受阻的情况。

第二，知识产权保护执法水平的提升速度应当因区域差异而异。在内外资企业技术差距较小的区域，知识产权保护水平的提升将削弱技术差距导致的创新水平损失，因此在此类区域可遵从严格化、标准化原则进行知识产权保护执法；对于内外资企业技术差距较大的区域，知识产权保护水平的提升将加剧技术差距导致的创新损失，因此在此类区域进行知识产权保护执法时，应当注意合法化、合理化及人性化处理，不宜过分严格。

第三，多方面提升地方企业营商环境。根据本文结论，改善营商环境不仅能够减弱企业各项成本，亦能够对知识产权保护的调节作用起到积极再调节效应。因此，除完善基础设施硬环境之外，政府还可以从金融支持力度、企业竞争环境等软环境方面入手，提升地方营商环境，继而带动企业创新水平的提升。

参考文献

[1] 白俊红、吕晓红：《FDI质量与中国经济发展方式转变》，载《金融研究》2017年第5期。

[2] 白俊红、蒋伏心：《协同创新、空间关联与区域创新绩效》，载《经济研究》2015年第7期。

[3] 包群、许和连、赖明勇：《贸易开放度与经济增长：理论及中国的经验研究》，载《世界经济》2003年第2期。

[4] 陈颂、卢晨：《基于行业技术相似度的FDI技术溢出效应研究》，载《国际贸易问题》2019年第1期。

[5] 陈启斐、张为付：《进口服务贸易、知识溢出与后发国家技术追赶——基于中国和印度的比较分析》，载《上海财经大学学报》2017年第5期。

[6] 曹霞、杨笑君、张路蓬：《技术距离的门槛效应：自主研发与协同创新》，载《科学学研究》2020年第3期。

[7] 代中强：《知识产权保护提高了出口技术复杂度吗？——来自中国省际层面的经验研究》，载《科学学研究》2014年第12期。

[8] 方慧、封起扬帆、周亚如：《生产要素国际流动与经济增长质量：基于社会资源禀赋的调节效应》，载《世界经济研究》2020年第7期。

[9] 方慧、赵甜：《中国企业对“一带一路”国家国际化经营方式研究——基于国家距离视角的考察》载《管理世界》2017年第7期。

[10] 韩剑、许亚云：《知识产权保护与利用外资》，载《经济管理》2021年第4期。

[11] 胡宗义、李毅：《金融发展对环境污染的双重效应与门槛特征》，载《中国软科学》2019年第7期。

[12] 蒋雪梅、祝坤福：《基于内外资企业能耗强度差异的工业节能潜力分析》，载《管理评论》2017年第1期。

[13] 刘思明、侯鹏、赵彦云：《知识产权保护与中国工业创新能力——来自省级大中型工业企业面板数据的实证研究》，载《数量经济技术经济研究》2015年第3期。

[14] 亓朋、许和连、李海峥：《技术差距与外商直接投资的技术溢出效应》，载《数量经济技术经济研究》2009年第9期。

[15] 邱立成、康茂楠、刘灿雷：《外资进入、技术距离与企业研发创新》，载《国际贸易问题》2017年第9期。

[16] 苏世彬、陈月勤：《专利行政执法对专利申请量的影响研究——基于R&D投入与FDI流入的中介作用》，载《科研管理》2020年第1期。

[17] 孙浦阳、蒋为、陈惟：《外资自由化、技术距离与中国企业出口——基于上下游产业关联视角》，载《管理世界》2015年第11期。

[18] 魏如青、张铭心、郑乐凯、施平居：《生产分割、知识产权保护与出口技术复杂度——基于生产阶段分割的研究视角》，载《统计研究》2021年第4期。

[19] 吴超鹏、唐菂：《知识产权保护执法力度、技术创新与企业绩效——来自中国上市公司的证据》，载《经济研究》2016年第11期。

［20］ 张海玲：《技术距离、环境规制与企业创新》，载《中南财经政法大学学报》2019 年第 2 期。

［21］ 张幼文：《生产要素的国际流动与全球化经济的运行机制》，载《国际经济评论》2013 年第 5 期。

［22］ 周煊、程立茹、王皓：《技术创新水平越高企业财务绩效越好吗？——基于 16 年中国制药上市公司专利申请数据的实证研究》，载《金融研究》2012 年第 8 期。

［23］ 朱有为、徐康宁：《中国高技术产业研发效率的实证研究》，载《中国工业经济》2006 年第 11 期。

［24］ Acs，Z. J. and Audretsch，D. B.，1987：Innovation in Large and Small Firms，*Economics Letters*，Vol. 23，No. 1.

［25］ Aghion，P.，Blundell R.，and Griffith，R.，2009：The Effects of Entry on Incumbent Innovation and Productivity，*The Review of Economics and Statistics*，Vol. 91，No. 1.

［26］ Amy，J. G. and Kamal，Saggi.，2002：Intellectual Property Rights and Foreign Direct Investment，*Journal of International Economics.*，Vol. 56，No. 3.

［27］ Borensztein，E.，Gregorio，J.，and Lee，J，W.，1998：How Does Foreign Direct Investment Affect Economic Growth?，*Journal of international Economics*，Vol. 45，No. 1.

［28］ Chin，J. C. and Grossman，G. M.，1988：Intellectual Property Rights And North – South Trade. *Social Science Electronic Publishing*，Vol. 13，No. 5.

［29］ Furukawa，Y.，2007：The Protection of Intellectual Property Rights and Endogenous Growth：Is Stronger Always Better?，*Journal of Economic Dynamics and Control*，Vol. 31，No. 11.

［30］ Helpman，E.，1993：Innovation，Imitation，and Intellectual Property Rights，*Econometrica*，Vol. 61，No. 6.

［31］ Maskus，K. E. and Penubarti，M.，2004：How Trade – Related Are Intellectual Property Rights? . *Journal of International Economics*，Vol. 39，No. 3 – 4.

［32］ Naghavi，A. and Strozzi，C.，2015：Intellectual Property Rights，Diasporas，And Domestic Innovation，*Journal of International Economics*，Vol. 96，No. 1.

［33］ Wersching，K.，2005：Innovation and Knowledge Spillover With Geographical And Technological Distance In An Agent – Based Simulation Model，*Discussion Paper.*

［34］ Yang，G. and Maskus，K. E.，2001：Intellectual property rights，licensing，and innovation in an endogenous product-cycle model，*Journal of International Economics*，Vol. 53，No. 1.

Technological Distance and Innovation Level of Domestic and Foreign Firms：Based on the Bidirectional Moderating Effect of Intellectual Property Protection

Hui Fang　Qiyangfan Feng　Yaru Zhou

Abstract：What is the effect of different degrees of technology gap between domestic and foreign firms on the level of innovation? Will this effect change with the improvement of local intellectual property protection? Based on the theory of technological distance and the dual impact of intellectual property protection, this paper firstly elaborates the impact of domestic and foreign firms' technological gap on the level of enterprise innovation and the heterogeneity regulating effect of intellectual property protection. Then, based on the data of 30 provinces and municipalities in China from 2008 to 2018, this paper tests the impact of domestic and foreign technology gap on innovation and the moderating effect of intellectual property rights protection in the full sample and sub-sample respectively, and finds that the technological gap between domestic and foreign enterprises has a inhibiting effect on the level of enterprise innovation. The moderating effect test results show that intellectual property protection will make the quasi-linear impact of domestic and foreign technology gap on the level of innovation "concave". In other words, when the technological distance is small, the improvement of intellectual property protection level can effectively alleviate the decline of innovation level caused by the expansion of technological distance. When the technological distance is large, the improvement of intellectual property protection level will further aggravate the decrease of enterprise innovation level caused by the expansion of technological distance. Further research results show that the operating environment of enterprises will affect the effect of the technology gap between foreign and domestic enterprises and the intellectual property protection on the innovation level of enterprises. Higher degree of financial development and stronger level of enterprise competition will help to enhance (alleviate) the positive (negative) regulatory effect of intellectual property protection. Finally, after the use of instrumental variables and the replacement of measurement indicators, the basic conclusions of this paper are still robust.

KeyWords: Technology Distance of Domestic and Foreign Enterprises Enterprise Innovation Level Intellectual Property Protection

JEL Classification: D23 D22 F21

附录

内外资企业技术距离数据描述

附表 1 为计算得出的各省区市内外资技术距离均值，数值越大表示该区域内内外资技术差距越大，反之则越小。由附表 1 中数据可知，内外资技术差距最小的前三位样本区域分别为浙江省、江苏省以及上海市。而差距最大的前三位样本区域分别为海南省、内蒙古以及贵州省。数据分析结果基本符合来自已有研究的结果，如亓朋等（2009）、蒋雪梅、祝坤福（2017）等，以及各地区实际的经验证据，因此一定程度上说明该结果具有稳健性。

附图 1 为计算的出的观测期内（2008～2018 年）全国各省份内外资企业间平均技术距离图示。由附图 1 可知，对于全国各省份平均而言，内外资企业间的技术距离不断缩小，缩小幅度最快时期位于 2008～2011 年，2013～2015 年间较为平稳，而 2016～2018 年间又呈现了较为明显的技术距离缩小趋势，体现了国家高质量发展导向及科技进步。

附表 1　各研究样本区域内外资技术差距均值

区域名称	内外资技术差距	区域名称	内外资技术差距	区域名称	内外资技术差距
北京	3.92	浙江	1.38	海南	5.21
天津	4.08	安徽	3.30	重庆	4.29
河北	4.71	福建	3.05	四川	3.98
山西	3.33	江西	3.56	贵州	4.97
内蒙古	5.01	山东	3.07	云南	4.40
辽宁	3.10	河南	4.32	陕西	3.12
吉林	4.50	湖北	3.58	甘肃	3.59
黑龙江	4.13	湖南	3.70	青海	3.64
上海	2.72	广东	2.61	宁夏	3.55
江苏	2.51	广西	3.53	新疆	3.91

注：表中各数据均由软件 Stata14.0 计算得出。为方便对比，表中所列数据均为实际技术差距值的对数值。

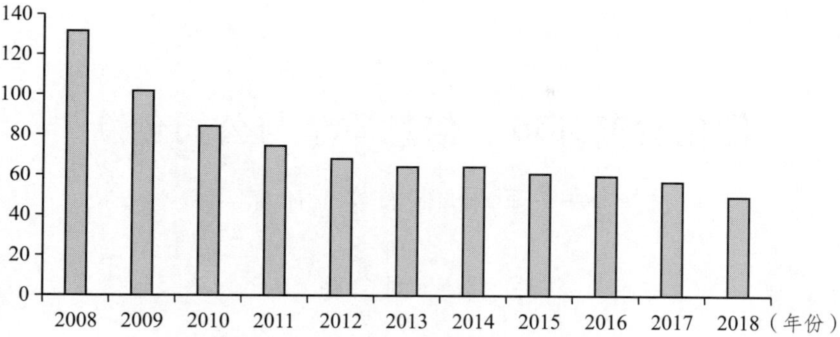

附图1　各省份内外资企业间平均技术距离

优化营商环境、信息质量与公司创新
——理论机制与实证研究

许 恒 刘 龑*

摘 要：优化营商环境能够降低企业在创新、投资、研发过程中所面临的制度性交易成本，在企业的既定成本约束下，激发了企业发展和竞争活力。本文通过建立信息不对称市场环境下经济学模型，研究营商环境优化对公司创新投入和高质量创新形成的直接和间接的影响，并通过实证分析验证理论研究的主要结果。本文发现，优化营商环境能够在直接提升公司创新投入的同时，激发公司进行高质量创新的动机，营商环境优化降低了公司承担的制度性交易成本，释放公司在创新过程中的成本压力，弱化公司由于其成本压力过高而触发的低质量创新或虚假创新的道德风险动机，实现提升社会总福利的目标。实证分析验证了上述信息质量对公司创新的影响，营商环境优化能够从成本角度改善市场中信息质量不佳时公司创新的投入程度和创新质量，与信息质量形成有效互补。此外，本文通过延伸分析提出了政府在优化营商环境的政策执行中应当针对不同类型和处于不同发展阶段的公司进行差异化的引导。

关键词：营商环境 公司创新 道德风险 机制设计 政府规制

一、引 言

营商环境是指市场主体在市场经济活动中所涉及的体制机制性因素和条件，即企业在从事商事过程中所处的政治环境、经济环境、社会环境和文化环境。2020 年 1 月 1 日起施行的《优化营商环境条例》便是以通过持续优化营商环境，实现解放和发展社会生产力、加快建设现代化经济体系、推动高质量发展的目标而制定的。就企业而言，较差的制度环境会增加企业生产经营过程中的制度性交易成本，进而降低企业在从事商事过程中的获得感。从

* 本文受到“中国政法大学青年教师学术创新团队支持计划（20CXTD10）”资助
感谢两位匿名审稿人的专业意见！
许恒：中国政法大学商学院；地址：北京市海淀区西土城路 25 号，邮编：100088；E-mail：hengxu@ cupl. edu. cn。
刘龑：中国政法大学商学院：地址：北京市海淀区西土城路 25 号，邮编：100088；E-mail：yan_699Zzz@ outlook. com。

政府角度出发，优化营商环境是要求减少其对经济的不合理干预，并以降低企业制度性交易成本为主要路径，激发企业在市场中的活力和社会创造力，进而增强社会经济发展动力（雷挺、栗继祖，2020；王丛虎等，2020；孙群力、陈海林，2020；苏泠然，2021）。

我国政府致力于营商环境的优化由来已久。早在 2005 年全国政协调研组在深圳召开的“劳动密集型产业如何转移”的座谈会中就已经发现，企业在营商环境中所面临的隐性成本已逐渐取代显性成本，成为吸引投资的决定性因素①。“深圳模式”通过提高产业配套度、政府行政效率等措施来降低企业运营的隐性成本，从内生到外在两个层面缓解企业的制度性交易成本，最终实现优化本地区营商环境的目标。2021 年 1 月 1 日起正式实行的动产和权利担保统一登记，有助于金融机构全面掌握企业动产和相关权利信息，提升给企业担保融资的意愿，同时，有利于优化营商环境、促进金融更好地服务实体经济特别是中小微企业，减轻企业的负担。这也反映出政府进一步通过降低企业的制度性交易成本，简化企业间往来的流程，向优化营商环境的纵深打下坚实基础。

另外，营商环境的恶化使企业在创新、投资、研发过程中承担着较大制度性交易成本，在既定的成本约束下，抑制了企业的发展动机，尤其是对于民营和中小微企业，制度性交易成本对发展资源的挤占尤为明显，限制了企业的发展动力。营商环境的逐步恶化导致企业在激烈的市场竞争压力下滋生其触发道德风险的可能性，在市场中关于企业的信息质量不佳时，企业有动机使用不正当手段展开竞争、利用市场中的信息不对称欺诈消费者、降低创新质量或进行虚假创新、降低或停止社会责任的履行等方面，这些行为在更大范围内会进一步恶化市场经济环境，阻碍经济社会的良性发展。这进一步说明，在信息不完全的市场中，营商环境优化可以通过降低企业成本形成激发企业良性发展的激励相容机制，从内生动机的层面抑制企业道德风险行为，与市场中的信息质量形成有效互补，合力实现市场经济环境的良性发展。

现有关于营商环境的文献大多集中在对影响营商环境的因素方面，主要提出了经济社会经营者的法治思想、政策制定过程中的政务改革、税制税负和行政审批机制的改革都会显著地影响地区的营商环境。从公司内部治理角度出发，营商环境对公司的创新产生了怎样的影响？优化营商环境对公司创新产生影响的内在机理在哪里？现有研究的逻辑强调了，有效的营商环境优化可以降低公司制度性交易成本，提升公司的创新水平，体现了营商环境优化对公司创新“量”的推动作用（夏杰长、刘诚，2017；王永进、冯笑，2018；卢现祥、朱迪，2019）。如果我们进一步追问，营商环境的优化对公司创新“质”的影响路径在哪里？类似于一种经验品，创新在产品和服务的

① http：//news. sina. com. cn/o/2005 - 04 - 28/05055769504s. shtml.

真实体现在短期存在不完全信息，营商环境恶化可能使企业在面临较高制度性交易成本时产生道德风险的动机，而营商环境优化在这种情景下是否能够通过降低制度性交易成本抑制企业道德风险动机？现有研究尚不能给出充分的答案。基于此，本文尝试通过理论和实证研究营商环境优化和公司创新之间的关联。具体而言，在不完全信息的市场环境中，识别营商环境优化对提升公司创新"量"与"质"的内在机制。

在理论分析中，本文建立了一个两时期不完全信息博弈模型分析市场竞争环境下，政府优化营商环境对公司创新的影响。具体而言，市场存在两类竞争公司：具有较高创新能力和较低创新能力的公司，两类公司在Hotelling线性市场中针对差异化产品进行价格竞争。令产品的差异化体现在公司的创新效果上，且创新后的产品为经验品，即在创新效果并未被消费者充分体验前，创新后产品的真实质量并不能被整个市场所充分认知。现有研究指出，制度性交易成本反映了营商环境的程度（例如，卢现祥、朱迪，2019），即制度性交易成本对公司诸如生产、创新、销售等环节增加了成本压力。在创新层面，制度性交易成本提升了创新难度，在不完全信息环境下，公司则有可能产生以低质量创新取代高质量创新的动机，即道德风险行为。这不仅降低了市场中来自公司创新的整体福利，同时，导致消费者弱化了对公司创新效果的期望。从长期视角出发，公司创新层面的道德风险行为减弱了市场中参与者的相互信任程度，阻碍了市场在长期的良性发展。政府通过实施各项政策完善营商环境来降低公司所承担的制度性交易成本，间接提高公司在创新中触发道德风险的机会成本，以制度性交易成本为调节手段建立倒逼公司实现高质量创新的激励相容，降低并消除公司在创新过程中的道德风险行为。在对应的实证研究中，本文选取制度性交易成本指数作为描述营商环境的反向标准，选取企业研发投入和国际《专利合作条约》申请数据（PCT）分别描述企业创新数量和创新质量。同时，实证研究引入了分析师观察指标作为市场信息环境质量的标准，分析师观察能够更好地展现市场的真实信息，降低信息不对称带来的道德风险行为（Fan and Wong，2002；Dhaliwal et al.，2011）。引入分析师观察能够帮助我们厘清市场中关于产品创新的信息质量在优化营商环境中的具体作用和效果。

本文研究指出，营商环境优化对公司创新可以产生两层效果，首先，营商环境的优化可以通过降低制度性交易成本来缓解公司的成本压力，提升公司的创新投入程度，即营商环境优化提升了公司创新的"量"。其次，优化营商环境能够弱化成本压力较大的公司在发展过程中为获得创新利润而触发的道德风险动机，保证了公司创新的"质"。实证研究通过运用制度性交易成本作为营商环境优化反向指标，指出政府优化营商环境而实现制度性交易成本的降低对企业的创新数量和质量都存在促进效果。此外，营商环境优化能够使分析师观察对创新质量的正向影响产生促进效果，说明了优化营商环境能够进一步提升信息质量对公司创新的良性效果，与信息质量形成有效的互补，验证了理论研究中营商环境优化对公司高质量创新的内生机制。

本文的理论价值和边际贡献主要体现在以下两个方面：

（1）本文从公司创新视角探索了营商环境优化对公司创新程度和创新质量的影响。在新时代，我国公司治理和公司创新应兼顾创新的增“量”和保“质”。优化营商环境降低制度性交易成本可以从公司外生的创新投入和内生的创新质量上发挥推动作用，同时，激发公司进行高质量创新的动机，避免公司为单纯的创新利润而触发的低质量创新或虚假创新的道德风险行为，构建社会福利提升的良性循环和长效机制。

（2）本文从政策实施成本和社会福利提升的角度分析了政府优化营商环境过程中的具体规制路径和政策实施强度。营商环境中涵盖了差异化的商业主体，就创新层面而言，差异化体现在公司的创新能力，具有不同创新能力的公司在创新过程中对制度性交易成本的应对能力和反应程度不尽相同，因此，政府在实施相应政策时应针对具有不同创新能力的公司进行差异化的规制，即差异化规制路径和规制强度。这一方面，能够避免“一刀切”而产生的福利扭曲；另一方面，能够更加有效地在营商环境中优化政策实施成本和强化政策实施效果。

二、文献综述

（一）优化营商环境的意义及其指标构建

现有研究发现，营商环境的优化和改善对国家和地区的治理现代化、防范和化解风险、促进区域发展、企业国际化等方面具有积极的推动作用。李先军、罗仲伟（2020）指出，优化营商环境能够通过改善市场环境工作制度、市场监督执法体系、完善市场信用体系有效释放市场活力和降低企业经营成本。此外，刘向明等（2020）通过对政府持股城商行的数据研究提出政府的行为边界，建立城商行资金内部定价机制和完善城商行监管体系等因素，探讨规范城商行营商环境的具体路径，实现防范与化解城商行流动性风险的目标。陈初昇等（2020）、杜运周等（2020）对政府效率和创业活力以及营商环境国际差距等方面展开研究并发现，营商环境的改善对我国区域型发展和跨国企业绩效提升具有正向作用，并进一步提出了政府与市场在相应的生态位相互增强提高市场环境承载力的内在逻辑。上述研究指出我国跨国公司在注重国际化的同时，政府应关注在营商环境“质”的方面与国际接轨，使有能力的企业能够更加平稳地融入国际市场。

在《世界银行营商环境报告》的发布之后，国内外大量学者对构建营商环境指标体系进行了尝试。尽管世界银行的营商环境报告具有开创性，但是该报告中所使用的指标体系主要是针对一个国家范围内的营商环境差异，且追求的是全球范围内的适应性，并不适用于对我国特定地区营商环境差异化的研究和指标体系的构建。国内机构和学者根据我国的实际情况从多个角度对营商环境指标体系的构建做出了贡献，列示如表1所示。

表1 营商环境指标体系梳理

指标名称	来源	属性	主要内容
中国各地区市场化进程相对指数	樊纲等（2003）	学者	政府与市场的关系、非国有经济的发展、产品市场的发育程度、要素市场的发育程度、市场中介组织发育程度和法律制度环境
中国分省企业经营环境指数	王小鲁等（2013）	学者	政府行政管理、企业经营的法制环境、企业的税费负担、金融服务、人力资源供应、基础设施条件、中介组织和技术及营销服务，以及企业经营的诚信社会环境
中国城市营商环境评价指标体系	李志军（2020）	学者	公共服务、人力资源、市场环境、创新环境、金融服务、法治环境、政务环境
国脉营商环境五力模型①	中国社会科学院信息化研究中心（2019）	机构	执行力、协同力、创新力、影响力、支撑力
《中国城市营商环境评价》②	粤港澳大湾区研究院（2018）	机构	软环境、基础设施、商务成本、市场环境、社会服务、生态环境
《中国城市营商环境报告》③	中央广播电视总台	机构	基础设施、人力资源、金融服务、政务环境、普惠创新
《优化营商环境条例》④	国务院	政府部门	市场主体保护、市场环境、政务服务、监管执法、法治保障
全国营商环境评价现场会暨优化营商环境工作推进会⑤	中国国家发展和改革委员会	政府部门	企业全生命周期、城市投资吸引力、城市高质量发展水平
《北京市优化营商环境政策3.0版》⑥	北京市政府	政府部门	开办企业、办理建筑许可、登记财产、纳税、跨境贸易、执行合同、办理破产、政府采购

注：①资料来源：搜狐新闻，https：//www.sohu.com/a/358925616_472878。②资料来源，搜狐新闻，https：//www.sohu.com/a/280720948_263856。③资料来源：北京大学汇丰商学院，https：//www.phbs.pku.edu.cn/2020/news_0618/7289.html。④资料来源：中国政府网，http：//www.gov.cn/zhengce/content/2019－10/23/content_544 3963.htm。⑤资料来源：中国政府网，http：//www.gov.cn/xinwen/2018－08/28/content_5317019.htm。⑥资料来源：搜狐新闻，https：//www.sohu.com/a/353396369_820372。

资料来源：作者整理。

（二）影响营商环境的因素与量化评估

现有文献关于影响营商环境的因素研究具体可分为宏观的法制层次和微观的部门层次两个方面。宏观的法治层次方面主要研究政府如何通过深化体制改革来实现营商环境优化。刘俊海（2019）指出，政府在构建法治化营商环境中起到关键作用，政府要通过不断的深化改革，形成以法治、民本、诚信、公正、阳光、廉洁、勤勉、厚德等为特点的政府，构建亲清的新型政商关系，最终实现良好法治化营商环境的目的，为企业带来稳定、透明、公正、可预期的营商环境。

微观的部门层次方面的研究主要侧重于对优化营商环境的客体，即对企业的影响展开分析，现有研究主要以针对税务改革和行政审批改革等因素进行探讨，进而来分析政府的营商环境优化路径对企业经营的影响。就税务改革而言，向景、刘中虎（2013）认为税务改革可从营造低税负环境和降低纳税成本两个方面来改善营商环境。其一是营造低税负环境需要通过税制改革，强调税收的法制化和国际化，通过简化税制和降低税率等手段，帮助企业减轻税收负担，使得我国的企业税收负担降低到世界平均水平；其二是降低纳税成本需要简化纳税程序、降低纳税时间并注重税务信息化建设，具体而言，可参照美国或日本现有的成功税务经验，如建立信息化报税系统或分类分表报税等，通过上述措施有效降低企业的税务负担，进一步降低企业的制度性交易成本。张景华、刘畅（2018）认为我国企业纳税存在两类问题，一是税制不合理，目前以企业税尤其是流转税为核心的情况使企业纳税与企业盈利能力关联不大；二是纳税流程有待精简、纳税服务有改善空间，基于此，政府可通过以为企业减税降费和简政放权为主的宏观调控，最终实现企业纳税营商环境优化的目标。孙玉山、刘新利（2018）认为纳税服务现代化，可通过纳税服务理念革新、纳税服务信息集成、税收诚信体系建设、纳税服务多元化发展、纳税服务持续改进机制等路径，对营商环境起到正向的优化的作用。

在行政审批改革方面，现有研究不仅关注到了改革对社会经济和企业发展的影响，还关注到了《优化营商环境条例》中所强调的制度性交易成本，对其来源和量化评估等方面展开研究。卢现祥、朱迪（2019）认为，我国的企业制度性交易成本是因为我国实行政府审批制度所导致的成本，该成本具有非市场、非必要、非自愿、不合理等特征。研究发现，通过设立行政审批中心所体现出的制度性交易成本的下降，能有效提升地区的市场化程度，可通过进一步深化行政审批改革，降低企业的制度性交易成本，创造出良好的营商环境，最终提升地区市场化程度和经济绩效。此外，在行政审批制度改革对企业运作的影响机制方面，王永进、冯笑（2018）指出行政审批制度改革对企业的创新活动具有两方面的影响，一是行政审批改革能促进企业开展创新活动；二是行政审批改革降低了市场门槛加剧了市场竞争，但总体的情况仍然是行政审批改革能显著提高企业的创新水平。夏杰长、刘诚（2017）也提出减少和优化行政审批制度能够提升企业活跃度，进而实现促进经济增长的作用。同时，我国的行政审批制度在某种意义上还具有为市场进行筛选的作用，通过筛选可以提升市场中企业的质量。杨艳、车明（2020）则系统性地研究了行政审批改革和制度性交易成本的关系，发现行政审批改革可以通过影响经营效率、时间成本、资金成本和市场竞争四个途径来降低制度性交易成本。在行政审批改革的量化刻度方面，大多数研究通过设置某一年度是否成立行政审批中心这一虚拟变量作为量化地方行政审批改革力度的指标（夏杰长、刘诚，2017；杨艳、车明，2020；纪祥裕，2020；金晓雨，2020）。此外，朱光顺等（2020）将行政审批中心的设立视为行政审批改革的具体体现的同时，引入了其中进驻部门的数量和进驻事项的数量这两个重要的指标。行政审批中心中进驻部门和进驻事项的增加，都会增加该地区企业进入率的增加，进而促进地区经济活力、提升行业内竞争水平，实现提升经济发展质量的目标。

（三）企业道德风险的成因及其指标构建

早期关于企业道德风险的研究主要以对道德风险的成因或源头进行总括性分析为主。传统理论指出道德风险行为主要发生在主体与主体之间的信息不对称，使那些具有信息优势的主体存在利用其优势获取更高收益的动机，进而产生交易费用（Akerlof，1970）。Spence（1973）、Nelson（1974）分别提出了劳动力市场的道德风险与以可视性信号作为可信承诺以缓解道德风险行为的机制和路径，Milgrom and Roberts（1986）的研究将道德风险落实在具体的企业行为中，指出在信息不对称环境下，企业能够利用其价格信号和广告作为向具有信息劣势的主体，即消费者发送可信承诺，使得交易双方在均衡下能够以尽可能低的交易费用实现并完成交易。从企业道德风险的内生逻辑而言，长期的企业声誉可以成为缓解企业道德风险的主要因素，在信息不对称环境中，企业短期触发道德风险会损害其长期声誉，降低在其长期经营中的可持续收益（Choi，1998；Cabral，2000；Bar-Isaac and Tadelis，2008）。高小玲（2008）提出了企业道德风险的源头可分为外生和内生两类，其中外生因素主要包括竞争压力、制度压力、社会文化、利益相关者关系四个部分，当外部出现阻碍企业发展的因素时，企业便会损害其他利益主体，进而产生道德风险；内生因素则主要包括道德意识与诚信氛围、组织和权力结构、实施层面的经理道德和员工道德三个部分，企业在道德意识与氛围缺失的情况、内部人员道德水平低下的情况下也有可能产生道德风险。

在构建企业道德风险的评价指标体系方面，张萍、孙柳（2013）尝试构建国有企业道德风险评价指标体系，该研究从管理者和企业两个视角设立了六个一级指标，分别是管理者视角的经营管理能力和个人素质，企业视角的激励机制、监督机制、企业竞争力、政治责任。并据此利用层次分析法，设立了 19 个二级指标和 49 个三级指标，全面且系统地构建了一个用于评估企业道德风险的指标体系。然而由于影响企业道德风险的因素过于复杂，文献并没有进行实证方面的进一步分析。

不同行业中的企业具有不同的经营特征，学者针对特定行业的信息不对称情况对该行业的企业道德风险水平的影响展开研究。在医疗服务行业，何文、申曙光（2020）指出医疗行业出现医疗费用不合理增长的主要原因是，医疗服务提供方在经营过程中利用信息和技术的优势，获取超额利益，体现在医疗资源的滥用上。在借贷行业中，何光辉、杨何灿（2020）认为借贷中的道德风险主要是因为借贷双方存在着信息不对称的情况，而在 P2P 网络借贷中，由于网络的虚拟性，该信息不对称的情况会更严重，由此造成了我国 P2P 网络借贷市场中存在着大量的道德风险，具体体现在频频发生的 P2P 暴雷的问题。另外，Versano（2020）也提出了信息可用来控制管理者的活动，并且信息披露机制能有效降低企业风险。其中最为关键的便是隐瞒成本，即是经理人因隐瞒需要披露的信息而所承担的个人成本或负效用，其与披露的管理价值相对应，共同构成了经理人在进行信息披露决策时的重要影响因素。随着隐瞒成本水平的逐步提升，作为理性的经理人选择披露信息的可能性也逐步提高，而企业所有者所需要付出的成本或激励手段也逐步减少。总之，企业信息隐瞒成本与企业信息披露水平正向相关，两者的提升能缓解企业所有者与经营者之间的利益冲突，最终实现降低企业道德风险的目的。

三、优化营商环境的机制设计

（一）理论模型

考虑一个不完全竞争市场中的两家公司（公司 1 和公司 2）进行非对称的竞争，例如，一家公司为规模化大型企业（如国有企业），则另一家公司可以被视为是规模较小或初创企业，这个设定能够较好地体现营商环境对不同经济主体所产生的差异化效果。此外，本文关注营商环境优化对企业创新动机和在创新过程中的道德风险，因此，令两家公司在关于产品价格的竞争中进行创新决策，创新反映在两家公司产品的差异化上。这一设定的现实意义在于，公司创新能够为其产品或服务在市场中构建长期的良性基础，尤其是在对产品的科技化、数字化与智能化高度要求的现代市场中具有较为显著的代表性。公司的创新活动需要承担相应成本，其中包含创新成本和公司面临的制度性交易成本。回顾《优化营商环境条例》的一个核心目标是要“切实降低制度性交易成本，更大激发市场活力和社会创造力，增强发展动力”，因此，本文用制度性交易成本衡量营商环境水平的识别标准，即制度性交易成本的增加在公司生产经营活动中产生了额外的创新成本。营商环境优化效果的差异性体现在公司承担的初始制度性交易成本，令 β_i，$i=1, 2$ 为公司 i 的制度性交易成本强度，其中 $\beta_1<\beta_2$ 刻画了规模较大的企业受到制度性交易成本的影响较小。假设 I_i，$i=1, 2$ 为公司 i 的创新投入，则两家公司的创新总成本为 $\beta_i I_i^2/2$，即在给定同样的创新投入时，公司 1 的创新总成本较低。反观公司 2，较高的创新总成本抑制了公司的创新动机和创新投入水平。

公司的需求由市场中的消费者对不同公司创新的偏好决定，本文运用 Hotelling 线性模型刻画消费者市场（Hotelling，1929），消费者均匀分布在长度为 $L=1$ 的线性市场中且分布密度为 1，两家公司分别位于线性市场的两端，市场中任意消费者 j 来自于公司 i 的效用可以表示为：

$$u_i^j=\theta+I_i-x_{|i-j|} \tag{1}$$

其中 θ 描述了消费者 j 来自于公司 i 的基础效用，$x_{|i-j|}\in[0, 1]$ 描述了消费者 j 选择公司 i 所承担的转移成本，例如学习、适应并熟悉公司产品所承担的成本。此外，消费者的效用同时受到了公司 i 的创新投入程度的影响，即较高的创新程度为消费者带来更多的效用。两家公司划分整个消费者市场，它们的市场份额由市场中的边际消费者——选择两家公司均能够获得同样效用水平的消费者——决定。根据上述特征，边际消费者的效用符合条件：$u_i=u_{-i}$，因此，公司 i 的需求函数可以表示为：

$$Q_i(I_i, I_{-i})=\frac{1+I_i-I_{-i}}{2} \tag{2}$$

令 a 为公司创新的单位收益，它反映了消费者对公司完成创新后的产品的偏好程度，从消费者角度出发，其偏好并不单纯地来自于公司的创新行为，而是来自于创新后产品及其真实质量，因此，当公司 i 完成创新并将创新后的产品销售给消费者时，其利润函数可以写为：

$$\pi_i\equiv\Pi_i(I_i, I_{-i})=aQ_i(I_i, I_{-i})-\frac{\beta_i I_i^2}{2} \tag{3}$$

在延伸讨论中，考虑政府对营商环境优化投入水平方面，其以最大化市场中全部公司的创新投入为目标对营商环境优化进行决策，其中包括制定相应条例和法规、实行必要的监管、建立相关系统和信息平台等。令政府对营商环境优化的投入水平为 g，其对应的成本为 $C(g)=cg^2/2$，其中 c 描述了政府的政策投入—产出效率，即 c 越高，优化营商环境的效率越低。在政府实现优化营商环境后，公司在创新活动中面临的制度性交易成本降低，即 β_i 在政府政策投入下改变为 $\beta_i(g)$ 且 $\beta_i'(g)<0$。政府关于营商环境优化的最优化问题则可以描述为：

$$\max_g G(g)=[I_1(\beta_1(g), \beta_2(g))+I_2(\beta_1(g), \beta_2(g))]-C(g) \tag{4}$$

理论分析通过两个时期的博弈展开，博弈的第一时期包含政府、公司与消费者之间的三个阶段的博弈。在第一阶段中，政府通过对营商环境优化程度的投入决策实现市场中公司创新水平的最大化并承担相应成本。在第二阶段中，两家公司同步进行创新投入决策最大化利润，考虑到两家公司在创新层面呈现出非对称情况（即 $\beta_1 \neq \beta_2$），因此，具有较高成本的公司则可能存在关于创新的道德风险动机，具体而言，当公司（尤其是公司2）所承担的制度性交易成本过高而使得其创新无利可图时，则在不对称信息——消费者不具备在短期辨别产品创新质量——的环境下，其有动机利用自身的信息优势以低质量的创新替代高质量创新以换取短期收益。虚假创新体现在公司承担较低的创新成本推出不符合实际标准或对公众宣称标准的产品或服务，令虚假创新成本为 β_0，则有 $\beta_0 < \beta_1 < \beta_2$。在博弈的第三阶段中，消费者观察到公司的创新产出而制定其购买决策，即选择一家能够为其提供较高效用的公司。在第二时期中，公司与消费者在政府于第一时期既定的营商环境规制投入水平下再一次进行创新投入与购买决策，公司的创新效果在第一时期期末——消费者实际体验了创新产品或服务之后能够被市场识别，若公司2未触发道德风险，则公司和消费者在第二时期重复第一时期的博弈；若公司2触发道德风险，则消费者在第二时期对公司2进行抵制，使公司2第二时期的利润为零。在信息质量层面，政府对营商环境优化的投入是以降低公司面临的制度性交易成本提升公司道德风险的机会成本，换言之，营商环境的优化并不会直接地改变公司与市场之间的信息，而是通过降低公司高质量创新时的成本来弱化公司触发道德风险的动机，形成一种对公司高质量创新的倒逼机制，通过调节成本的手段来抑制市场信息质量不佳时公司进行低质量创新的行为。

（二）优化营商环境与道德风险

首先分析一个完全信息的基准模型，在完全信息情境下，公司的创新质量在产品上体现的信息为公共信息，市场中不存在由于信息质量不佳而产生的问题，即公司的虚假创新能够被市场中所有参与者即时识别，使公司的利润降低为零，因此，公司在完全信息时没有任何道德风险的动机。给定公司的利润函数（3），公司 i 的跨时期利润最大化问题可以写为：

$$\max_{I_i^t} \Pi_i(I_i^t, I_{-i}^t) = \sum_{t=1}^{2} (1 + \delta^{t-1}) \left[aQ_i^t(I_i^t, I_{-i}^t) - \frac{\beta_i (I_i^t)^2}{2} \right] \tag{5}$$

其中，$\delta \in (0, 1)$ 为跨时期的贴现率。由于完全信息情境下的信息结构没有发生跨时期的改变，公司在两个时期的策略一致，即不会在跨时期出现由于信息结构不同而产生的策略差异，因此，公司利润最大化满足条件：$\frac{\partial \pi_i^t}{\partial I_i^t} = 0$，求解公司 i 的利润最大化创新投入水平：

$$I_i^1 = I_i^2 = I_i^* = \frac{a}{2\beta_i} \tag{6}$$

从式（6）可以发现，在给定消费者对公司创新偏好 a 时，制度性交易成本抑制了公司的创新投入，即$\frac{\partial I_i^t}{\partial \beta_i}<0$，而且，承担较低成本的公司对创新投入的水平较高，即 $I_1^t>I_2^t$，将上述结果总结至以下：

命题 1：在完全信息情况下，公司的创新投入水平递增于营商环境优化程度，且受到制度性交易成本影响较弱的公司对创新的投入水平较高。

将式（6）代入式（3）可以得到公司 i 在博弈的第二阶段中的均衡利润：①

$$\pi_i^*=\frac{(1+\delta)}{8}\left[4a+a^2\left(\frac{1}{\beta_i}-\frac{2}{\beta_{-i}}\right)\right] \tag{7}$$

推论 1：在完全信息情况下，受到制度性交易成本影响较弱的公司来自创新的利润较高，且公司的创新利润递减于（递增于）自身（竞争公司）的制度性交易成本。

推论 1 说明了在 $\beta_1<\beta_2$ 时，$\pi_1^*>\pi_2^*$，且$\frac{\partial \pi_i^*}{\partial \beta_i}<0$；$\frac{\partial \pi_i^*}{\partial \beta_{-i}}>0$。类似于命题 1，受到制度性交易成本影响较小的公司能够将公司内部资源更多地运用在公司创新活动中，更多的创新投入使本公司产品或服务在市场中吸引更多消费者，相较于竞争者，公司在创新过程中获得更大利润。此外，由于两家公司在市场中的相互替代关系，公司的创新活动可以被视为是公司的竞争工具，在提升公司在市场竞争中的相对优势的同时，也抑制了竞争者的利润上升空间。

进一步地，若具有较弱创新能力的公司（即公司 2）受到制度性交易成本的影响加剧时，为维持或提高两时期内总利润，它在关于产品创新的信息不完全时会产生道德风险动机：投入较低成本 β_0 进行虚假创新，虽然虚假创新会使公司失去长期利润，但是，由于 $\beta_0<\beta_2$，公司则能够通过这一行为换取较高的短期利润，令公司 2 道德风险行为下的利润为 $\tilde{\pi}_2$，则：

$$\tilde{\pi}_2=\frac{a}{2}+\frac{a^2}{8}\left(\frac{1}{\beta_0}-\frac{2}{\beta_1}\right) \tag{8}$$

与式（7）中 π_2^* 相比较，式（8）中的利润体现出了两个主要不同，首先，由于公司 2 触发了道德风险，它将由于消费者在第二时期的联合抵制而失去长期利润，即其第二时期利润为零。其次，$\tilde{\pi}_2$不再受到公司 2 承担的制度性交易成本的影响，仅受到虚假创新成本的影响，但需要注意的是，公司 2 的道德风险动机依旧受到其承担的制度性交易成本的影响，主要原因是，$\tilde{\pi}_2$可以被视为是公司 2 在高质量创新的机会成本，而当其利润由于该成本持续降低并使利润无法充分补偿机会成本时，公司 2 则产生了道德风险

① 在完全信息时，公司与消费者的博弈均衡在两个时期一致，这是由于两时期中的信息结构一致。

动机，因此，我们有以下：

命题 2：当公司 2 承担的制度性交易成本满足条件 $\beta_2 > \hat{\beta}_2$ 时，公司 2 具有道德风险进行虚假创新的动机，其中 $\hat{\beta}_2 = \frac{(1+\delta)a\beta_0\beta_1}{a\beta_1 + 2\delta a\beta_0 - 4\delta\beta_0\beta_1}$。

命题 2 中的条件来自于 $\tilde{\pi}_2 > \pi_2^*$，说明了当公司 2 进行高质量创新的利润条件 $\pi_2^* \geq \tilde{\pi}_2$ 未被满足时而产生的结果，换言之，当公司 2 在创新活动中受到来自于制度性交易成本影响过大时，公司 2 进行真实创新的动机逐渐降低，当该成本超越 $\hat{\beta}_2$ 后，公司 2 的进行真实创新的动机降低为零，取而代之的则是进行虚假创新的道德风险行为。命题 2 揭示出，在关于产品创新质量信息不对称环境下，制度性交易成本形成了公司道德风险的触发路径，当该成本提高时，公司道德风险动机增强。进一步地，通过命题 2 中的不等式，可以识别抑制公司道德风险行为的路径，首先，通过公司外部环境提高信息质量，通过增加公司道德风险行为的成本抑制该行为的触发。其次，通过优化营商环境降低公司承担的制度性交易成本，使命题 2 中的中不等式更加难以成立，因此，我们有以下：

命题 3：优化营商环境带来的制度性交易成本降低可以实现市场中信息质量不佳时降低公司道德风险行为的效果。

进一步地，分析公司道德风险对消费者的福利影响。令消费者来自于产品创新的福利为 $W = e(I_1 + I_2)$，其中 $e > 0$ 描述了创新在消费者福利中的贡献程度，当道德风险不存在时，

$$W^* = \frac{(1+\delta)ea(\beta_1 + \beta_2)}{2\beta_1\beta_2} \tag{9}$$

当道德风险发生时，

$$\tilde{W} = \frac{(1+\delta)ea}{2\beta_1} + \gamma\left(\frac{ea}{2\beta_2}\right) \tag{10}$$

其中，$\gamma \in (0, 1)$ 刻画了由于公司 2 的虚假创新而对消费者福利产生的折减，我们用真实创新和虚假创新承担的成本比来描述上述折减，即 $\gamma = \beta_0/\beta_2$。这个设定的经济学意义在于，成本是反映质量的主要标准，在短期创新能力不变时，创新成本的降低会引致其质量的下降，因此，我们用成本比来刻画相对质量，即使用成本的变化程度描述质量的差异程度。

推论 2：公司 2 的道德风险行为总是会降低消费者来自于创新的福利。

推论 2 来自于 $W^* > \tilde{W}$ 恒成立的结果，说明了消费者始终能够因为市场中所有公司的真实创新而实现福利的提升。结合命题 1，公司 2 在 $\beta_2 > \hat{\beta}_2$ 时并没有进行真实创新的动机，产生了市场中供需两侧的目标偏差。此外，就市场长期发展角度而言，虚假创新对公司长期发展无益，这是由于虚假创新所带来的消费者在长期对该公司的联合抵制，会从市场层面直接阻断了公司进一步发展的路径。这个结果背后另一个隐含的启示在于，当此类企业大规

模进行道德风险行为时，就会使那些创新成本较小的公司在长期形成独占市场的局面，进一步增强了市场集中度，产生了垄断风险，降低了市场在长期的竞争活力。市场需要多层次的企业在创新中开展丰富的竞争，这不但有助于激发各类市场主体的创新活力，还是维持并提升市场竞争程度的重要保障。而公司的真实创新则是实现上述目标的基本保障，这便需要政府通过相应规制来降低具有较高成本公司的道德风险动机，推动此类公司激励相容条件的形成，从而激发公司内生动机完成真实创新。营商环境的优化则可以通过降低公司制度性交易成本来降低公司在创新活动中承担的成本，使公司能够将更多生产资源运用于创新活动中，提高公司进行真实创新的利润，当公司真实创新的机会成本——虚假创新的利润——被充分补偿时，公司则降低了道德风险的动机和可能性。

四、实证分析

（一）计量模型的设定

实证分析验证理论分析结果所提出的假说，主要涵盖以下三个内容：(1) 优化营商环境是否能够促进对公司对创新的投入，以及这种影响是否在不同类型的公司间具有差异化的效果；(2) 优化营商环境是否提升了公司的创新质量，同时，这种影响是否在不同类型的公司间具有差异化；(3) 信息质量的改善和营商环境的优化是否能够在公司创新层面产生互补的影响。

1. 制度性交易成本对创新投入的影响

为验证制度性交易成本对创新投入的影响关系，我们设计如下计量模型：

$$RD_{it} = \alpha_0 + \alpha_1 ICI_{it} + \alpha_2 AAT_{it} + \alpha_3 ICI_{it} \times AAT_{it} + \sum \theta_p X_{pit} + \mu_{it} \tag{11}$$

其中，RD_{it}是某一省份的规模以上工业企业在 t 时期的研发投入；ICI_{it}衡量营商对应地区和时期的制度性交易成本指数，本文借鉴 Aghion 等（2004）、乔彬等（2018）、卢现祥、朱迪（2019）等学者的研究思路，将制度性交易成本作为企业所处地区的营商环境指标，即制度性交易成本反映了企业进入市场并有效运转的负向指标，尚不完善的营商环境产生了较高的制度性成本，不利于企业进入市场或在市场中实现良性运行；AAT_{it}描述了分析师跟踪累计数，本文借鉴了杨世鉴（2013）等学者的研究思路，将分析师跟踪视作一种对上市公司行为的监督机制，能够优化企业与市场之间的信息质量，通过提高企业的信息透明度，优化信息的准确性和及时性，由此本文将验证分析师跟踪对企业创新投入的影响。X_{it}表示控制变量，包含了地区生产总值、外商投资额、非公有制经济规模等因素。

2. 制度性交易成本对创新质量的影响

为验证制度性交易成本对创新质量的影响，我们设计如下的计量模型：

$$PCT_{it} = \beta_0 + \beta_1 ICI_{it} + \beta_2 AAT_{it} + \beta_2 ICI_{it} \times AAT_{it} + \sum \theta_p X_{pit} + \mu_{it} \quad (12)$$

其中，PCT_{it}是某一省份的符合《专利合作条约》的国际专利申请量，温军、张森（2018）指出，PCT 具有技术含量高和审查程序严格的特点，被认为是一国在知识产权领域高质量创新的衡量标准。我们因此延续赵玉林等（2021）的研究逻辑，将 PCT 作为刻画创新质量的主要指标。对于分析师跟踪累计数（AAT_{it}）在模型（11）和模型（12）的引入，我们尝试降低模型（8）中企业触发道德风险后的利润 $\tilde{\pi}$，帮助我们识别信息质量的提高能否成为提升企业创新投入和创新质量的有效路径。此外，通过交互项分析，我们尝试回答，以改变公司外部信息质量为主的分析师跟踪累计数和改变公司内部成本为主的营商环境水平是否能够在公司创新层面构建一种有效的互补关系，以实现提升公司创新投入和创新质量的目标。

（二）变量与数据说明

1. 变量选取

实证研究的主要自变量是营商环境指标，现有关于营商环境的文献主要从行政审批中心的设立情况和制度性交易成本水平来描述营商环境。例如，夏杰长、刘诚（2017）通过各地级市行政审批中心的设立时间来刻画营商环境变化；卢现祥、朱迪（2019）通过整合宏观和微观两个层面的共 16 个关于营商环境的指标，评估了我国从 2001～2014 年的 31 个省份的制度性交易成本测算指数。本文延续卢现祥、朱迪（2019）的思路，利用制度性交易成本指数（ICI）作为刻画营商环境的主要指标。

就企业创新投入而言，本文采用企业的 R&D 经费来对其衡量。此外，关于企业的创新质量。现有文献普遍认为，仅通过专利申请数并不能很准确地刻画企业的创新质量，在政府的专利政策的过度激励下，企业会出现虚假创新或低质量创新的风险。张古鹏、陈向东（2011）认为，优质的专利能带来更大的经济价值，进而使得企业有持续维持的动机，从知识产权的角度出发，可利用专利的付费期长度来衡量专利所包含的创新的价值。俞立平（2020）则注意到了发明、实用新型与外观设计三种专利类型之间的差异，利用发明专利的授权率作为创新质量的指标。赵玉林等（2021）则认为 PCT 专利的申请具有高技术、高成本、严审查的特点，且通过 PCT 框架实现专利的国际化能为社会效益带来提升，因此可将 PCT 专利视为具有高质量创新水平的专利。在综合权衡了数据的有效性和可得性后，本文选择将各省份的 PCT 专利申请量作为该地区的创新质量的刻画指标。

为了提升模型的准确度，结合文本的理论模型与现实情况确定了以下控制变量，列示如下：引入区域生产总值，是为了识别经济发展对企业创新投入和企业创新质量的影响；引入外商直接投资，则是考虑到我国仍是全球产业分工体系中相对靠后的国家，外商投资环节中仍存在大量“引进—吸收—再创新”的创新路径，对国外先进技术的引进吸收，可能会对创新投入和创新质量带来负面影响，故需要单独考虑外资对创新的影响；引入非公有制工业经济规模，则是用规模以上工业企业非公有制资本金来探究公有制经济和非公有制经济在应对制度性交易成本时的不同表现，为优化营商环境的差异化方案提供理论支撑。

2. 数据说明

根据上述模型设定和变量选取，将所使用的数据、数据来源以及对应的变量总结在表 2 中。本文选取数据的时间跨度为 2008 ~ 2014 年是出于以下考量，首先，国家统计局数据库中的规模以上工业企业研发经费指标自 2008 年起才有较为完备的数据，我们无法找到合适的变量来刻画在之前时间段的企业创新投入。其次，我国各地级市行政审批中心大批量建成并逐步发挥作用大多处于 2008 ~ 2014 年时间段（夏杰长、刘诚，2017）。因此，考察这一时间段内的制度性交易成本对企业创新投入和创新质量的影响，便于与现有文献形成对比，可从不同角度去验证同一机制的实现过程。主要数据的描述性统计结果如表 3 所示。

表 2 变量名称和数据来源

变量	指标说明	单位	数据来源
RD	各省区市规模以上工业企业 R&D 经费	亿人民币	国家统计局
PCT	各省区市 PCT 专利申请数	件	国家知识产权局
ICI	制度性交易成本指数	—	卢现祥、朱迪（2019）
AAT	各省区市上市公司分析师跟踪累计数	次	CSMAR 数据库
GDP	地区生产总值	亿人民币	国家统计局
FDI	外商直接投资	亿美元	Wind 数据库
PC	规模以上工业企业非公有制资本金	亿人民币	国家统计局

表 3 变量描述性统计

变量	均值	标准差	最小值	最大值	计数
RD	195.86	266.84	0.16	1376.54	217
PCT	462.91	1601.53	0.00	13332	217
ICI	8.08	0.75	5.95	9.17	217
AAT	573.45	701.83	5	3370	217
GDP	16370.26	13620.96	394.85	67809.85	217

续表

变量	均值	标准差	最小值	最大值	计数
FDI	66.87	75.30	0.23	357.60	217
PC	3665.06	4022.24	34.61	25068.82	217

（三）实证结果

1. 制度性交易成本对创新投入的影响

根据所设定的式（11），将制度性交易成本对创新投入的影响结果总结在表 4 中。模型 1 ~ 模型 3 逐次检验制度性交易成本、分析师跟踪和分析师跟踪与制度性交易成本的交互对企业创新投入的影响，将回归结果归纳在表 3 中。模型 1 ~ 模型 3 均反映出制度性交易成本对企业创新水平产生显著的负向影响，说明了随着营商环境的优化可以显著提升企业创新投入，验证了本文理论研究中命题 1 提出的假说。虽然非公有制经济对制度性交易成本反映出负向关系，但是实证结果并不显著，对命题 1 所提出的公司差异化对影响环境优化的反应程度不同这一结果不一致。在模型 2 中，分析师跟踪对企业创新投入有一定的正向影响但并不显著。这是因为企业 R&D 支出是需要列示在财务报表里面并进行披露的信息，对市场来说该信息具有较高的可得性，反映出在企业创新规模层面，企业和市场之间的信息不对称程度较弱。在模型 3 中，制度性交易成本与分析师跟踪的交互项的系数为负，证明了分析师关注可以通过优化信息质量进一步提升营商环境优化对企业创新规模的正面影响。此外，外商直接投资对企业创新规模带来了显著且负面的影响，证明了我们之前的猜想，即外商直接投资大多通过“引进再吸收”的模式来实现，而在该模式下所需的创新投入相对较少。

表 4　制度性交易成本与企业创新投入的回归结果

RD	模型 1	模型 2	模型 3
ICI	−43.73 *** (−3.12)	−39.22 *** (−2.76)	−20.67 (−1.32)
AAT		0.0244 −1.6	0.174 *** (2.93)
ICI × AAT			−0.0226 *** (−2.61)
GDP	0.0292 *** −26.79	0.0287 *** −25.25	0.0284 *** (25.40)

续表

RD	模型1	模型2	模型3
FDI	-0.337** (-2.10)	-0.308* (-1.91)	-0.306* (-1.94)
PC	-0.00098 (-0.37)	-0.00175 (-0.65)	-0.00223 (-0.84)
_cons	176.5* -1.87	127.5 -1.29	0.296 (0.00)
N	217	217	217

注：*、**和***分别表示系数在10%、5%和1%水平上显著，括号内为系数检验的t值。

2. 制度性交易成本对创新质量的影响

根据所设定式（12），实证检验制度性交易成本对企业创新质量的影响，延续上一节的实证研究逻辑，将实证结果归纳在表5中。回归结果表明，制度性交易成本对企业创新质量亦有显著的负向影响，反映出营商环境的优化可以较为有效地提升企业创新的质量，验证了命题3中的理论结果所提出的假说。此外，模型2揭示出，分析师跟踪的存在可以显著且有效地提升企业创新的质量。其背后的逻辑是，在上市公司的管理层与股东之间存在信息不对称的大前提下，市场难以对诸如创新质量等相对抽象的指标进行有效监督，而分析师跟踪有助于缓解市场中存在的信息不对称，通过分析师给出的报告，扩宽了市场了解公司的信息渠道，从而形成了对上市公司的监督机制，最终有助于企业创新质量的提升。在模型3中，制度性交易成本与分析师跟踪的交互项系数显著为负，也证明了当企业与市场间的信息质量提升增加了市场外部治理的穿透性，强化了营商环境优化对企业创新质量的正面影响，实证结果验证了理论分析中命题2结果背后展现的逻辑。此外，非公有制经济规模对PCT专利申请量的回归中出现了显著的负向影响，也即是非公有制经济在创新活动中仍然受较高制度性交易成本的负面影响，在与公有制经济的竞争中存在显著劣势，这一结果从公司创新质量层面验证了命题1中的部分结论。

表5 制度性交易成本与企业创新质量的回归结果

PCT	模型1	模型2	模型3
ICI	-889.5*** (-3.79)	-636.5*** (-2.89)	246.6 (1.24)
AAT		1.370*** -5.83	8.511*** (11.34)

续表

PCT	模型 1	模型 2	模型 3
ICI × AAT			-1.078^{***} (-9.83)
GDP	0.143^{***} -7.83	0.113^{***} -6.44	0.103^{***} (7.26)
FDI	-4.364 (-1.62)	-2.726 (-1.10)	-2.665 (-1.33)
PC	-0.106^{**} (-2.38)	-0.150^{***} (-3.58)	-0.172^{***} (-5.12)
_cons	5407.9^{***} -3.41	2659.2^{*} -1.74	-3398.8^{**} (-2.47)
N	217	217	217

注：*、** 和 *** 分别表示系数在 10%、5% 和 1% 水平上显著，括号内为系数检验的 t 值。

五、延伸讨论

本章将通过若干模型延伸探讨政府对优化营商环境的政策投入强度在信息不对称情境下对公司创新质量的影响，以及政府在政策执行过程中可能的差异化引导路径。

（一）优化营商环境与政府规制

延续上述逻辑，我们对政府所制定的优化营商环境投入和引导路径进行延伸讨论，进一步分析优化营商环境投入水平在信息不对称环境下促进公司高质量创新的机制和影响。政府的投入决策中考虑到规模较小企业由于较高的制度性交易成本带来的道德风险可能性，因此，政府的投入决策同时考虑到促进企业创新水平和抑制公司低质量创新的双重目标，基于此，我们将抑制公司道德风险的激励相容条件——道德风险使公司相较于高质量创新无利可图——引入政府的最优化问题：

$$\max_{g} G(g) = [I_1(\beta_1(g), \beta_2(g)) + I_2(\beta_1(g), \beta_2(g))] - C(g) \tag{13}$$

$$s.t.: \pi_2 \geqslant \tilde{\pi}_2 \tag{14}$$

其中，式（14）描述了公司 2 的激励相容条件，即通过优化营商环境的规制和引导程度使公司 2 的真实创新成本降低，直至其满足利润目标的水平。有约束条件最优化问题式（13）和式（14）所对应的拉格朗日函数可以写为：

$$L(g, \lambda) = G(g) + \lambda[\pi_2(I_1(g), I_2(g)) - \tilde{\pi}_2(I_1(g), I_2(g))] \tag{15}$$

其中，$\lambda \geqslant 0$ 为式（15）的拉格朗日乘子，求解关于式（15）的一阶导函数：

$$\frac{\partial L(g,\ \lambda)}{\partial g}=G'(g)+\lambda\left[\frac{\partial(\pi_2-\tilde{\pi}_2)}{\partial I_1}\cdot I_1'(g)+\frac{\partial(\pi_2-\tilde{\pi}_2)}{\partial I_2}\cdot I_2'(g)\right]=0 \tag{16}$$

$$\frac{\partial L(g,\ \lambda)}{\partial \lambda}=\pi_2(I_1(g),\ I_2(g))-\tilde{\pi}_2(I_1(g),\ I_2(g))=0;$$

$$\lambda\geqslant 0;\ \lambda\cdot\frac{\partial L(g,\ \lambda)}{\partial\lambda}=0 \tag{17}$$

政府对营商环境优化投入 g 可以直接降低市场中公司在创新活动中所承担的制度性交易成本，因此，我们将 β_i 定义为$\frac{\beta_i}{bg}$，其中 $b>1$ 刻画了公司成本对政府投入的反应程度，即当 b 增加时，政府投入对公司成本降低更加有效，通过式（16），可以得到

$$g=\frac{(1+\delta)a(\beta_1+\beta_2)b}{2c\beta_1\beta_2}+\frac{\lambda a^2[2\delta\beta_2-(1+\delta)\beta_1]b}{8c\beta_1\beta_2} \tag{18}$$

此外，互补松弛条件式（17）反映出，即当 $\lambda=0$ 时，约束条件式（14）松弛（$\pi_2>\tilde{\pi}_2$），当 $\lambda>0$ 时，约束条件式（14）收紧（$\pi_2=\tilde{\pi}_2$），结合式（17）分析最优解式（18）可以得到以下命题：

命题 4：给定关键值$\hat{b}$，当 $b>\hat{b}$时，政府关于优化营商环境的规制投入水平为 g^*；当 $b<\hat{b}$时，政府关于优化营商环境的规制投入水平为 $\tilde{g}$，其中 $\hat{b}=\frac{\beta_1\beta_2}{a}\sqrt{\frac{2c(4\delta\beta_0-a)}{(1+\delta)\beta_0(\beta_1+\beta_2)[2\delta\beta_0-(1+\delta)\beta_1]}}$；$g^*=\frac{(1+\delta)a(\beta_1+\beta_2)}{2c\beta_1\beta_2}$；$\tilde{g}=\frac{(1+\delta)a(\beta_1+\beta_2)}{2c\beta_1\beta_2}+\frac{\lambda a^2[2\delta\beta_2-(1+\delta)\beta_1]}{8\beta_1\beta_2}>g^*$。

命题 4 给出了在满足公司 2 进行真实创新的激励相容条件满足的情况下，政府进行营商环境优化规制的最优投入水平。首先，政府对营商环境优化的规制投入具有差异性，随着营商环境优化对公司制度性交易成本的降低程度的变化产生差异，当公司成本降低程度较大时，即 $b>\hat{b}$时，政府进行较低的规制投入（g^*）；当公司成本降低程度较小时，即 $b<\hat{b}$时，政府的规制投入提升至 $\tilde{g}$。这一结论背后的逻辑在于，政府进行营商环境优化投入的主目标在于提升市场中公司创新的规模，并约束于承担较高创新成本的公司消除虚假创新的道德风险动机，而创新规模和道德风险约束均受到了公司所承担的制度性交易成本的影响，随着政府投入水平的提升，制度性交易成本下降，促进公司创新。

如图 1 所示，当公司制度性交易成本降低程度处于较低区间时（如第一象限 $b<\hat{b}$），政府对营商环境优化投入决策水平需要将公司 2 道德风险可能考虑在内（如第四象限中 π_2 与 $\tilde{\pi}_2$的差值），在保证公司 2 参与真实创新动机的基础上最大化市场创新规模，此时，政府投入水平提升至 $\tilde{g}$ 以实现市场

创新规模次优水平（如第二象限$\widetilde{I_1+I_2}$），虽然由于较低的制度性交易成本降低程度，使市场创新规模并未达到最优水平［如第二象限$(I_1+I_2)^*$］，但相较于初始水平（即 $g=0$）时的$(I_1+I_2)^0$，次优水平下的市场创新规模有显著提升，并抑制了公司 2 的道德风险动机。此外，市场创新规模的提升来自于政府规制所产生的两个力量：（1）公司 1 本身具备了较强的创新能力，制度性交易成本的降低会进一步提升公司 1 的创新规模，因此产生了推动效应；（2）由于公司 2 的创新成本较高，制度性交易成本的附加对其创新活动抑制更为显著，营商环境优化通过降低其制度性交易成本而稀释了该公司触发道德风险的动机，并进一步拉动其积极进行创新，因此产生了拉动效应。进一步地，若政府通过优化营商环境仅实现公司 1 的创新规模提升，以此来提升市场中的整体创新规模，即依靠推动效应实现市场创新进步，会直接造成市场中公司创新的“两极分化”现象，这对于市场结构合理化、初创和中小微企业长期发展、市场公平竞争等都会产生不利影响，而将公司 2 的激励相容纳入优化营商环境规制路径中能够尽可能地实现市场创新中的公平与效率的目标。本文理论分析了在优化营商环境抑制企业尤其是中小微企业在创新活动中的道德风险行为情境中的政府规制投入，从分析结果中可以发现，政府对营商环境优化的投入水平根据公司制度性交易成本对政府规制的反应程度不同而存在“阶梯形”变化。而市场中不同的经营主体在对政府规制存在时具有不同的反应程度，例如，不同规模的企业面对同等水平的制度性交易成本的承受力有所不同、处于不同发展阶段的企业所进行的创新在消费者市场的反应程度不同，此外，在长期，公司的创新效率也在发生改变，引致了政府的规制强度也应进行动态调整。基于此，本部分将在基础模型和实证分析的主要结果上，对政府优化营商环境的规制路径进行差异化的分析。

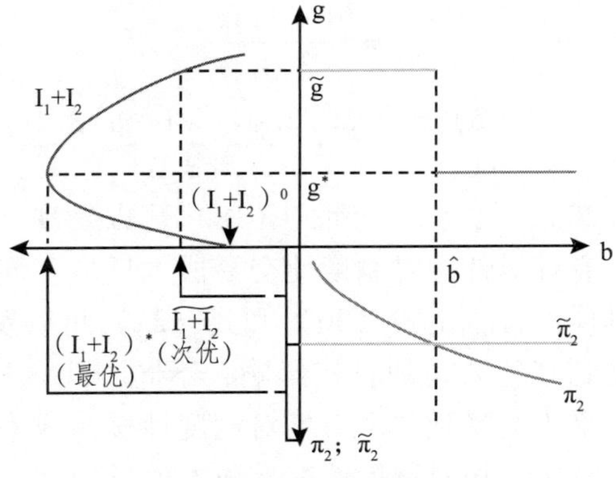

图 1　优化营商环境的政府规制逻辑

（二）制度性交易成本反应差异下的政府规制路径

在全市场环境中，不同规模的企业在创新活动中对制度性交易成本多寡的反应存在差异，例如，卢现祥、朱迪（2019）指出较低的制度性交易成本指数通常出现在市场化程度较高的地区，此外，制度性交易成本与该地区的市场化程度之间存在相互促进的影响；常耀中（2019）指出不同行业中的经营者对制度性交易成本的反应程度和潜在优势存在明显差异，具体而言，比较要素成本较低且比较要素收益较高的行业（如广播电影电视业、农业、有色金属矿采选业等）对制度性交易成本的下行调整具有显著的发展优势。基于此，对基础模型进行细化，将公司 1 和公司 2 对政府优化营商环境规制投入下的反应程度进行差异化设定，令 $b_1 < b_2$，说明了在给定政府投入水平时，公司 1 较公司 2 有较低的反应程度，若定义政府优化营商环境的制度性交易成本弹性为 $\eta = \beta'(g) \cdot \frac{g}{\beta(g)}$，在给定 g 水平时，公司 2 的制度性交易成本下降程度更高。基于本文基础设定，公司 2 被视为是市场中那些规模较小或初创企业，其创新效率对制度性交易成本的反应更加明显，因此从弹性角度而言，$\eta_1 > \eta_2$ 体现了营商环境优化和制度性交易成本降低对此类企业的促进影响更大。除此之外，由于公司间在规模层面具有差异性，政府在营商环境优化的引导方面也具有差异性，即针对公司 i 进行 g_i 的投入，这种规制路径也有效地避免了由于政府规制“一刀切”而产生的经济无效性。因此，政府最优化问题的目标函数式（13）可以改写为：

$$\max_{g_1, g_2} G(g_1, g_2) = [I_1(\beta_1(g_1), \beta_2(g_2)) + I_2(\beta_1(g_1), \beta_2(g_2))] - C(g_1, g_2) \tag{19}$$

求解上述最优化问题可以得到政府对不同类型公司的营商环境优化的规制投入水平：

$$g_1 = \frac{(1+\delta)ab_1}{2c\beta_1} \tag{20}$$

$$g_2 = \frac{(1+\delta)ab_2}{2c\beta_2} + \frac{\lambda a^2[2\delta\beta_2 - (1+\delta)\beta_1]b_2}{8c\beta_1\beta_2} \tag{21}$$

通过比较式（20）、式（21）和式（18）可以发现，政府对优化营商环境的规制投入具有针对性，对制度性交易成本反应不同的公司受到政府规制投入不同。具体而言，由式（20）和式（21）可以发现，政府对公司的投入水平不会受到其他公司的直接影响，不同于式（18），此时政府对特定公司的投入水平不会受到整个市场对制度性交易成本的整体反应程度的影响，换言之，特定公司对制度性交易成本的反应程度的变化仅会影响该公司受到政府的政府规制强度，而不会影响政府对其他公司的规制强度。

命题5：当公司对制度性交易成本的反应存在差异化时，若 $b_2>\hat{b}_2$，政府对公司2的规制投入水平为 g_2^*；若 $b_2<\hat{b}_2$，政府对公司2的规制投入水平为 $\tilde{g}_2$，政府对公司1的投入水平始终为 g_1^*，其中 $\hat{b}_2=\frac{\beta_2}{a}\sqrt{\frac{2\beta_1 c(4\delta\beta_0-a)}{(1+\delta)\beta_0[2\delta\beta_2-(1+\delta)\beta_1]}}$，$g_1^*=\frac{(1+\delta)ab_1}{2c\beta_1}$；$g_2^*=\frac{(1+\delta)ab_2}{2c\beta_2}$；$\tilde{g}_2=\frac{(1+\delta)ab_2}{2c\beta_2}+\frac{\lambda a^2[2\delta\beta_2-(1+\delta)\beta_1]b_2}{8c\beta_1\beta_2}$。

就公司2的潜在道德风险而言，命题5与命题4阐述了同样的结果，即，当公司2对制度性交易成本反应程度较高时，即 $b_2>\hat{b}_2$ 时，公司2对于同等水平的政府规制投入能够从制度性交易成本降低中获得更大的收益，降低了其创新活动中触发道德风险的可能性，而当 $b_2<\tilde{b}_2$ 时，公司2对制度性交易成本的敏感程度较低，政府则需要利用更大的投入来抑制公司2的道德风险动机。除此之外，政府对公司1的投入水平不会受到公司2的影响，具体而言，政府的优化营商环境投入水平在这种情况下更具精准性，它不会以降低公司2的道德风险来提升整体市场的投入强度，即，不会投入更多公共资源在原本具有较强创新能力的公司经营中。

推论3：$\hat{b}_2>\hat{b}$。

推论3进一步阐明了政府差异化规制产生的社会成本集约效果，考虑 $b_2\in(\hat{b},\hat{b}_2)$ 的情况，当政府无法识别公司1和公司2时，政府则需要运用“一刀切”的规制方式最大化全市场中的公司创新规模，而此时的公司1已经能够达到预期的创新水平，政府为降低公司2道德风险动机而进一步对公司1进行投入，产生了一定程度的经济无效性。反观政府差异化规制方式，则可以区分两类不同的公司，而仅对那些存在潜在道德风险的公司进行必要的规制，针对性地通过营商环境优化投入降低不同类型公司的制度性交易成本。

（三）公司成长与创新规模化的动态规制路径

本文基础模型主要探讨政府在静态环境中就优化营商环境对公司制度性交易成本降低而进行的规制策略，在长期，公司随着经营改善和创新发展会逐渐地趋于规模化，规模化对公司产生的效果可以体现在创新效率提升（即创新投入能够较好地通过公司应收补偿）和公司面对风险的抵抗力提升，这些都能够实现公司在长期发展和创新活动中的良性循环。因此，政府在进行营商环境优化的规制过程中可以将公司长期发展路径考虑在内，即政府可以根据公司的发展阶段进一步“因时而异”地定制规制策略。结合式（19），政府在长期的目标函数可以改写为：

$$\max_{g_{1t},g_{2t}} G(g_{1t}, g_{2t}) = \sum_{t=1}^{\infty} \delta^{t-1}[I_1(\beta_1(g_{1t}), \beta_2(g_{2t}, t)) + I_2(\beta_1(g_{1t}), \beta_2(g_{2t}, t)) - C(g_{1t}, g_{2t})] \tag{22}$$

其中，t = 1，2，…，描述了市场运行时期。相对于基准模型而言，式（22）的不同主要体现在以下三点：（1）在长期，时间因素影响了公司（主要是初创企业和民营中小微企业），即公司 2 的创新能力，使公司 2 的创新效率能够随着正常经营的推进而提升，因此我们有$\frac{\partial\beta_2(\cdot)}{\partial t}<0$。（2）时间因素对公司 2 创新效率的正向影响改变了政府在不同时期对营商环境优化的投入水平，换言之，随着 β_2 降低，公司 2 的创新能力逐渐向规模化企业的创新水平趋近，例如$\lim_{t\to\infty}\beta_2(g_{2t}, t) = \beta_1$，将该式全微分可以得到：

$$\frac{dg_{2t}}{dt} = -\frac{\frac{\partial\beta_2(\cdot)}{\partial t}}{\frac{\partial\beta_2(\cdot)}{\partial g_{2t}}} < 0 \tag{23}$$

说明了随着时间产生的公司 2 创新效率提升，政府对公司 2 的投入程度降低。（3）时间因素不仅作用与公司 2 的创新能力方面，而且会抑制其道德风险动机，由于创新效率的提升，使公司 2 在创新活动中承担的成本逐渐降低，稀释了其进行实质创新的机会成本，即公司 2 由于道德风险而产生的潜在收益降低，因此在长期可以产生形成公司 2 激励相容条件的内生机制。结合激励相容条件再次求解政府营商环境优化问题可以得到其在时期 t 对公司 2 的差异化投入水平：

$$g_{2t} = \frac{(1+\delta)ab_2}{2c\beta_2(t)} + \frac{\lambda a^2[2\delta\beta_2(t) - (1+\delta)\beta_1]b_2}{8c\beta_1\beta_2(t)} \tag{24}$$

相较于式（21），式（24）依旧能够得到关于 b_2 的条件刻画政府对公司 2 进行阶段性投入的边界水平，在长期，考虑时间因素带来的政府投入水平差异化安排。给定 b_2，考察政府对公司 2 营商环境优化的投入水平受到时间因素的影响，可以做如下分析：

$$\frac{dg_{2t}}{dt} = \underbrace{\left[-\frac{(1+\delta)ab_2}{2c\beta_2(t)^2} + \frac{(1+\delta)\lambda a^2}{8c\beta_2(t)^2}\right]\cdot\beta_2'(t)}_{\text{创新优化效应}} \underbrace{-\frac{\partial\lambda}{\partial\beta_2}\cdot\beta_2'(t)\cdot\frac{\lambda a^2[2\delta\beta_2(t) - (1+\delta)\beta_1]b_2}{8c\beta_1\beta_2(t)}}_{\text{激励相容效应}} \tag{25}$$

式（25）中反映出政府营商环境优化的投入水平对公司 2 在长期产生的两类影响，分别刻画在创新优化效应和激励相容效应两个方面。具体而言，创新优化效应描述了随着时间因素对公司 2 创新效率的提升，而直接实现了市场内的创新规模的增加，政府则无须在长期始终保持同一水平的投入而通过降低公司制度性交易成本激发公司的创新。激励相容效应体现在时间因素提高了公司2进行实质创新时的长期收益，使公司加强了实质创新的动机，即偏离的道德风险的行为，换言之，式（14）中的激励相容条件更加趋于松弛，这使政府无需在长期过多考虑通过降低制度性交易成本而抑制公司道德风险动机，公司能够通过创新成本随时间推进的降低而自发性地规避虚假创新。除此以外，结合 $\beta_2'(t)<0$ 的假设可以证明式（25）中两种效应均为负，引致了 $\frac{dg_{2t}}{dt}<0$，说明了两种效应在长期对政府的优化营商环境投入水平能够产生叠加效果。[①] 具体而言，将时间因素考虑在长期动态分析中能够有效地识别政府动态规制路径，时间因素能够反映出政府在静态环境中并不明显存在的营商环境优化投入的有效性，同时阐述了政府在优化营商环境中发挥的职能，政府无需在长期始终保持同一规制投入水平，而可以根据动态情境下的公司创新能力的改善而适度降低投入水平，这一方面，依旧能够实现全市场范围内的创新规模最大化；另一方面，可以有效地降低政府在优化营商环境投入过程中的社会成本。

六、结论与政策建议

本文通过构建关于政府和公司的两时期不完全信息博弈模型分析市场竞争环境下制度性交易成本在公司创新和政府规制过程中的作用，并进一步地差异化市场中的公司创新能力来识别政府在差异化营商环境标准和引导公司创新过程中的投入程度。本文理论研究指出，一方面，优化营商环境能够对公司创新产生直接和间接两个层面的促进效果，具体而言，随着来自于营商环境优化中制度性交易成本的降低，能够直接释放公司在创新过程中的成本压力，提升公司创新的“量”；另一方面，降低的制度性交易成本能够弱化公司在创新过程中为了实现预期利润而形成的成本边界，即为公司进行高质量创新提供了更大的成本阈值空间，降低了公司以利润为导向的低质量创新甚至是虚假创新的道德风险动机，提高了公司创新的“质”，实现了全市场范围内的福利提升。同时，本文发现将企业与市场间的信息质量改善能够促进营商环境优化对企业创新程度和创新质量的正向影响。此外，市场中公司的异质性探讨了营商环境优化对不同类型公司创新的影响，以及公司在发展过程中创新规模化对其创新能力产生的影响，细化了政府在进行营商环境优化政策过程中的差异化引导和针对性的规制路径，避免了相关政策在制定和

① 式（23）中的 $\frac{\partial\lambda}{\partial\beta_2}>0$ 是来自式（14）中的激励相容条件而形成的式（17）中互补松弛条件，随着 β_2 在长期降低，式（14）中的条件更加容易松弛，即 $\pi_2>\tilde{\pi}_2$ 更加容易满足，式（17）中的互补松弛条件说明此时 λ 更加趋近于零，意味着 β_2 与 λ 随着 t 的增加同方向变动。

执行过程中由于“一刀切”所带来的效率下降。

基于本文的理论分析，提出以下三方面的政策建议：

第一，公司创新语境下的营商环境优化应当充分考虑公司成本压力和信息质量对其创新行为带来的直接影响和潜在的道德风险行为。制度性交易成本为公司带来了较为显著的成本压力，在信息质量不佳时，使公司在降低创新投入的同时产生了潜在的低质量创新或虚假创新的动机，创新投入降低不利于公司的可持续发展和市场中产品和服务的优化提升，而低质量或虚假创新则会直接损害消费者甚至是整个社会的福利。因此，在优化营商环境的过程中应当将制度性交易成本和信息质量对公司创新的抑制作用纳入考量范围，以公司高质量的创新投入提升为导向进行营商环境优化的制定标准，并强化公司与市场间的信息质量，从公司内生激励的层面实现以高质量创新带动的社会福利的提升。

第二，充分识别公司创新水平的差异化程度，对营商环境优化不同反应程度的公司进行差异化的规制和引导。虽然营商环境对市场中大规模的公司产生了影响，但是对不同类别的公司影响程度不尽相同，例如，现有研究指出制度性交易成本对民营和中小微企业的经营压力相较于大型国企更为突出，进而对这类企业的创新能力产生了较为显著的抑制影响。因此，差异化的规制和引导应当将营商环境优化的政策重心逐渐倒向诸如民营和中小微企业的营商环境敏感化的公司范围中，尤其是对于以创新为主要发展路径的初创企业，应进行较强的引导力度，在成本压力释放的层面实现公司在初始阶段的创新和经营合力。

第三，动态调整优化营商环境调整力度，在社会福利标准上充分实现资源的合理配置。本文所提出的营商环境优化的落脚点在于公司创新质量的提高，而主导应在于政府的全局调控，这就要求在营商环境优化过程中政府相应规制和监管成本的投入，政府投入的成本会整体降低社会福利。在动态层面，公司创新能力随着其创新规模的提升而可以获得有效的提高，因此，相应政策可以随着公司动态发展的路径而进行调整，从释放公司成本压力的方面向其他需要优化的方面倾斜，做到政府资源的合理配置，从规制的角度提升社会福利、降低社会成本、科学分配社会资源。

参 考 文 献

[1] 常耀中：《制度、契约与绩效的一个数学模型分析——以转型升级为例》，载《经济与管理》2019 年第 33 期。

[2] 陈初昇、燕晓娟、衣长军、郭敏敏：《国际化速度、营商环境距离与海外子公司生存》，载《世界经济研究》2020 年第 9 期。

[3] 杜运周、刘秋辰、程建青：《什么样的营商环境生态产生城市高创业活跃度？——

基于制度组态的分析》，载《管理世界》2020年第9期。
[4] 樊纲、王小鲁、张立文、朱恒鹏：《中国各地区市场化相对进程报告》，载《经济研究》2003年第3期。
[5] 高小玲：《现代企业道德风险研究述评——企业道德论争、风险源与风险管理》，载《经济评论》2008年第2期。
[6] 何光辉、杨何灿：《中国P2P网络借贷市场合适借款人识别与道德风险测算》，载《当代经济科学》2020年第5期。
[7] 何文、申曙光：《医保支付方式与医疗服务供方道德风险——基于医疗保险报销数据的经验分析》，载2020年《统计研究》第8期。
[8] 纪祥裕：《行政审批制度改革具有产业升级效应吗?》，载《经济与管理研究》2020年第9期。
[9] 金晓雨：《行政审批制度改革，市场准入与异质性企业研发》，载《产业经济研究》2020年第4期。
[10] 雷挺、栗继祖：《营商环境优化如何激发企业的创新活力——内在机制及创新边际》，载《山西财经大学学报》2020年第12期。
[11] 李先军、罗仲伟：《新时代中国营商环境优化："十三五"回顾与"十四五"展望》，载《改革》2020年第8期。
[12] 李志军：《中国城市营商环境评价》，中国发展出版社2021年版。
[13] 刘俊海：《营商环境法治化的关键》，载《中国流通经济》2019年第8期。
[14] 刘向明、邓翔欧、藏波：《市场模式、政府模式与城商行流动性风险化解——一个三期博弈的分析框架》，载《金融研究》2020年第4期。
[15] 卢现祥、朱迪：《中国制度性交易成本测算及其区域差异比较》，载《江汉论坛》2019年第10期。
[16] 乔彬、张蕊、张斌：《制度性交易成本、产业集中与区域全要素生产率》，载《南京社会科学》2018年第12期。
[17] 苏泠然：《营商环境国际化：理论基础、实践差距与应对》，载《当代经济管理》2021年第3期。
[18] 孙群力、陈海林：《我国地区营商环境的决定因素、影响效应和评价指数——基于MIMIC模型的研究》，载《财政研究》2020年第6期。
[19] 孙玉山、刘新利：《推进纳税服务现代化　营造良好营商环境——基于优化营商环境的纳税服务现代化思考》，载《税务研究》2018年第1期。
[20] 王丛虎、王晓鹏、余寅同：《公共资源交易改革与营商环境优化》，载《经济体制改革》2020年第3期。
[21] 王小鲁、余静文、樊纲：《中国分省企业经营环境指数2013年报告（摘要)》，载《国家行政学院学报》2013年第4期。
[22] 王永进、冯笑：《行政审批制度改革与企业创新》，载《中国工业经济》2018年第2期。
[23] 温军、张森：《经济开放度与中国国际技术创新——基于省际PCT国际专利申请数据的经验研究》，载《国际贸易问题》2018年第11期。
[24] 夏杰长、刘诚：《行政审批改革、交易费用与中国经济增长》，载《管理世界》2017年第4期。

［25］向景、刘中虎：《借鉴国际经验 优化我国税务营商环境》，载《国际税收》2013年第8期。

［26］杨世鉴：《媒体报道与分析师跟踪能够提高信息披露质量吗？——基于我国上市公司业绩预告的分析》，载《中国注册会计师》2013年第7期。

［27］杨艳、车明：《行政审批改革与制度性交易成本——基于效率评价的视角》，载《经济体制改革》2020年第1期。

［28］俞立平：《效率视角下创新数量、质量与速度互动机制研究》，载《经济与管理研究》2020年第11期。

［29］张古鹏、陈向东：《基于专利的中外新兴产业创新质量差异研究》，载《科学学研究》2011年第12期。

［30］张景华、刘畅：《全球化视角下中国企业纳税营商环境的优化》，载《经济学家》2018年第2期。

［31］张萍、孙柳：《国有企业道德风险评价指标体系构建——基于声誉效应的研究》，载《经济与管理》2013年第10期。

［32］赵玉林、刘超、谷军健：《研发投入结构对高质量创新的影响——兼论有为政府和有效市场的协同效应》，载《中国科技论坛》2021年第1期。

［33］朱光顺、张莉、徐现祥：《行政审批改革与经济发展质量》，载《经济学（季刊）》2020年第3期。

［34］Aghion，P.，Blundell，R.，Howitt，P. and Prantl，P.，2004：Entry and Productivity Growth：Evidence from Microlevel Panel Data，*Journal of the European Economic Association*，Vol. 2，No. 2－3.

［35］Akerlof，G.，1970：The Market for "Lemons"：Quality Uncertainty and the Market Mechanism，*Quarterly Journal of Economics*，Vol. 84，No. 3.

［36］Bar－Isaac，H. and Tadelis，S.，2008：Seller Reputation，*Foundations and Trends in Microeconomics*，Vol. 4，No. 4.

［37］Cabral，L. M. B.，2000：Stretching Firm and Brand Reputation，*Rand Journal of Economics*，Vol. 31，No. 4.

［38］Choi，J. P.，1998：Brand Extension as Informational Leverage，*Review of Economic Studies*，Vol. 65，No. 4.

［39］Dhaliwal，D. S.，Li，O. Z.，and Tsang，A.，2011：Voluntary Nonfinancial Disclosure and the Cost of Equity Capital：The Initiation of Corporate Social Responsibility Reporting，*The Accounting Review*，Vol. 86，No. 1.

［40］Fan，J. P. H. and Wong，T. J.，2002：Corporate Ownership Structure and the Informativeness of Accounting Earnings in East Asia，*Journal of Accounting and Economics*，Vol. 33，No. 3.

［41］Hotelling，H.，1929：Stability in Competition，*Economic Journal*，Vol. 39，No. 153.

［42］Milgrom，P. R. and Roberts，J.，1986：Price and Advertising Signals of Product Quality，*Journal of Political Economy*，Vol. 94，No. 4.

［43］Nelson，P.，1974：Advertising as Information，*Journal of Political Economy*，Vol. 82，No. 4.

［44］Spence，M.，1973：Job Market Signaling，*Quarterly Journal of Economics*，Vol. 87，

No. 3.
[45] Versano, T., 2020: Enforcement of Optimal Disclosure Rules in the Presence of Moral Hazard, *European Accounting Review*, Vol. 29, No. 4.

Doing Business Environment Optimization, Quality of Information and Corporate Innovation: The Theoretical Mechanism and Empirical Analysis

Heng Xu　Yan Liu

Abstract: Doing business environment optimization can lower the institutional transaction cost when firms engaging into innovation, investment and R&D, vitalizing firms in development and competition given their cost constraint in operation. By constructing a theoretical model under asymmetric information, this paper is to study the direct and indirect effects on the firms' innovation investment and high-quality R&D from the optimization of doing business environment, and examine the theoretical results with empirical analysis. The present study finds that optimization of doing business environment can directly increase the firms' investment in innovation, and meanwhile can indirectly weakens the firms' motivation of moral hazard in low-quality R&D through the reduction on their institutional transaction cost, improving social welfare. The empirical analysis verifies the positive effect of the quality of information on innovation, and doing business environment optimization can improve the quantity and quality of firm's innovation under the environment of asymmetric information, complementing to the effect of the quality of information. Additionally, this paper points out that the government should be concerned about the differentiated regulation on the firms with different types and the ability to innovation is varied with periods during firms' development.

KeyWords: Doing Business Environment　Innovation　Moral Hazard　Mechanism Design　Government's Regulation

JEL Classification: L52　O32　D82

附录 1

理论模型推导过程

根据公式（1）消费者的效用函数，令 Hotelling 市场中的边际消费者所处位置为 $x \in (0, 1)$，其效用具备以下特征：

$$\theta + I_1 - x = \theta + I_2 - (1 - x) \tag{A1}$$

可以得到：

$$x = \frac{1 + I_1 - I_2}{2} \tag{A2}$$

市场中的边际消费者划定了两家竞争公司的边界，按照本文的理论设定，边际消费者左侧（右侧）的消费者购买公司 1（公司 2）的产品，因此，两家公司的需求函数表示为：

$$Q_1(I_1, I_2) = \frac{1 + I_1 - I_2}{2};\ Q_2(I_1, I_2) = \frac{1 - I_1 + I_2}{2} \tag{A3}$$

结合公式（6），两家公司的跨时期利润最大化问题对应的一阶导函数分别为：

$$\frac{\partial \pi_1}{\partial I_1} = \frac{a}{2} - \beta_1 I_1 = 0;\ \frac{\partial \pi_2}{\partial I_2} = \frac{a}{2} - \beta_2 I_2 = 0 \tag{A4}$$

命题 1 证明：对公式（6）中的利润最大化创新水平针对各自所承担的制度性交易成本求偏导，可以得到：$\frac{\partial I_1}{\partial \beta_1} = -\frac{a}{2\beta_1^2} < 0$，$\frac{\partial I_2}{\partial \beta_2} = -\frac{a}{2\beta_2^2} < 0$，此外，$I_1^* - I_2^* = \frac{a(\beta_2 - \beta_1)}{2\beta_1\beta_2} > 0$ 说明了承担较低制度性交易成本的公司对创新的投入水平较高。证毕。

推论 1 证明：比较两家公司的最大化利润［来自于式（7）］可以得到：

$$\pi_1^* - \pi_2^* = \frac{3(1 + \delta)a^2(\beta_2 - \beta_1)}{8\beta_1\beta_2} > 0 \tag{A5}$$

反映出受到制度性交易成本影响较弱的公司（公司 1）来自创新的利润较高。此外，对公司 i 最大化利润针对各自所承担的制度性交易成本求偏导可以得到：$\frac{\partial \pi_i^*}{\partial \beta_i} = -\frac{a^2(1 + \delta)}{8\beta_i^2} < 0$，反映出公司的创新利润递减于其承担的制度性交易成本。证毕。

命题 2 证明：结合式（7）和式（8）可以得到 $\tilde{\pi}_2 - \pi_2^* > 0$ 需满足

$$-4\beta_0\beta_1\beta_2 + a\beta_1\beta_2 + 2a\delta\beta_0\beta_2 > a(1+\delta)\beta_0\beta_1$$

$$\rightarrow \beta_2 > \frac{(1+\delta)a\beta_0\beta_1}{a\beta_1 + 2\delta a\beta_0 - 4\delta\beta_0\beta_1} = \hat{\beta}_2 \tag{A6}$$

即当条件（A6）满足时，公司 2 具有道德风险进行虚假创新的动机。证毕。

命题 3 证明： 对 $\tilde{\pi}_2 - \pi_2^*$ 针对 β_2 求偏导可以得到

$$\frac{(1+\delta)a^2}{8\beta_2^2} > 0$$

说明了当 β_2 由于营商环境优化而降低时，条件（A6）更加难以满足，即公司 2 的道德风险动机减弱。证毕。

推论 2 证明： 结合式（9）和式（10），可以得到

$$W^* - \tilde{W} = \frac{ea(1+\delta-\gamma)}{2\beta_2} \tag{A7}$$

在 $\gamma = \beta_0/\beta_2$ 的设定下，公式（A7）恒大于零，这是由于 $1+\delta-\gamma>0$，因此公司 2 的道德风险行为总是会降低消费者来自于创新的福利。证毕。

命题 4 证明： 当公式（17）中的激励相容条件松弛时，$\lambda = 0$，$g = g^*$，此时激励相容条件写为：

$$-4\delta\beta_0\beta_1\beta_2 + a\beta_1\beta_2 + [2a\delta\beta_0\beta_2 - a(1+\delta)\beta_0\beta_1]bg^* > 0 \tag{A8}$$

式（A8）成立条件是

$$b < \frac{\beta_1\beta_2}{a}\sqrt{\frac{2c(4\delta\beta_0 - a)}{(1+\delta)\beta_0(\beta_1+\beta_2)[2\delta\beta_0 - (1+\delta)\beta_1]}} = \hat{b}$$

当 $b > \hat{b}$ 时，互补松弛条件收紧，即 $g = \tilde{g} = \frac{(1+\delta)a(\beta_1+\beta_2)}{2c\beta_1\beta_2} + \frac{\lambda a^2[2\delta\beta_2 - (1+\delta)\beta_1]}{8\beta_1\beta_2}$，且大于 g^*，这是由于 $2\delta\beta_2 - (1+\delta)\beta_1 > 0$。证毕。

命题 5 证明： 同命题 4 证明，略。

附录 2

关键性原始数据

地区	2008 年			2009 年			2010 年			2011 年			2012 年			2013 年			2014 年		
	RD	PCT	ICI	RD	PCT	ICI	RD	PCT	ICI	RD	PCT	ICI	RD	PCT	ICI	RD	PCT	ICI	RD	PCT	ICI
北京	101.09	625	7.14	113.7	694	6.83	139.28	1272	6.73	164.85	1862	6.55	197.34	2705	6.17	213.06	2981	6.27	233.5	3606	6.23
天津	108.27	51	7.93	123.84	53	7.88	167.31	133	7.45	210.78	134	7.42	255.87	304	7.19	300.04	120	7.42	322.81	138	7.03
河北	76.611	23	8.33	93.302	29	8.32	125.96	72	8.74	158.62	82	8.58	198.09	75	8.68	232.74	133	8.52	260.67	118	8.43
山西	48.886	7	8.69	60.393	10	8.26	74.991	10	8.5	89.589	25	8.78	106.96	39	8.54	123.77	55	8.46	124.7	32	8.31
内蒙古	29.199	6	8.7	39.061	6	8.52	54.612	3	8.6	70.164	7	8.73	85.848	21	8.33	100.44	7	8.63	108.03	10	8.52
辽宁	137.82	96	8.22	165.43	85	7.92	220.07	137	7.65	274.71	224	7.74	289.46	244	8.24	333.13	162	8.18	324.23	190	8.15
吉林	26.701	13	8.42	32.962	14	8.96	40.917	20	8.46	48.872	39	8.61	60.433	33	8.08	69.814	31	8.44	78.943	63	8.42
黑龙江	50.588	29	8.47	62.724	28	8.42	73.264	34	8.34	83.804	30	8.22	90.617	45	7.99	95.034	39	8.07	95.582	50	8
上海	200.57	384	6.6	236.52	493	6.57	290.14	735	6.27	343.76	847	6.27	371.51	1024	6.11	404.78	885	6.13	449.22	1038	6.06
江苏	480.83	215	6.8	570.71	316	6.74	735.3	515	6.61	899.89	646	6.12	1080.3	915	6.46	1239.6	1186	6.23	1376.5	1610	6.32
浙江	275.71	177	8.64	330.1	238	8.84	405.01	459	8.7	479.91	600	8.61	588.61	639	8.39	684.36	789	8.76	768.15	849	8.62
安徽	69.143	38	8.66	90.754	55	8.32	126.79	86	8.59	162.83	100	8.53	208.98	86	8.43	247.72	196	8.47	284.73	119	8.42
福建	83.778	126	8.4	114.43	143	8.14	154.42	268	7.91	194.4	319	7.88	238.17	266	7.91	279.2	368	7.93	315.38	338	7.85
江西	49.525	26	8.42	58.265	18	8.23	67.624	13	8.02	76.983	28	8.45	92.599	62	8.35	110.64	60	8.3	128.46	25	8.21
山东	375.91	111	7.98	456.71	126	8.08	599.92	282	7.92	743.13	412	7.5	905.6	531	7.71	1052.8	704	7.63	1175.5	575	7.56

续表

地区	2008年			2009年			2010年			2011年			2012年			2013年			2014年		
	RD	PCT	ICI	RD	PCT	ICI	RD	PCT	ICI	RD	PCT	ICI	RD	PCT	ICI	RD	PCT	ICI	RD	PCT	ICI
河南	97.639	20	8.29	133.49	32	8	173.61	77	8.1	213.72	72	8.31	248.97	118	8.19	295.34	106	8.17	337.23	100	8.03
湖北	87.251	56	8.36	120.57	61	8.33	165.66	119	7.89	210.76	146	8.2	263.31	187	8.02	311.8	193	8.05	362.95	227	8.26
湖南	81.13	60	8.34	109.61	47	8.31	145.7	174	8.23	181.78	405	8.31	229.09	448	8.33	270.4	132	8.32	310.04	171	8.26
广东	442.35	3120	6.78	552.37	4418	6.75	725.91	6678	6.63	899.44	8941	6.13	1077.9	9211	6.26	1237.5	11525	6.14	1375.3	13332	5.95
广西	23.985	7	8.8	32.419	10	8.84	45.549	21	8.93	58.679	36	8.87	70.223	26	8.57	81.706	31	8.81	84.881	28	8.72
海南	0.8768	6	8.82	2.2616	0	8.63	4.0188	5	8.22	5.776	16	8.58	7.8093	1	8.51	9.3567	16	8.55	11.101	5	8.43
重庆	46.528	35	8.69	56.486	27	8.62	75.442	61	8.47	94.398	106	8.16	117.1	99	8.23	138.82	62	8.31	166.47	72	8.09
四川	68.166	64	8.69	81.766	96	8.43	93.117	129	8.45	104.47	198	8.27	142.23	231	8.36	168.89	256	8.43	196.01	284	8.3
贵州	14.597	7	8.72	18.77	11	8.38	23.146	21	8.25	27.522	9	8.36	31.508	21	8.55	34.254	17	8.68	41.013	28	8.45
云南	13.158	11	8.62	15.115	10	8.29	22.521	23	8.41	29.928	18	8.38	38.443	19	8.27	45.428	27	8.17	51.657	27	8.2
西藏	0.4536	0	8.59	0.6376	0	8.34	0.4007	1	8.97	0.1637	1	8.05	0.5312	0	8.72	0.4617	0	8.49	0.2943	2	8.46
陕西	43.643	50	8.6	58.25	104	8.43	77.463	89	8.24	96.677	145	8.25	119.28	125	8.19	140.15	90	8.14	160.69	134	8.03
甘肃	17.235	4	8.7	18.993	2	8.47	22.392	16	8.52	25.792	18	8.82	33.779	13	8.24	40.074	17	8.54	46.441	18	8.48
青海	2.5161	1	9.17	4.1322	3	8.59	6.1644	1	8.85	8.1965	1	8.91	8.4197	5	8.7	8.954	1	8.84	9.2528	2	8.8
宁夏	6.5694	3	8.72	7.7591	2	9.1	9.8235	4	8.77	11.888	3	8.49	14.37	10	8.91	16.749	21	8.84	18.652	10	8.77
新疆	12.416	5	7.44	14.093	7	7.39	18.214	10	7.25	22.335	21	7.35	27.343	25	6.98	31.426	23	6.94	35.781	16	6.91

注：RD是各省区市规模以上工业企业R&D经费，单位为亿元人民币，来源为国家统计局。

PCT是各省区市PCT专利申请数，单位为件，来源为国家知识产权局。

ICI是制度性交易成本指数，无单位，来源为卢现祥和朱迪（2019）的研究成果，《中国制度性交易成本测算及其区域差异比较》。

中国连片贫困地区对口支援政策的减贫效应评估及优化取向

——基于省际对口支援西藏的准自然实验

王珺鑫　王　磊*

摘　要：对口支援作为中国一项重要的区域政策创新，在助力脱贫攻坚中发挥了重要作用。在巩固拓展脱贫攻坚成果和全面推进乡村振兴的新背景下，有必要对对口支援政策的减贫效应进行评估，并提出优化取向，以接续充分发挥其助力作用。本文在分析对口支援政策减贫作用机制的基础上，将省际对口支援西藏作为一次准自然实验，基于中国西部 10 个省份 1986 ~ 2014 年的平衡面板数据，采用合成控制法（SCM）实证分析了对口支援政策的减贫效应。研究表明：对口支援政策对西藏具有显著的减贫效应，但这一效应大小并不稳定，表现为在政策实施初期的减贫效应十分明显，而随后一段时期的减贫效应趋于下降，之后又不断上升的趋势，这一结论经安慰剂检验和双重差分（DID）检验依然成立。双重差分检验结果进一步表明，政府财政支出规模和城镇化水平的提升有力地减少了西藏贫困，地区经济发展水平、对外开放水平和教育水平的提高也显著减少了西藏贫困，但作用效应相对有限，而第一产业规模的低质量增长并不利于贫困人口稳定脱贫。

关键词：对口支援　减贫效应　优化取向　合成控制法　西藏

一、引　　言

尽管中国的减贫事业已取得了历史性成就，消除了绝对贫困和区域性整体贫困，但反贫困并没有就此结束，2020 年后的贫困问题依然不容轻视，其

---

* 本文受国家社会科学基金项目“精准扶贫视角下提升对口支援政策减贫效应的机制创新研究”（17CJL032）、山东女子学院 2019 年度高水平科研项目培育基金项目“基于多元‘出口—生产率’视角的我国对外贸易利益提升路径研究”（2019GSPSJ04）资助。
感谢匿名审稿人的修改意见，同时感谢在 2021 年第十五届“山东经济学年会”上安徽大学夏岩磊博士对本文提出的建议。
王珺鑫：山东女子学院经济学院；地址：山东省济南市长清区大学路 2399 号，邮编：250300；E-mail：491347771@ qq. com。
王磊：山东师范大学经济学院；地址：山东省济南市长清区大学路 1 号，邮编：250358；E-mail：leiwang524@ 163. com。

原因有四点：第一，巩固和拓展脱贫攻坚成果，实现已脱贫地区长久脱贫和振兴致富，仍然是一项艰巨任务；第二，绝对贫困消除后，中国的相对贫困问题仍然突出，缓解相对贫困将是一项长期任务，需要继续促进脱贫人口收入可持续增长，缩小城乡、区域的收入和公共服务的差距；第三，随着中国经济进入高质量新发展阶段，增长式自然减贫效应逐渐趋于减弱，在精准扶贫等大规模减贫政策措施逐步退出的背景下，需要其他长期性反贫困政策的持久助力；第四，全面推进脱贫地区的乡村振兴需要多方支援力量的共同助推。因此，必须重视脱贫人口在短期内的返贫问题和非贫困人口的贫困发生问题，为乡村振兴战略的实施提供稳固坚实的基础条件（孙馨月、陈艳珍，2020）。2021年中央一号文件明确提出：持续巩固拓展脱贫攻坚成果，接续推进脱贫地区乡村振兴，要求坚持和完善东西部协作和对口支援、社会力量参与帮扶等机制①。

对口支援作为中国区域协调可持续发展的重大政策创新，是我国已在贫困地区长期实施的一项区域政策。自1979年“对口支援”这一概念在全国边防工作会议上被正式提出并以国家政策形式确定下来后，对口支援在实践中的应用十分广泛，形式也较为灵活。截至目前，已形成了全国对口支援西藏（以下简称“对口援藏”）、对口支援新疆、对口支援湖北新冠肺炎疫区等省际对口支援和青岛对口支援菏泽等省内对口支援的一系列具体政策。由于对口支援的目标任务不一致，对口支援的内容和时间长短也存在较大差异。从支援时间长短上看，对口支援包括短期对口支援和长期对口支援，短期支援多为应急性、临时性支援，带有较强的随机性，而长期支援一般是针对受援地区经济社会发展和贫困减缓的全方位稳定性支援，政策一般较为稳定。我国目前实施的对口支援政策以省际的长期支援为主，并且主要实施于西部欠发达地区②。我国40多年的对口支援实践主要在贫困地区广泛开展，可以说减贫是对口支援政策的首要目标和中心任务之一。在2016年召开的东西部扶贫协作座谈会上，习近平总书记强调：“东西部扶贫协作和对口支援，是推动区域协调发展、协同发展、共同发展的大战略，是实现先富帮后富、最终实现共同富裕目标的大举措。”2021年2月25日，习近平总书记在全国脱贫攻坚总结表彰大会上再次指出：“要坚持和完善……东西部协作、对口支援、社会帮扶等制度，并根据形势和任务变化进行完善。”改革开放以来，中国相继实施了大规模的开放式扶贫、八七扶贫攻坚、精准扶贫等一系列扶贫战略举措。至2020年底，中国的绝对贫困已全部消除，实现了近8亿贫困人口脱贫。那么，对口支援政策在中国的减贫进程中是如何发挥减贫效应的？对口支援政策对中国贫困地区的减贫究竟产生了多大贡献？如何接

---

① 资料来源：中国农网：http：//www. farmer. com. cn/2021/02/21/99865704. html。

② 本文研究的对口支援政策是指我国长期实施的省际地方政府之间的对口支援政策。

续发挥对口支援政策助力巩固拓展脱贫攻坚成果和全面推进乡村振兴的作用？这些问题亟待研究。鉴于此，本文以全国 14 个连片贫困地区中唯一的一个省级集中连片贫困地区——西藏为例，将省际对口援藏作为一次准自然实验，在分析对口支援政策减贫作用机制的基础上，评估中国连片贫困地区对口支援政策的减贫效应，进而提出优化对口支援政策的主要取向，以接续发挥对口支援政策助力脱贫地区巩固拓展脱贫成果和全面推进乡村振兴的作用。

二、文献评述

尽管对口支援政策实践的历史较长，但国内外学者针对对口支援政策减贫效应的研究尚十分少见。这一方面是由于对口支援多被学术界视为一项政治任务，学者们对对口支援的具体工作运行机制可能并非十分了解，而且对口支援的相关统计数据也难以获取，因而缺乏深入研究；另一方面是由于对口支援政策内涵较为丰富，作为中国特色的区域合作机制，在推动区域合作与精准扶贫、乡村振兴乃至我国经济结构均衡发展等方面，均发挥了重要作用（李彬、凌润泽，2021）。减贫可以说只是对口支援的政策目标之一，对口支援政策从实施之初就以消除受援地区的贫困为主要目标，对口帮扶更是以扶贫作为直接目标。从现有文献来看，学者们多是针对对口支援政策对经济社会产生的整体效应进行宏观分析。梳理归纳仅有的对口支援政策减贫效应的直接或间接研究文献，现有研究主要集中关注于以下三个方面：

（1）对口支援政策产生的减贫作用及存在的问题。朱玲（2013）以西藏为研究区域，发现大规模的外来援助减少了西藏的贫困，但援助政策设计和实施均需瞄准藏区中处于贫困地位的个人、家庭和群体，否则将减弱援助项目的扶贫效果。虽然全国对口支援已逐步走向成熟，并显现出一定的减贫效果，然而对于民族地区来说，因地理位置、自然环境、基础设施、竞争优势与其他地区相比，还存在较大的差距和不足，对口支援尚存在投入力度不够、长效监督管理机制缺乏、智力支援重视度不够、社会参与度不高、支援方缺乏积极性、交流平台缺失等问题。曾勇（2017）以沪滇对口帮扶为例，研究得出对口支援投入对减少贫困人口、提高教育水平、提高收入水平具有显著的作用。王磊（2018）从多层面分析了对口援藏政策的减贫成效，结果表明对口支援政策的实施对于减缓贫困具有较为明显的促进作用，但对口支援政策还存在施策精准性不够、援建项目评估监督机制不完善及支援干部工作期限短期化等问题。

（2）作为横向转移支付的对口支援政策减贫成效。从本质上看，中国省际对口支援是一种横向财政转移支付（石绍宾、樊丽明，2020）。如果将对口支援政策视为政府之间的一项横向转移支付政策，那么其产生的减贫成效可以从转移支付的减贫成效中得以体现。不少学者分析了财政转移支付的减贫效应。解垩（2017）通过实证分析得出，公共转移支付的减贫作用不是太大，并且不同方式的政府转移支付减贫效应存在较大的差异性。李丹、李梦瑶（2020）以国家扶贫开发重点县为研究对象，研究发现政府间财政转移支付的减贫效果较好，能够提升贫困地区的绝对生产生活水平，但与全国平均水平相比，不升反降，因此解决相对贫困问题依然是今后各项工作的重点。宋颜群、解垩（2020）对政府转移支付减贫效应的实证结果表明，政府转移支付对农村地区的减贫效应大于城镇地区，对西部地区的减贫效应大于中部地区，对中部地区的减贫效应大于东部地区。肖建华、李雅丽（2021）基于2014～2018年中国家庭追踪调查面板数据的实证研究发现，财政转移支付对长期贫困状态家庭的减贫效应显著，且财政转移支付对改善长期收入贫困家庭状态的效应比长期多维贫困家庭更显著。

（3）对口支援政策的经济增长效应。经济增长是实现减贫的重要途径之一，部分学者探究了对口支援政策对受援地产生的增长效应。Fischer（2009）根据中国政府公布的统计数据分析认为，中国政府对于西藏的大量援助带来了西藏经济总量的增长，但援藏资金和产生的经济效益最终通过各种途径又返回到内地援助方；并且援助加剧了西藏对增加“支援”的依赖性，也并未缩小其相对支援地的发展差距（Dreyer，2003）。刘金山、徐明（2017）将19省份对口支援新疆作为自然实验，采用2005～2014年的面板数据，利用双重差分法实证研究了对口支援政策的增长效应的影响，发现对口支援政策显著促进了新疆的经济增长，但对新疆不同地区的增长效应存在较为明显的差异性。徐明、刘金山（2018）将19省份对口支援新疆政策作为自然实验，基于2006～2015年地级城市面板数据，采用双重差分法、三重差分法及中介效应方法，实证分析了省际对口支援政策的经济绩效和影响机制，发现政策可以对受援地区劳动生产率、农村居民人均纯收入和城镇居民人均可支配收入等经济变量产生正向促进效果，政策发挥经济增长效应的同时，也抑制了受援地区城乡收入差距扩大。董珍、白仲林（2019）使用合成控制法评估了对口援藏政策对西藏的经济增长和产业结构演进的影响，发现该政策的经济增长效应和产业结构优化效应总体上显著。

总体来看，目前学术界对对口支援政策减贫效应的研究尚处于起步阶段，研究成果偏少。国外学者多关注于国家之间的国际发展援助，对作为我国国内发展援助的对口支援政策减贫效果的研究尚基本为空白，国内现有研究也鲜有专门研究对口支援政策的减贫效应，仅有的文献多以定性分析为主，少数定量研究的重点主要集中于对口支援政策产生的增长效应和整体的经济社会效应，对对口支援政策减贫效应研究较为不足，而对口支援政策减贫的作用机制则是尚未展开的研究。基于此，本文致力于在以往研究的不足方面进行尝试探究。本文的边际贡献在于：一是对对口支援政策减贫的作用机制进行了深入分析，明确了对口支援政策通过哪些途径发挥了减贫效应；二是以西藏作为连片贫困地区的代表，采用政策效应前沿评估方法——合成控制法（SCM）对对口支援政策的减贫效应进行了实证检验，并对可能影响减贫的主要因素进行了双重差分（DID）估计，为优化和调整现行对口支援政策，接续发挥其助力脱贫地区巩固拓展脱贫成果、减缓相对贫困和全面推进乡村振兴提供科学的施策依据。

三、机制分析

通过梳理既有文献，尚未发现学术界有专门探讨对口支援政策减贫作用机制的研究，仅有极少数学者提及对口支援政策的减贫作用。事实上，从 20 世纪 90 年代中期中国开始实施东西部扶贫协作开始，就已把对口支援纳入扶贫政策框架体系，对口支援与扶贫已紧密结合在了一起，对口支援的对象主要是边疆少数民族地区、不发达地区，这些地区的贫困落后是阻碍其发展的主要因素之一，要促进当地发展首先必须改变人民贫困的面貌，因此对口支援政策的首要任务就是实现贫困地区的脱贫，对口支援也就自然有了扶贫的功能。基于发展经济学、区域经济学、产业经济学及福利经济学的相关理论，同时借鉴财政学中横向财政转移支付原理及以往学者的相关研究，本文认为，对口支援政策的实施对受援地贫困减缓的作用机制主要体现为两条动态减贫路径：一是通过对口支援政策产生的经济增长效应来提升贫困人口的收入水平；二是通过对口支援政策产生的公共支出效应来促进贫困人口的福利改善。

（1）通过对口支援政策经济增长效应产生的减贫作用。这一减贫效应的具体作用路径为："对口支援——经济增长——收入增长效应——减缓收入贫困"。从宏观层面上看，受援地作为一个区域经济系统，其经济增长取决于资本、劳动力、土地等要素投入和将生产要素转化为产出的能力（技术水平或全要素生产率）。对口支援政策产生的直接效应在于：将外部的资本、技术、信息、知识、管理等要素向受援区域内输入。事实上，对口支援作为政府投资的一种重要形式，不仅是一种外部资本注入，还带来了技术、人力资本、市场理念和发展精神等一揽子要素，促进投资效率的提高（陈志刚，2005）。按照经济增长的一般理论，对口支援的要素投入会产生直接的增长效应，促进受援地的经济产出规模的扩张。尤其对于受援地而言，其初始经济发展水平一般较低，基本上是经济欠发达地区（如西藏、新疆），处于资本积累的初始阶段，对口支援带来的大规模要素投入，在边际产出递减规律和规模经济效应的作用下，会引致受援地更快的经济增长。从中观层面上看，受援地可以利用援助项目的投入提升本地区的要素禀赋结构，利用支援方先进的技术和人才干部资源，通过技术引进和制度模仿，促进产业结构变迁和生产技术升级（刘金山、徐明，2017），这对受援地的产业发展和技术进步产生积极作用。从微观层面上看，对口支援搭建了受援地企业与支援方企业之间经济交流与合作的新平台，一方面不仅降低了受援地企业对外学习的成本，而且通过对口合作促进了支援方先进的技术和管理经验等向受援地外溢，从而提升受援地企业的生产率和技术水平；另一方面有利于加快受援地企业“走出去”的步伐，促进受援地企业扩大对外投资和对外贸易，融入全球价值链分工体系，加快受援地企业的规模扩张和效益提升，促进受援地企业经济增长。因此，无论是从哪个层面来看，对口支援政策的实施均能对受援地产生增长效应，而在经济增长过程中，又通过增加收入和扩大就业两个渠道发挥减贫作用。随着受援地的经济增长，贫困人口的收入水平也会普遍增长，同时经济增长为贫困人口提供了更多和更好的就业和创收机会，促进其增收脱贫。

（2）通过对口支援政策公共支出效应产生的减贫作用。这一减贫效应的具体作用路径为：“对口支援——公共支出增长——基础设施建设投资带动效应和公共服务保障效应——减缓非收入贫困”。从财政转移支付的角度看，政府之间的对口支援本身就具有横向财政转移支付的性质，对口支援政策的实施，增强了受援地的公共财政供给能力和范围，有效促进了受援地的公共支出力度加大，进而提升受援地的基础设施建设水平和公共服务水平，对保障和改善城乡居民的就业、教育、医疗、健康、生活质量等基本福利具有重要的推动效应。具体来讲，推动效应包括对口支援对受援地基础设施建设投资产生的带动效应和公共服务保障效应。一方面，受援地的交通、通信、农林水利等基础设施一般相对落后，而基础设施建设通常需要大量的资本投入，对口支援的资源投入大多用于受援地的基础设施建设领域，基础设施的不断完善带动了受援地具有比较优势的产业发展，从而促进受援地经济发展和贫困人口福利的改善；另一方面，对口支援资源投入到教育、医疗、科技、文化等公共服务领域产生的保障效应，增强了公共支出的范围和发挥的作用，提升了受援地的社会保障水平，进而促进受援地贫困群体的受教育水平、健康状况、人口素质和生活质量，推动贫困群体收入水平的提升，也有助于缩小受援地城乡、区域等内部居民收入差距，进而改善受援地贫困群体的福利和分配状况。

总体来看，对口支援政策主要通过经济增长效应、公共支出效应这两条动态作用路径来分别减缓收入贫困和非收入贫困，其中经济增长效应主要对贫困人群的收入贫困产生减贫效应，而公共支出效应主要通过带动产业发展和公共服务水平提升，进而对贫困人群的就业、教育、医疗、住房、生活质量等非收入维度的贫困产生影响，但同时也间接能够减缓贫困群体的收入贫困。此外，对口支援政策需根据减贫效应的发挥程度进行动态调整和优化，从而不断提升对口支援政策的减贫效应，充分发挥对口支援政策的减贫作用。需要说明的是，由于非收入贫困涵盖内容较多且目前的量化标准尚不统一，本文仅是从单维的收入贫困角度来探讨对口支援政策的减贫效应，其他问题待后续深入研究。对口支援政策的减贫作用机制如图 1 所示。

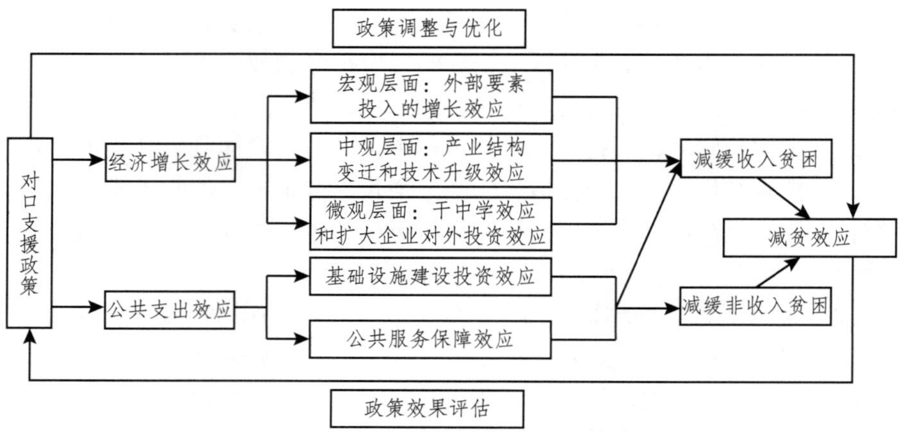

图 1　对口支援政策的减贫作用机制

资料来源：作者绘制。

四、实证研究设计

（一）模型设定

为准确评估对口支援政策对西藏贫困减缓的作用效应，如果采用单差法直接比较对口支援政策实施前后西藏贫困状况变化，由于没有排除经济增长以及在对口支援政策实施同时的其他一些扶贫政策（如八七扶贫攻坚计划、兴边富民行动等）影响的干扰，分析结果很容易产生选择性误差，难以判断对口支援政策对西藏贫困减缓的“净效应”。一种较好的方法是将对口支援政策视为一次准自然实验，选择政策效应评价常用的双重差分法（DID）来评估对口援藏政策的减贫效应，但这一方法要求处理组与对照组在实施对口支援政策之前是可比的，即满足平行趋势假设，而实施地西藏的特殊性导致难以满足。鉴于此，本文仍将对口支援政策看作是对西藏实施的一次准自然试验，采用 Abadie and Gardeazabal（2003）提出的政策效应评估方法——合成控制法（SCM）来评估对口援藏政策的减贫效应。合成控制法通过数据驱动确定控制组及权重，避免了选择控制组的困难以及主观性，能够有效避免双重差分法估计产生的问题，是目前政策效果评估中行之有效的方法。

对口援藏政策于1994年7月在中央第三次西藏工作座谈会上被正式提出并开始实施，由于政策效应存在一定的滞后性，本文将1995年作为政策冲击的时点，考察自1995年开始对口支援政策对西藏产生的减贫效应。根据合成控制法的基本思路，假设观测到 $J+1$ 个地区的贫困减缓情况，其中第1个地区（西藏）受到了对口支援政策实施实验的影响，其他J个地区为对照组地区，由于可以观测到这些地区T期的贫困减缓情况，用 T_0 代表实施对口支援政策之前的年份，对应着对口支援政策实施之前的1995年，因此在估计中有：$1 \leqslant T_0 \leqslant T$，那么对于地区 $i=1, \cdots, J+1$ 和时刻 $t=1, \cdots, T$，用 P_{it}^{N} 表示地区i在时刻t没有实施对口支援政策时的贫困状况，用 P_{it}^{I} 表示地区i在时刻t实施对口支援政策时的贫困状况。因此，$\alpha_{it}=P_{it}^{I}-P_{it}^{N}$ 就表示实施对口支援政策试验所产生的减贫效果。假设实施对口支援政策对于开始之前的贫困减缓没有影响，因而对于 $t \leqslant T_0$ 的年份来说，所有地区都存在 $P_{it}^{I}=P_{it}^{N}$，而对于时刻 $T_0<t \leqslant T$ 存在 $P_{it}^{I}=P_{it}^{N}+\alpha_{it}$。假设用 D_{it} 代表是否实施对口支援政策的虚拟变量，如果地区i在时刻t实施试验，那么该变量等于1，否则等于0。基于此，在时刻t观测到地区i的结果就是 $P_{it}=D_{it}P_{it}^{I}+(1-D_{it})P_{it}^{N}$，由此得到：$P_{it}=P_{it}^{N}+D_{it}\alpha_{it}$。对于没有实施对口支援政策的地区，则有 $P_{it}=P_{it}^{N}$。由于只有第1个地区在时刻 T_0 之后开始受到对口支援政策的影响，因而要估计的就是 α_{1t}。当 $t>T_0$ 时，$\alpha_{it}=P_{it}^{I}-P_{it}^{N}=P_{it}-P_{it}^{N}$，$P_{it}$ 实施对口支援地区（西藏）的贫困状况，是可以观测到的。为了估计 α_{it}，需要估计 P_{it}^{N}，因为它无法观测到，因此根据 Abadie et al.（2010）提出的因子模型来构造 P_{it}^{N}：

$$P_{it}^{N}=\delta_t+\theta_t Z_i+\lambda_t \mu_i+\varepsilon_{it} \tag{1}$$

式（1）中，δ_t 是地区时间固定效应，θ_t 是一个 $1\times r$ 维未知参数向量，Z_i 为不受对口支援政策影响的控制变量，λ_t 为一个 $1\times F$ 维观测不到的共同因子，μ_i 则是 $F\times 1$ 维观测不断的地区固定效应，ε_{it} 为每个地区观测不到的短期冲击，各地区水平上的均值为0。

式（1）对双重差分模型进行了扩展，传统的双重差分模型通常将不能观测的因素转化为时间上的常数，从而限制不可观测因素的影响，而式（1）设定 λ_t 不为常数，可以使不可观测到的因素随时间的变化而变化，因此取时间差之后并不会消除不可观测因素 μ_i 的影响。与传统的因子模型相比，合成控制法为更加广泛的领域提供了有效的估计。

假设第1个地区（$i=1$）实施了对口支援政策，余下的J个地区（$i=2, \cdots, J+1$）均未实施该政策。考虑一个 $J\times 1$ 维权重向量 $W=(w_2, \cdots, w_{j+1})$ 满足对任意的j，$W_j \geqslant 0$，$j=2, \cdots, J+1$，并且 $w_2+\cdots+w_{j+1}=1$。权重向量W为对照组的加权平均，每一个特定的取值代表一种合成控制组合，即对J个地区的特定权重。针对每个对照组地区的结果变量值，经过加权后可以得到：

$$\sum_{j=2}^{J+1} w_j P_{jt} = \delta_t + \theta_t \sum_{j=2}^{J+1} w_j Z_j + \lambda_t \sum_{j=2}^{J+1} w_j \mu_j + \sum_{j=2}^{J+1} w_j \varepsilon_{jt} \tag{2}$$

假设存在一个向量组 $W^* = (w_2^*, \cdots, w_{j+1}^*)'$满足：

$$\sum_{j=2}^{J+1} w_j^* P_{j1} = P_{11}, \sum_{j=2}^{J+1} w_j^* P_{j1} = P_{12}, \cdots,$$
$$\sum_{j=2}^{J+1} w_j^* P_{jT_0} = P_{1T_0}, \sum_{j=2}^{J+1} w_j^* Z_j = Z_1 \tag{3}$$

如果 $\sum_{t=1}^{T_0} \lambda_t' \lambda_t$ 非奇异，则有：

$$P_{1t}^N - \sum_{j=2}^{J+1} w_j^* P_{jt} = \sum_{j=2}^{J+1} w_j^* \sum_{s=1}^{T_0} \lambda_t \left(\sum_{n=1}^{T_0} \lambda_n' \lambda_n \right)^{-1} \lambda_s' (\varepsilon_{js} - \varepsilon_{1s})$$
$$- \sum_{j=2}^{J+1} w_j^* (\varepsilon_{jt} - \varepsilon_{1t}) \tag{4}$$

Abadie et al.（2010）证明在一般条件下，式（4）的右边将趋近于 0，因此对于 $T_0 < t \leqslant T$，可以用 $\sum_{j=2}^{J+1} w_j^* P_{jt}$ 作为 P_{it}^N的无偏估计来近似 P_{1t}^N，从而可得到 $\widehat{\alpha_{1t}} = P_{1t} - \sum_{j=2}^{J+1} w_j^* P_{jt}$ 就可以作为 α_{1t}的估计。

为了估计$\widehat{\alpha_{1t}}$，需要找到使得式（3）成立的特定权重向量 W^*，为了使得式（3）成立，需要第 1 个地区的特征向量位于其他地区的特征向量组的凸组合之内。但在实际计算中，现实数据很难存在这样的权重使得式（3）严格成立，因此需要通过近似解来确定合成控制向量 W^*。一般可以通过选择最小化 X_1 和 X_0W 之间的距离$\|X_1 - X_0W\|$来确定权重向量 W^*。其函数表达式为：$\|X_1 - X_0W\|_v = \sqrt{(X_1 - X_0W)'V(X_1 - X_0W)}$。其中，W 满足对任意的 $j = 2, \cdots, J+1$，有 $w_j \geqslant 0$，并且满足 $w_2 + \cdots + w_{J+1} = 1$。$X_1$ 表示处理组西藏实施对口支援政策前可以影响贫困减缓的预测变量的（$k \times 1$）维特征向量，X_0 表示对照组在对口支援政策实施前可以影响贫困减缓的预测变量组成的（$k \times J$）维矩阵，V 是（$k \times k$）维的对称半正定矩阵，表示对口支援政策实施前各个预测变量对贫困减缓的权重。根据 Abadie and Gardeazabal（2003）的做法，选择对角半正定矩阵 V 最小化对口支援政策实验之前贫困状况估计的均方误差，使得合成西藏的贫困减缓路径尽可能近似对口支援政策实施之前的西藏实际的贫困减缓路径。在估计权重 W^* 时要求 $w_j \geqslant 0$，这样就把合成对照组限制在对照组的凸组合内，减少处理组和对照组差异过大而外推估计带来的偏差。本文使用 Abadie et al.（2010）开发的 Synth 程序包在 Stata15 软件中实现模型的估计。

（二）变量选取与数据来源

根据合成控制法，首先需要确定合适的控制组。由于西部地区多为少数民族聚集区，地理环境、发展模式、经济结构相似，国家政策也基本趋同（刘瑞明、赵仁杰，2015；徐金山、刘明，2017），根据以往学者研究的做法，可以选择西部地区除西藏之外的其他省份作为控制组，考虑到从2010年开始国家对新疆也实施了对口支援政策，2010年之后新疆不适宜再作为西藏的控制组，因而将新疆样本从控制组中全部予以剔除，重庆由于从1997年开始从四川省单独划出为直辖市，考虑到直辖市的特殊性，也将其从控制组中予以剔除，因此本文选择西部地区除西藏之外的其余9个省（份）① 作为控制组。由于西藏自1986年开始才呈现出平稳增长的特征，借鉴董珍、白仲林（2019）的研究，以1986年为本文样本选择的起点，同时考虑到从2014年开始我国实施了精准扶贫战略，对西部各省份的减贫影响较大，因此本文收集了1986~2014年中国西部10个省（份）贫困状况及相关变量的平衡面板数据②。

由于在样本期内国家贫困线标准进行了多次调整，因而贫困发生率、贫困人口数量等直接测度贫困状况的指标在贫困线变化前后不具有可比性，难以得到长序列的分析数据，同时按照中国当前的收入状况，贫困主要体现为收入贫困和消费贫困，因此本文借鉴单德朋等（2015）的研究，采用农村居民恩格尔系数（EC，即农村居民食品支出占生活费总支出的比重）来衡量贫困状况③（Poverty），作为合成控制法的被解释变量（结果变量）。作为解释变量的控制变量组，参考现有文献普遍支持的贫困影响因素，选取了地区经济发展水平（lnPerGDP）、政府规模（Gov）④、对外开放水平（OPU）、教育水平（EDU）、产业结构（STR）、城镇化水平（URB）这6个影响贫困减缓的预测变量。各变量的数据主要来自各省、自治区历年统计年鉴，部分数据来自《中国农村经济统计年鉴》及各省份历年《国民经济和社会发展统计公报》，CPI指数均来自于各省份历年《统计年鉴》。本文使用省级层面GDP平减指数将人均GDP平减为1985年的不变价人均GDP。各变量的定义及描述性统计如表1所示。

---

① 这9个省份分别为四川、贵州、云南、广西、陕西、甘肃、青海、宁夏、内蒙古，尽管也存在实施对口支援政策的情况，但相对于对口援藏政策而言，其实施的规模、范围、影响均较小。

② 考虑到精准扶贫战略的减贫效应存在一定的滞后性，不会对2014年的减贫产生较大影响，因而本文仍选择至2014年的研究数据，相关原始数据请参见附录。

③ 本文主要是从经济上的收入（消费）贫困（绝对贫困）角度来评估对口支援政策的减贫效应。

④ 由于西藏的政府支出主要来源于中央对西藏的财政补贴，具有区别于其他省份的特殊性，考虑到合成西藏各项影响对口支援政策减贫效应的因素与真实西藏要尽量保持一致，经过测试，在合成控制法中并未加入这一预测变量，但在DID稳健性检验中纳入这一因素。

表 1 变量的定义、计算方法及描述性统计

变量	变量含义	计算方法	均值	标准差	最小值	最大值
Poverty	贫困状况	农村居民恩格尔系数（农村居民食品支出/生活费总支出的比重）×100	53. 569	10. 421	29. 100	79. 300
lnPergdp	地区经济发展水平	人均实际取对数	7. 613	0. 846	6. 075	9. 839
Gov	政府规模	财政支出/GDP×100	26. 872	19. 766	5. 985	129. 144
OPU	对外开放水平	进出口贸易总额 GDP/×100	12. 854	5. 885	3. 944	48. 842
EDU	教育水平	高等学校在校生数/总人口数×100	0. 601	0. 588	0. 078	2. 913
STR	产业结构	第一产业增加值/GDP×100	22. 769	9. 736	7. 882	50. 903
URB	城镇化水平	城镇化率（各地区城镇人口/总人口）×100	29. 259	12. 032	11. 730	59. 505

五、实证分析

（一）实证结果及分析

按照合成控制法的思路，在 Stata15 软件中进行合成控制法的相关计算。表 2 报告了合成西藏的权重组合①，合成西藏中占比最大的为四川，占比为 54. 3%，其次广西的占比为 38. 2%，内蒙古占比为 8. 1%。这一结果与现实基本相符，四川、广西与西藏同属中国西南地区，具有较为相似的区域性贫困及区域发展等方面的特征，且四川与西藏地理位置毗邻，其省内也有藏区，而内蒙古与西藏在发展基础和人口分布特征等方面具有一定的相似性。

表 2 合成西藏的省份权重

省份	四川	广西	内蒙古
权重	0. 543	0. 369	0. 081

表 3 报告了西藏作为处理组下的预测控制变量拟合与对比值，同时本文还随机选取了对口援藏政策实施之前的 1986 年、1990 年、1994 年三个年份的贫困状况数值作为观测变量。可以看出，我们关注的贫困状况数据，真实

① 将合成西藏的四川、广西、内蒙古这 3 个省份分别作为处理组并利用合成控制法得到各自的合成结果，发现参与合成的省份和权重是不同的，因此西藏与这 3 个省份的权重不存在线性关系，即不存在线性内推的问题。

西藏与合成西藏的差异率仅为1.08%，其他影响贫困状况的地区经济发展水平、对外开放水平、教育水平、产业结构、城镇化水平这些因素的合成值与实际值差异率也相对较低，这说明合成西藏较好地拟合了对口支援政策实施之前的西藏特征，因而可以按照合成控制法将四川、广西和内蒙古三省份的加权平均作为西藏的控制组来评估对口援藏政策的减贫效应。

表3　合成西藏的预测变量拟合与对比

变量	真实西藏	合成西藏	差异率
Poverty	69.733	68.980	1.08%
lnPergdp	6.813	6.609	2.99%
OPU	15.452	14.948	3.26%
EDU	0.099	0.116	1.72%
STR	48.091	39.979	16.8%
URB	15.208	16.325	7.34%
$Poverty_{1986}$	69.700	69.426	0.39%
$Poverty_{1990}$	74.100	69.410	6.33%
$Poverty_{1994}$	66.300	69.717	5.15%

图2报告的是整个样本期内合成西藏和真实西藏的贫困状况（恩格尔系数）减缓路径。可以发现，在1995年之前，西藏和合成西藏的贫困减缓路径保持较为一致的趋势，说明合成西藏可以较好地模拟真实西藏的贫困减缓路径①。在1995年对口援藏政策正式实施之后，西藏恩格尔系数的实际变化路径在开始一段时间内仍高于合成西藏，但至1999年开始一直低于合成西藏的路径，这表明在对口援藏政策实施一段时期后，政策效应逐渐显现，产生了较为明显的减贫效应。但同时也注意到，对口援藏政策减贫效应并不稳定，呈现出较为明显的波动性，表现为真实西藏和合成西藏的贫困状况变化曲线之间的差距在政策实施的一段时期内较大，之后又有收窄的趋势，而至2010年后又逐渐扩大。

① 需说明的是，在1995年对口支援政策实施之前，真实西藏与合成西藏的减贫路径并没有高度重合，这已是在现有条件下经多次测试后的最优结果，这可能是由于西藏曾长期存在非典型二元结构，即非典型二元社会运行机制和非典型二元经济结构（孙勇，1991），尚难以找到与其经济社会结构相似度极高的省份。

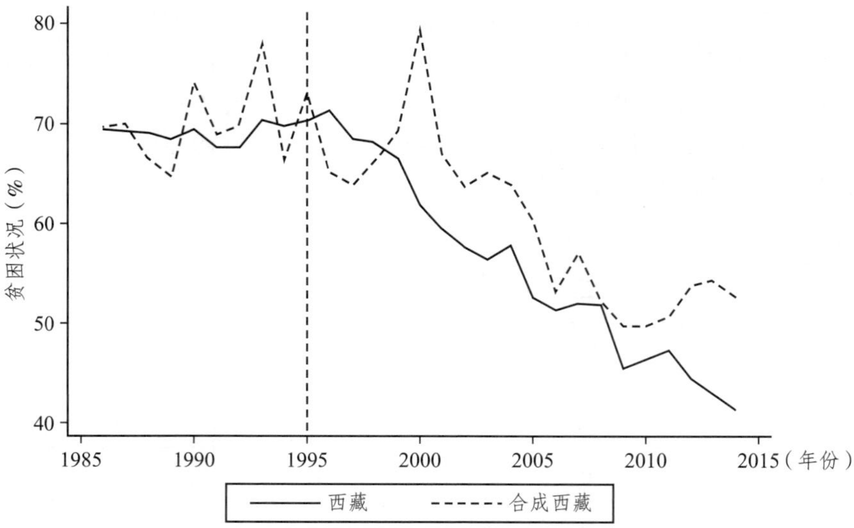

图 2　真实西藏与合成西藏的减贫路径对比

为更加直观地观察对口援藏政策对西藏贫困减缓路径的影响，应用 Stata15 软件进一步计算政策实施前后真实西藏和合成西藏恩格尔系数的差值，结果如图 3 所示。从图 3 中可以看出，在 1995 年对口援藏政策正式实施之前，真实西藏与合成西藏恩格尔系数的差值在 ±5% 附近波动，而从对口援藏政策实施后的第五年（1999 年）开始二者恩格尔系数差值均为正，但二者差值大小在 1999 ~ 2014 年存在波动性，具体表现为：1999 ~ 2001 年二者恩格尔系数的差值明显上升，而该差值在 2002 ~ 2009 年呈现出波动中下降，至 2010 ~ 2014 年又逐渐上升。由此可以看出，尽管对口援藏政策整体上产生较为明显的减贫效应，但这一政策效应存在时期波动性，出现这一结果的可能原因在于：对口支援政策实施一段时期后，产生的经济增长效应和公共支出效应逐渐发挥，减贫效果明显，但随着对口支援政策的深入实施，存在的粗放性、“重城镇，轻农牧区”“重基础设施，轻民生”等问题也逐渐凸显，导致政策产生的减贫效应趋于下降。尽管自 2001 年第四次中央西藏工作座谈会之后，中央先后多次要求今后援藏资金和项目应重点向西藏农牧区倾斜，突出改善农牧民生活这个重点，但能够实际到农牧区、农牧民的支援资源依然有限，同时还存在较为明显的地区差异（王磊，2016）。直到 2010 年第五次中央西藏工作座谈会召开，明确要求各援藏省份将上一年度地方财政一般预算收入的 1‰安排用于对口援藏工作。2010 年第六批援藏干部进藏调研之初，国家发改委对援藏项目建设又出台了“两个倾斜”新规定，即援藏资金要向基层倾斜、向农牧民群众倾斜，在投入比例上明确援藏资金的 80% 要投向基层和农牧民群众。在“十二五”期间，全国 17 个援藏省份累计投入援藏资金 141.6 亿元，援建 1610 个项目，涵盖农牧区基础设施、市政建设、社会事业和产业发展等领域①。因此，2010～2014年对口援藏政策的减贫效应有明显提升。

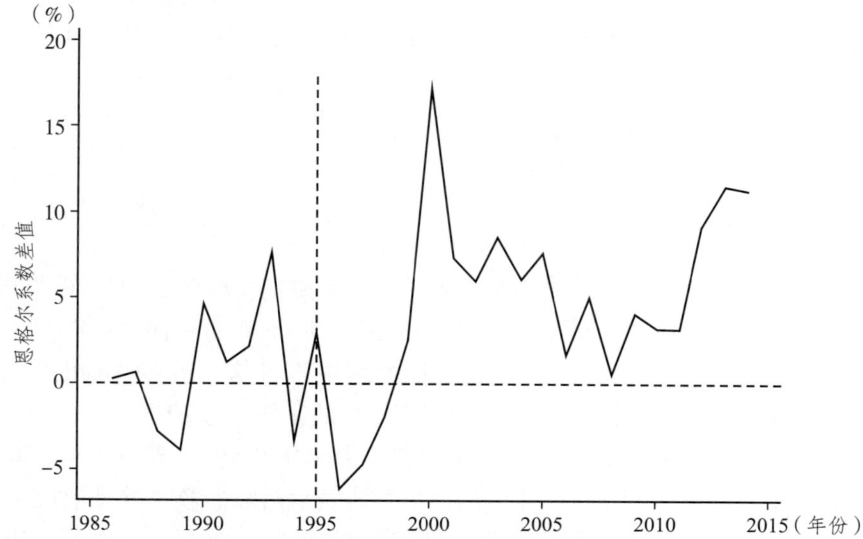

图3　真实西藏与合成西藏贫困状况的差值变化

（二）稳健性检验

为确保上述结果的可靠性和有效性，验证对口支援政策的实施是否确实促进了西藏的贫困减缓，而非其他因素的影响，本文又做了以下稳健性检验：

（1）安慰剂检验。首先利用Abadie et al.（2015）提出的基于经典的随机化推理方法——安慰剂检验法（Placebo Test）进行稳健性检验。具体做法是：假设没有实施对口支援政策的省份与西藏一样在同一时间实施了该政策，并逐一对每个地区进行合成控制分析，分别得到每个省份贫困减缓指标真实值与合成值的差，并将每个省份的该差值与西藏进行对比。如果西藏的差值明显高于其他各个地区，则通过安慰剂检验。通常，使用干预后RMSPE②与干预前RMSPE之间的比值来反映实证分析结果与安慰剂检验之间的差异。对于处理地区西藏而言，如果实施对口支援政策对西藏减贫产生显著影响，则合成西藏将无法很好地预测真实西藏在实施对口支援政策后的贫困状况，导致较大的“干预后RMSPE”；若对口支援政策实施之前，合成地区就无法很好地预测真实地区的结果变量（即较大的“干预前RMSPE”），也会导致产生较大的“干预后RMSPE”。因此，使用二者的比值，如果西藏

① 数据来源于《“十二五”时期对口支援西藏经济社会发展总体规划》。

② RMSPE（Root Mean Square Prediction Error）即均方预测误差的平方根，是反映地区与合成该地区虚拟估计量的平均差异程度的指标。在安慰剂检验中，每一个地区都存在一个RMSPE值，其定义是真实地区和合成虚拟该地区的被解释指标的差值平方和的均值。

RMSPE 的比值明显高于其他省份，而其他地区的安慰效应都很小，则表明实施对口支援政策确实能够产生显著的减贫效应。用 Pre－RMSPE、Post－RMSPE 分别代表某个省份与其合成省份在对口支援政策实施之前和之后的拟合差异度，用后者与前者的比值来表示安慰剂检验的结果。Pre－RMSPE、Post－RMSPE 的计算表达式为：

$$\text{Pre}-\text{RMSPE}=\left[\frac{1}{T_0}\sum_{t=1}^{T_0}\left(P_{1t}-\sum_{i=2}^{J+1}w_i^{*}P_{it}\right)^2\right]^{\frac{1}{2}} \tag{5}$$

$$\text{Post}-\text{RMSPE}=\left[\frac{1}{T-T_0}\sum_{t=T_0+1}^{T}\left(P_{1t}-\sum_{i=2}^{J+1}w_i^{*}P_{it}\right)^2\right]^{\frac{1}{2}} \tag{6}$$

需要注意的是，在对控制组某个省份进行安慰剂检验时，如果在“干预之前”其合成控制的拟合效果很差（Pre－RMSPE），则有可能出现在“干预之后”的处理效应也很大，则安慰剂检验结果不可信。借鉴 Abadie et al.（2010）的研究，依次剔除政策干预前 RMSPE 的比值超过20倍、5倍和2倍地区的做法，因此这里以剔除超过 1.5 倍西藏 RMSPE 值的省份为例，安慰剂检验的结果如图 4 所示。图 4 中的黑色实线表示西藏的政策处理效应（即西藏与合成西藏的恩格尔系数之差），即贫困状况的减缓程度，而灰色虚线表示其他 8 个控制省份的安慰剂效应（即这些省份与其相应合成省份的恩格尔系数之差）。可见，与其他省份的安慰剂效应相比，西藏的（负）处理效应显得比较大，在对口支援政策实施后，黑色实线基本上位于灰色虚线之下，因此安慰剂检验结果验证了对口支援政策对西藏确定存在显著的减贫效应。

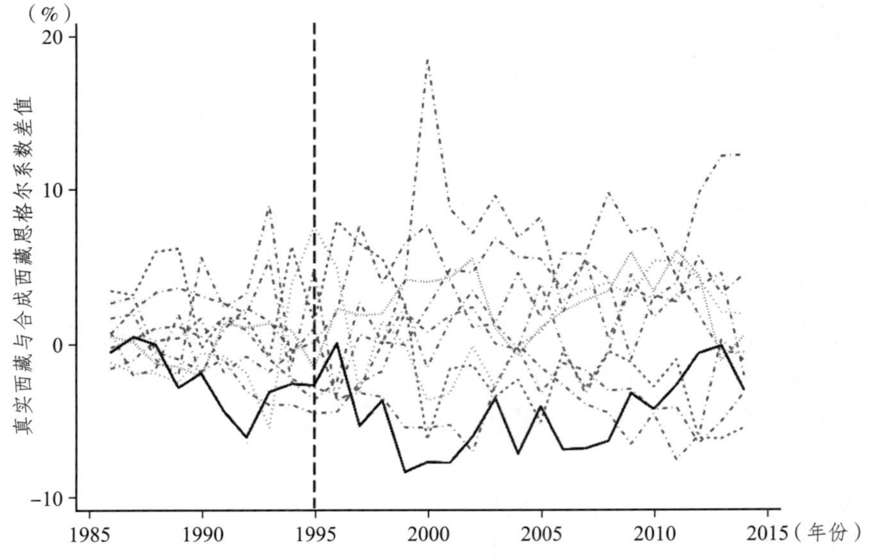

图 4　1.5 倍 RMSPE 下西藏与其他省份处理效应的差值

（2）双重差分检验。为进一步检验合成控制法评估的对口援藏政策减贫效应的稳健性，同时检验其他控制变量的影响效应。本文再通过双重差分法来评估对口援藏的减贫效应，以进行对比，构建的双重差分模型（DID）如下：

$$Poverty_{it} = \beta_0 + \beta_1 Aid_{it} \times Post_{it} + \gamma' X_{it} + \mu_i + \varepsilon_{it} \tag{7}$$

其中，i 和 t 分别表示个体省份和时间年份。Poverty 为贫困状况变量，用农村居民恩格尔系数（EC）衡量。Aid 为对口支援政策实施与否的虚拟变量，如果某省份在样本期 1986 ~ 2014 年内实施了对口支援政策，则 Aid = 1，即该省份为处理组，否则 Aid = 0，即该省份为控制组。Post 为时间虚拟变量，1995 年及其以后 Post = 1，其他年份 Post = 0。交叉项 Aid × Post 的系数 β_1 代表的是对口支援政策对西藏贫困状况所产生的净效应，即政策对被解释变量的平均处理效应，如果 β_1 显著大于 0，则表示政策效应显著，即可以认为对口支援政策有效促进了西藏贫困减缓。μ 为不随时间发生改变的个体（省份）固定效应，ε 为随机误差项。此外，参照以往研究，本文还控制了地区经济发展水平（lnPerGDP）、政府规模（Gov）、对外开放水平（OPU）、教育水平（EDU）、产业结构（STR）、城镇化水平（URB）等 6 个可能会影响贫困状况的其他变量（包含在了模型中的变量集合 X 中），各变量的衡量、计算方法和数据来源等在前文已做说明①。DID 模型的估计结果如表 4 所示。

表 4　　对口支援政策减贫效应的 DID 估计结果

变量	模型（1）	模型（2）	模型（3）	模型（4）
	Poverty	Poverty	Poverty	Poverty
Aid × Post	-0.1144*** (0.0339)	-0.0827*** (0.0427)		
Aid × Post 95			0.0118 (0.0170)	0.0158 (0.0149)
Aid × Post 00			-0.0805*** (0.0184)	-0.0718*** (0.0233)
Aid × Post 05			-0.0139 (0.0189)	-0.0135 (0.0195)
Aid × Post 10			-0.0355*** (0.0306)	-0.0335*** (0.0313)

① 为便于面板模型估计结果的比较，除地区经济发展水平（lnPerGDP）、教育水平（EDU）与原计算方法完全一致外，其他 4 个变量在计算时均没有再除以 100。

续表

变量	模型（1）	模型（2）	模型（3）	模型（4）
	Poverty	Poverty	Poverty	Poverty
Aid × Post 14			-0.1861*** (0.0088)	-0.1842*** (0.0093)
lnPerGDP		-0.0328** (0.0102)		-0.0284* (0.0148)
Gov		-0.1326*** (0.0207)		-0.0868** (0.0413)
OPU		-0.0467** (0.0806)		-0.0413*** (0.0813)
EDU		-0.0653*** (0.0069)		-0.0606*** (0.0079)
STR		0.1897*** (0.0673)		0.1880** (0.0661)
URB		-0.2558** (0.0032)		-0.2387** (0.0056)
_cons	0.5189*** (0.0072)	0.8332*** (0.0878)	0.5103*** (0.0061)	0.8727** (0.0889)
地区效应	是	是	是	是
观测值	330	330	330	330
R - squared	0.4271	0.7828	0.4851	0.7852

注：括号中数字为标准误，***、**、*分别表示在1%、5%、10%的置信度下显著。

表4中模型（1）、模型（2）列报告了对口支援政策对西藏贫困减缓的平均效应检验结果，两列结果表明，无论是否加入控制变量，交乘项Aid × Post的系数均在1%水平上显著为负值，这说明对口支援政策显著减少了西藏贫困，具有明显的减贫效应。为了进一步检验对口援藏政策的动态效应，本文参照徐明、刘金山（2018）的研究，引入Post95、Post00、Post05、Post10、Post14这5个变量，分别在1995年、2000年、2005年、2010年、2014年取值为1，其他年份取值为0，再分别将其与政策虚拟变量Aid做交乘，表4中模型（3）、模型（4）列结果显示，无论是否加入影响减贫的其他因素，1995年对口支援政策的减贫效应并不显著，但随着时间的推移，政策效应呈现出波动性：2000年政策的减贫效应显著，2005年政策的减贫效应不显著，再到2010年、2014年，政策的减贫效应都显著，而且从2010～2014年，政

策的减贫效应明显增强，以上结论进一步验证了合成控制法得到的结论是稳健的。此外，模型（2）、模型（4）列的检验结果表明，其他控制变量对西藏减贫的影响效应并不一致。具体来看，DID 模型估计的政府规模（Gov）和城镇化水平（URB）系数都显著为负值，且系数的绝对值都略高于对口支援政策减贫效应的估计系数，这表明西藏政府的财政支出规模和城镇化水平的提升有力地减少了西藏的贫困，其可能的原因在于：一是西藏的财政自给率极低，但西藏的财政支出规模巨大，并且主要来源于中央财政补贴（靳薇，2010）。改革开放以来，西藏在基本建设、农业生产、文教卫生等领域的政府支出规模不断加大，尤其是将财政资金向农牧区和农牧民倾斜，促进了广大贫困农牧民的增收脱贫。二是西藏的贫困人口绝大部分分布于广大农牧区，随着城镇化水平的提升，减少了西藏农牧区的贫困人口，同时也增加了西藏贫困农牧民的收入和就业机会，显著减少了西藏农村贫困，对贫困减缓的作用明显。地区经济发展水平（lnPerGDP）、对外开放水平（OPU）和教育水平（EDU）的估计系数都显著为负值，但系数的绝对值都较小，表明三者的提高也减少了西藏贫困，但作用效应还相对有限，这一结果的可能原因在于：一是与全国经济增长的减贫特征基本相似，西藏经济增长过程中的“包容性”和“益贫性”不强，收入分配差距过大问题较为突出，地区经济发展的自然减贫效应还较为有限；二是西藏的对外开放不但能够带来外部资本、技术、管理等要素的流入，还有助于贫困劳动力的外出务工，能够提升区域自我发展能力和增加贫困人口收入，但受限于西藏特殊的自然地理条件、语言和文化差异等因素的制约，对外开放水平的减贫作用还有待进一步提升；三是教育是提升人口素质和职业技能，形成人力资本的主要方式，通过提升贫困地区的教育水平能够增加贫困人口的就业机会和收入，从而实现脱贫。尽管近年来，西藏的教育支出明显加大，地区整体受教育水平有明显提升，但与全国平均水平相比，西藏农牧区广大贫困人口的仍然偏低，因而教育的减贫作用还未充分显现。在各控制变量中，只有以第一产业增加值占 GDP 比重衡量的产业结构（STR）估计系数显著为正，表明第一产业规模的低质量增长并不利于贫困农牧民的增收脱贫。

六、结论与对口支援政策优化取向

本文在分析对口支援政策减贫作用机制的基础上，以省际对口援藏政策为一次准自然实验，基于中国西部 10 个省份 1986 ~ 2014 年的省级平衡面板数据，采用合成控制法（SCM）对对口支援政策的减贫效应进行了评估，并进一步进行了安慰剂检验和双重差分（DID）检验，主要研究结论为：一是对口支援政策对受援地区产生了显著的减贫效应，但对口支援政策的减贫效应大小并不稳定，存在较为明显的时期波动性，表现为在政策实施初期的减贫效应十分明显，而随着政策的深入实施，其减贫效应在波动中下降，之后呈现出又不断上升的趋势，这一结论通过安慰剂检验和双重差分检验仍然成立；二是政府支出规模和城镇化水平的提升有力地减少了西藏的贫困，地区经济发展水平、对外开放水平和教育水平的提高也减少了西藏贫困，但作用效应都还相对有限；以第一产业增加值占GDP比重衡量的产业结构（STR）估计系数显著为正，表明第一产业规模的低质量增长并不利于农牧民增收脱贫。根据上述研究结论，本文认为在后脱贫时代为接续发挥对口支援政策提升低收入群体收入的作用，助力巩固脱贫成果和全面推进乡村振兴，需优化完善现行对口支援政策，主要优化取向如下：

第一，要坚持对口支援政策的长期性，各对口支援省份和受援地政府应加强沟通和务实合作，理顺对口支援中的利益关系，协同强化对受援地的调研，构建受援地人民的需求表达机制，要根据各受援地的资源禀赋、发展基础、产业结构和民生需求，合理确定对口援建项目，提高对口援建项目、资金、人才等资源使用的精准性和资源配置的效率，从而充分发挥对口支援政策对受援地经济增长的促进作用。

第二，推进受援地区经济包容性增长，加大财政支出力度，提升基本公共服务水平。对口支援政策主要通过促进经济增长和加大公共支出来实现减贫，因此，一是要加快受援地区包容性增长，通过对口支援和扩大对外开放，将外部的资本、技术、信息、知识、管理等要素向受援区域内集聚，受援地可以利用援建项目的投入、支援方先进的技术和人才干部等资源，带动本地区产业结构变迁和生产技术升级，提升受援地企业的生产率和技术水平，同时这也有助于加快受援地企业“走出去”的步伐，促进受援地企业扩大对外投资和对外贸易，融入全球价值链分工体系，在此过程中，要积极吸纳已脱贫人群参与其中，为脱贫人口就业增收创造更多机会，提升经济增长的益贫性；二是由于政府支出和教育对减贫具有显著的促进作用，中央和地方政府要持续加大对脱贫地区的财政支出，通过创新财政转移支付方式，将财政支出切实用于脱贫地区的公共教育、劳动就业创业、社会保险、医疗卫生、社会服务、住房保障、公共文化等基本公共服务领域，尤其要加大对教育的财政支出力度，提高低收入人群的受教育水平和职业技能。

第三，要建立精准对口支援的长效脱贫与防贫机制。对口支援政策的减贫效应大小取决于对贫困人群的识别状况、支援项目和资金的使用状况以及支援投入与贫困人口的真实需求之间的匹配状况。因此，在后脱贫时代可以借鉴精准扶贫战略的成功实践经验，建立精准对口支援的长效脱贫与防贫机制。具体来说：一是要对脱贫地区及人群进行科学分类，精准识别出不同地区、不同类型的脱贫人口，进而分类精准实施“产业支援”“教育支援”“就业支援”等脱贫与防贫政策，做到支援对象精准、援建项目安排精准、支援资金使用精准；二是要精准识别出存在新致贫和返贫风险的边缘人口，尤其是受新冠肺炎疫情冲击而可能新致贫或返贫的人群，针对这些人群采取长期稳定的“点对点”精准化对口支援政策，及时切断贫困边缘人口新致贫或返贫的源头，同时要建立防止返贫的检测预警和动态防控机制，定期核查、动态管理，促进脱贫地区可持续稳定脱贫；三是要以脱贫人口的真实需求为导向开展精准对口支援，优化对口支援资源投入结构，将有限的对口支援资源重点投向贫困人口迫切需求的收入增长、就业技能提升、基础设施建设、基本公共服务供给和人居生活环境改善等民生领域。

第四，合理推进脱贫地区新型城镇化和农业农村现代化建设。中国的连片贫困地区主要分布在山区、石漠化区和边疆少数民族地区，全部属于生态功能区或生态脆弱区，这些地区的自然条件较差、交通不够便利、耕地面积有限、水资源丰富程度差异大，不利于通过全面新型城镇化和农业现代化建设来实现稳定脱贫。基于此，一是要坚持系统思维，科学把握城乡融合发展的内在要求，做好已脱贫连片贫困地区的新型城镇化和农业现代化的顶层设计和规划；二是既要因地制宜，坚持以人为核心的新型城镇化，加快农业转移人口市民化，加大生态建设和环境保护力度，在脱贫地区合理有序、有选择性地推进新型城镇化，又要以脱贫地区全面实施乡村振兴战略为重要抓手，稳步提升农业科技水平，合理推进农业机械化、农业产业化、农业生态化和农业信息化，协同推进新型城镇化与乡村振兴，加快缩小城乡收入和基本公共服务等方面的差距，促进城乡融合发展；三是要坚持外部对口支援与内部推进新型城镇化、农业农村现代化及生态文明建设相结合，协同发力于增强脱贫地区的内生动力，实现由“输血式”支援转化为“造血式”支援，促进受援地区长效脱贫。

参考文献

[1] 陈志刚：《对口支援与散杂居民族地区小康建设——来自江西省少数民族地区对口支援的调研报告》，载《中南民族大学学报（人文社会科学版）》2005年第3期。

[2] 董珍、白仲林：《对口支援、区域经济增长与产业结构升级——以对口援藏为例》，载《西南民族大学学报（人文社会科学版）》2019年第3期。

[3] 靳薇：《西藏：援助与发展》，西藏人民出版社2010年版。

[4] 李彬、凌润泽：《民营企业参与对口支援的微观效应分析：企业税负的视角》，载《山东大学学报（哲学社会科学版）》2021年第2期。

[5] 李丹、李梦瑶：《财政转移支付的减贫效应研究——基于国定扶贫县的实证分析》，载《财经研究》2020年第10期。

[6] 刘金山、徐明：《对口支援政策有效吗？——来自19省市对口援疆自然实验的证据》，载《世界经济文汇》2017年第4期。

[7] 刘瑞明、赵仁杰：《西部大开发：增长驱动还是政策陷阱——基于PSM－DID方法的研究》，载《中国工业经济》2015年第6期。

[8] 单德朋、郑长德、王英：《贫困乡城转移、城市化模式选择对异质性减贫效应的影响》，载《中国人口·资源与环境》2015年第9期。

[9] 石绍宾、樊丽明：《对口支援：一种中国式横向转移支付》，载《财政研究》2020年第1期。

[10] 宋颜群、解垩：《政府转移支付的扶贫效率、减贫效应及减贫方案选择》，载《当代经济科学》2020年第2期。

[11] 孙馨月、陈艳珍：《论脱贫攻坚与乡村振兴的衔接逻辑》，载《经济问题》2020年第9期。

[12] 孙勇：《西藏：非典型二元结构下的发展改革》，中国藏学出版社1991年版。

[13] 王磊：《对口支援政策的减贫成效及优化对策——以对口援藏为例》，载《发展研究》2018年第6期。

[14] 王磊：《对口援藏有效性研究》，中国社会科学出版社2016年版。

[15] 肖建华、李雅丽：《财政转移支付对我国农村家庭的减贫效应》，载《中南财经政法大学学报》2021年第1期。

[16] 解垩：《公共转移支付对再分配及贫困的影响研究》，载《经济研究》2017年第9期。

[17] 徐明、刘金山：《省际对口支援如何影响受援地区经济绩效——兼论经济增长与城乡收入趋同的多重中介效应》，载《经济科学》2018年第4期。

[18] 曾勇：《中国东西扶贫协作绩效研究——以沪滇对口帮扶为例》，华东师范大学博士学位论文，2017年。

[19] 朱玲：《排除农牧民发展障碍——康藏农牧区发展政策实施状况调查》，载《中国社会科学》2013年第9期。

[20] Abadie，A. and Gardeazabal，J.，2003：The Economic Costs of Conflict：A Case Study of the Basque Country，*American Economic Review*，Vol. 93，No. 1.

[21] Abadie，A.，Diamond，A.，and Hainmueller，J.，2010：Synthetic Control Methods for Comparative Case Studies：Estimating the Effect of California's Tobacco Control Program，*Publications of the American Statistical Association*，Vol. 105，No. 490.

[22] Abadie，A.，Diamond，A.，and Hainmueller，J.，2015：Comparative Politics and the Synthetic Control Method，*American Journal of Political Science*，Vol. 59，No. 2.

[23] Dreyer，J. T.，2003：Economic Development in Tibet under the People's Republic of China，*Journal of Contemporary China*，Vol. 12，No. 36.

[24] Fisher，A. M.，2009：The Political Economy of Boomerang Aid in China's Tibet，*China Perspectives*，Vol. 3，No. 79.

Evaluation on Poverty Reduction Effect and Optimization Orientation of Partner Assistance Policy of Contiguous Poverty-stricken Areas in China

—Based on a Quasi-natural Experiment of Inter-provincial Partner Assistance in Tibet

Junxin Wang　Lei Wang

Abstract: Partner assistance which is an important policy regional policy innovation in China has played an important role in helping to poverty alleviation. Under the new background of consolidating and expanding the achievements of poverty alleviation and comprehensively promoting rural revitalization, it is necessary to evaluate the poverty reduction effect and propose optimization orientation of partner assistance policy in order to continue to give full play to its role. Based on the analysis of the poverty reduction mechanism of partner assistance policy, the paper takes cross-provincial partner assistance in Tibet as a quasi-natural experiment, based on balance panel data of 10 provinces of western China from 1986 to 2014, uses the synthetic control method (SCM) to identify poverty reduction effect of partner assistance policy. The study shows that partner assistance policy has a significant poverty reduction effect in Tibet, but the effect of partner assistance policy is fluctuating, which is manifested in that the poverty reduction effect is very obvious in the early stages of policy implementation, and it tends to decline in the subsequent period, and then continues to rise. This conclusion is still valid through the placebo test and the double-difference test. The difference-in-differences (DID) test shows that the increase in the scale of government fiscal expenditure and the level of urbanization has effectively reduced poverty in Tibet, and the improvement in the level of regional economic development, opening up and education has also significantly reduced poverty in Tibet, but the effect of the three factors is relatively limited. The low-quality growth of the primary industry is not conducive to increase income and get rid of poverty for the poor.

KeyWords: Partner Assistance　Poverty Reduction Effect　Optimization Orientation　Synthetic Control Method　Tibet

JEL Classification: H53　O21　Q01

附录

部分年份中国西部10省（份）相关指标的原始数据

省份	年份	恩格尔系数	人均 GDP	财政支出	进出口贸易总额	高校在校生数	第一产业增加值	城镇化率
西藏	1986	69. 70	842. 00	89749	1195	1850	79500	12. 70
	1990	74. 10	1276. 00	129242	3022	2025	141000	16. 40
	1995	73. 40	2358. 00	348749	7052	3878	234800	16. 70
	2000	79. 30	4558. 70	599693	13029	5475	363900	19. 30
	2014	52. 60	29252. 00	11855107	225494	34902	916400	25. 75
四川	1986	62. 60	614. 00	877408	45858	82726	1812000	13. 60
	1990	64. 80	1136. 00	1427136	84105	91866	3214100	13. 96
	1995	64. 70	3043. 00	2114979	282572	126280	6624600	16. 32
	2000	54. 60	4783. 77	4520041	254517	235470	9455800	26. 70
	2014	39. 75	35128. 00	67966109	7020297	1328329	35310500	46. 30
贵州	1986	70. 18	467. 00	304300	8605	25190	564600	12. 10
	1990	69. 91	810. 00	478700	21802	26970	1001000	12. 30
	1995	71. 12	1826. 00	853300	68144	34676	2270600	13. 50
	2000	62. 68	2661. 56	2015700	66002	75493	2712300	23. 87
	2014	41. 70	26437. 00	35428000	1077133	460401	12815200	40. 01
云南	1986	67. 28	528. 00	473100	26500	37700	713200	11. 73
	1990	63. 28	1224. 00	907600	54800	43500	1681300	12. 30
	1995	61. 45	3083. 00	2351000	189600	51400	3026900	13. 64
	2000	58. 96	4636. 65	4141100	181300	90400	4318000	23. 36
	2014	35. 60	27263. 63	44379800	2962200	577000	19911700	41. 73
广西	1986	61. 89	525. 00	422199	54528	33800	856200	12. 39
	1990	64. 41	1066. 00	650005	89797	37800	1767700	13. 32
	1995	61. 30	3304. 00	1405892	321111	60000	4531500	16. 40
	2000	55. 44	4318. 81	2584866	203789	117900	5573800	28. 15
	2014	36. 90	33089. 61	34797922	4055305	701900	24134400	46. 01

续表

省份	年份	恩格尔系数	人均 GDP	财政支出	进出口贸易总额	高校在校生数	第一产业增加值	城镇化率
陕西	1986	55.80	688.00	355931	23452	88958	580000	17.78
	1990	58.47	1241.00	539062	57728	95400	1055600	18.61
	1995	59.32	2965.00	1026917	173323	128300	2172700	20.55
	2000	43.50	4549.22	2717597	214009	241700	2582200	32.27
	2014	29.10	46929.00	39625042	864894	1099600	15649400	52.57
甘肃	1986	59.21	684.00	300125	13648	31300	380200	18.68
	1990	60.49	1099.00	459395	20221	33900	640600	22.01
	1995	70.94	2316.00	813908	30494	45480	1106500	23.05
	2000	48.45	3838.25	1882322	56159	81734	1941000	24.01
	2014	34.90	26432.92	25414935	856550	452300	9007600	41.68
青海	1986	61.58	916.00	122231	4320	6914	104700	33.42
	1990	59.52	1558.00	171334	7027	6214	176700	34.23
	1995	64.99	3513.00	288021	16226	7332	564400	33.90
	2000	57.89	5087.14	682614	15973	13307	595100	34.73
	2014	31.90	39671.00	13474303	171896	67533	2159300	49.81
宁夏	1986	57.20	823.00	120214	7465	7186	103612	21.46
	1990	56.51	1392.80	149600	8491	7992	168400	23.92
	1995	58.10	3448.00	229963	27810	10686	354100	26.92
	2000	48.78	4839.10	608380	44292	17163	460300	32.54
	2014	29.90	41834.00	10004526	543558	115562	2169200	53.61
内蒙古	1986	60.50	888.00	438955	23937	31203	546400	45.68
	1990	59.20	1478.00	609023	48430	32428	1125700	36.12
	1995	59.70	3772.00	1021780	112310	37248	2601800	38.22
	2000	47.70	5871.79	2610629	203596	70428	3508000	42.20
	2014	30.60	71046.37	38799789	1455400	406414	16278500	59.50

注：恩格尔系数、城镇化率均为百分数（%），其中恩格尔系数指农村居民恩格尔系数；人均GDP、财政支出、进出口贸易总额、高校在校生数、第一产业增加值的单位分别为元/人、万元、万美元、人、万元。

第 20 卷第 2 辑　　产业经济评论　　Vol. 20　No. 2
2021 年 6 月　　Review of Industrial Economics　　June 2021

最低工资、资源再配置效应与制造业企业出口国内增加值

祝树金　彭　彬*

摘　要：本文运用 2000 ~ 2013 年中国海关贸易数据、中国工业企业数据和中国县（区）数据，考察最低工资、资源再配置效应对企业出口国内增加值的影响及其作用机制。研究表明，最低工资的上调显著提升了我国制造业企业的出口国内增加值。同时最低工资的上调会引起企业间要素资源重组，由此形成的资源再配置效应会通过企业研发创新和中间品质量渠道促进企业出口国内增加值的提升。本文的研究既有助于对中国制造业价值链的深入理解，也为理性认识最低工资标准政策提供有益参考。

关键词：最低工资　企业出口国内增加值　资源再配置　制造业价值链

一、引　言

我国经济已由高速增长转向高质量发展的新阶段，正处在转变发展方式、优化经济结构、转换增长动力的攻关期。针对我国制造业亟须产业升级的迫切现实，党的十九大报告就深化供给侧结构性改革明确提出“促进我国产业迈向全球价值链中高端，培育若干世界级先进制造业集群”这一愿景目标。与高质量发展相伴随的是我国人口结构和消费结构的转变，因之我国劳动力、土地、资源、原材料等要素正面临成本上升和供应趋紧的双重压力。最低工资作为影响劳动要素的制度因素，它的调整会影响我国经济发展质量和制造业价值链地位的攀升。劳动要素的流动性与要素资源配置紧密关联，要素资源的流动与配置问题也一直是政府政策举措所关注的一项重要内容，2021 年《政府工作报告》就提出要“破除制约要素合理流动的堵点，完善要素市场化配置体制机制”“注重用改革和创新办法助企纾困”。从资源配置的视角，梳理最低工资与制造业价值链升级的内在脉络、联系不仅有利于我国制造业企业摆脱“价值链低端锁定”，也将对我国制造业价值链的攀升具

---

* 感谢审稿人的专业修改意见！
祝树金：湖南大学经济与贸易学院；地址：长沙市岳麓区石佳冲 109 号，邮编：410079；E-mail：shujin_zhu@126.com。
彭彬：湖南大学经济与贸易学院；地址：长沙市岳麓区石佳冲 109 号，邮编：410079；E-mail：pbin0227@126.com。

有理论和现实意义。

最低工资这一制度在我国最早可追溯到 1930 年，当时的国民政府同意执行国际劳工组织制定的第 26 号公约，该项公约的内容就涉及最低工资办法的确定，但其时中国积贫积弱，因此并不具备履行这一内容的环境条件。

改革开放后，中国的经济体制开始向市场经济体制转变，多种企业类型涌现和并存，中国拥有执行公约内容的市场环境，并于 1984 年正式确认公约内容。1993 年，原劳动和社会保障部颁布的《企业最低工资规定》对最低工资的概念、制定和调整等进行界定。1994 年《劳动法》关于最低工资政策的明确规定标志着我国以法律的形式确立了最低工资制度，此后中国正式引入和实施以地方政府主导为主的最低工资制度。2004 年 3 月，原劳动和社会保障部出台新最低工资规定并向全国范围推广。2004 年 11 月，我国西藏地区最低工资制度的正式实施则标志着中国大陆全面进入"最低工资制度"时代。

随着我国最低工资制度的不断成熟，学术界关于最低工资的研究也日益丰富。目前大多数文献聚焦于最低工资对中国劳动力市场的影响，涉及最低工资的就业效应（Fang and Lin，2015；Bell，1997）、收入分配效应（Flinn，2006；Stigler，1946）和利润研究（Gan et al.，2016；Lemos，2008）等。近年企业统计数据日益完善，企业层面的最低工资研究正成为国内学者的研究焦点，当前与最低工资相关的研究主要涉及外资（马双、赖漫桐，2020；王欢欢等，2019）和价格加成（徐建炜等，2017；许明、李逸飞，2020）等领域，也有学者从资源配置视角研究最低工资（蒋灵多、陆毅，2017；刘贯春等，2017）。关于出口国内增加值（DVAR）的研究分为两类，第一类主要从宏观产业和微观企业两个层面对中国出口国内增加值进行测算（Upward et al.，2013；Koopman et al.，2012；Kee and Tang，2016）；第二类聚焦于中国企业出口国内增加值的影响因素分析。国内学者把集聚和贸易自由化作为驱动企业出口国内增加值变动的重要因素。由于产业集聚的外部性的存在，邵朝对、苏丹妮（2019）发现产业集聚提升企业出口国内增加值率更多是以贸易方式的结构性转变为实现路径，即企业由低出口国内增加值率的加工贸易企业转变为高出口国内增加值率的一般贸易企业，且并不以企业进出口规模缩减和牺牲全球化为代价。企业空间集聚也有助于提升中国企业的出口国内增加值，闫志俊、于津平（2019）认为中间品替代效应和资源再配置效应是企业空间集聚效应发挥的重要渠道。也有学者研究中国企业出口国内增加值与要素市场的关联。高翔等（2018）认为中国企业出口国内增加值提升源于要素市场的扭曲，这会抬高国外和国内中间要素相对价格和抑制企业成本加成，由此形成的合力会提升企业出口国内增加值。但要素市场间关联性也会引发另一种可能，最低工资的上涨既会提升国内中间品价格又会抑制企业成本加成，这会显著地抑制企业出口国内增加值上升（崔晓敏等，2018；耿伟、杨晓亮，2019）。

以上研究注重影响企业出口国内增加值的外在因素分析，而企业出口国内增加值也受企业自身融资约束、技术创新水平和投入品进口决策等因素的制约（张盼盼、陈建国，2019；诸竹君等，2018）。尽管上述部分文献涉及最低工资对企业出口国内增加值的影响机制分析，但大都紧扣最低工资的成本加成效应。国内学者对制造业生产率、出口产品质量和出口国内增加值进行分解，发现行业资源再配置效应是促进企业生产率、出口产品质量和出口国内增加值提升的重要途径（苏丹妮等，2018；许家云等，2017）。但从企业的资源再配置视角，关于最低工资与企业出口国内增加值的影响机制研究目前尚付阙如，因此本文边际贡献主要体现在，使用县（区）级最低工资数据，从企业层面构建最低工资的资源再配置效应指标，梳理并验证最低工资的资源再配置效应影响企业出口国内增加值的研发创新渠道和中间投入品质量渠道，丰富了最低工资影响企业出口国内增加值的机制研究。

本文剩余部分安排如下：第二部分理论机制分析；第三部分计量模型设定、变量说明和典型事实；第四部分基准回归及稳健性检验；第五部分理论机制检验及传递渠道的效应分析；最后是结论与政策启示。

二、理论机制分析

最低工资最直接的作用是使得工资水平低于最低工资标准线的企业员工工资收入水平达到最低工资标准线，因此低工资企业会更容易受到最低工资政策冲击的影响。但众多文献研究表明，最低工资上涨引起的劳动成本上升的影响并不局限于低工资企业。换言之，即便是平均工资水平高于最低工资标准的企业，最低工资的调整也会对其生产经营活动造成冲击。文献主要从以下两点做出解释：其一是囿于数据的限制和企业劳动力技能结构差异，使得我们无法确切知晓企业的工资分布，只能观察企业的平均工资水平。即便是平均工资水平很高的企业，员工的技能结构差异仍会存在，且这种技能结构的差异随着企业平均工资水平的提高具有更高的离散性，例如即使在高新技术企业也仍旧可能存在一定比例的低技能岗位（如保洁、后勤服务等），而这部分人群显然会更易受到最低工资调整的直接影响。其二是最低工资政策的溢出效应的存在性，这一性质可由行业层面渗透至企业甚至产品层面，因此最低工资的上升会普遍提高各类企业的劳动力成本，即最低工资政策对企业的影响不失一般性。这一点由表 1 的回归结果就可看出。首先，就全样本而言，月平均最低工资标准每上调 10%（约 62.4 元），企业平均支付月工资上升 3.62%（约 47.8 元）；其次，将样本按行业、年份根据企业平均工资水平分位数的高低划分四档，分别进行分样本回归。列（2）~列（5）表明，对于各档工资水平企业，最低工资的政策调整都会不同程度地影响其平均工资水平。以平均工资水平位于最高1/4档的企业为例，若其月最低工资上调10%（约53.1元），相应的平均月工资支付将增加3.07个百分点（约82.6元）。

表1　企业平均工资与最低工资关系

变量	(1)	(2)	(3)	(4)	(5)
wage	全样本	<25百分位	25~50百分位	50~75百分位	>75百分位
mw	0.362*** (0.062)	0.303* (0.168)	0.069 (0.054)	0.162*** (0.051)	0.307*** (0.091)
年份效应	是	是	是	是	是
企业效应	是	是	是	是	是
样本数	50585	7082	7553	9030	9815
R^2	0.731	0.636	0.896	0.912	0.875

注：控制变量和同表5基准回归列（4）；括号内为标准误差，*、**、***分别表示在10%、5%、1%的显著性水平上显著；wage、mw均取对数。

社会资源的配置层次包含对资源的初始配置和再配置这两种类别，资源再配置的定义因研究范畴的不同而存在区别。部分学者侧重对资源范畴的区分，认为再次配置的资源内涵应与初次配置如资本、劳动、土地等最基本的生产要素有差异，再配置过程中的资源主要侧重组合生产要素。也有部分学者认为，区别于产业中企业的内部效应，资源再配置效应特指在市场配置前提下，政府在产业内企业之间以某种或多种方式对资源重新组合配置，通过增加全要素增长率高的企业的相对市场份额以提升整个产业的生产效率。本文对资源再配置的定义更倾向于后面这一表述。

由于资源再配置效应特指行业中企业间的资源再配置效应，这一效应又与政府的政策行为密切关联，而最低工资作为政府的政策工具之一，它的调整必然会影响企业间资源配置，由此形成的资源再配置效应会改变企业内部资源配置行为，对企业的出口国内增加值形成冲击。然而，市场信息瞬息万变，政府无法掌握经济运行的全部信息、也难以对市场经济中的诸多信息做出准确判断，因此其政策决策往往具有一定不确定性。

一方面，为适应物价指数、通货膨胀率等经济因素，劳动和社会保障部要求各地应定期对最低工资标准进行评估。2008年金融危机以后，《最低工资规定》也明确要求各地最低工资标准每两年至少调整一次。虽然以上政策规定降低了最低工资政策对企业的生产经营造成的不确定性，但地方政府对最低工资标准的调整幅度和公布时机等内容仍旧具有一定的决策权，因此最低工资调整形成的政策不确定性对企业内部资源配置的影响就不能够完全消除。所谓的经济政策不确定性是指由于经济类政策在未来指向、政策强度等方面不明确引致的经济社会和企业经营的不确定性。虽然政府政策制定的初衷是引导经济的有序发展、维护经济整体运行的稳定性，但在经济政策实施之前，企业难以对未来政策的内容做出准确预测，经济政策在执行时也会存在执行程度和效果的不一致，这都将使得企业的决策受到经济政策不确定性的影响。

众多企业决策之中，经济政策的不确定性对企业投资的影响最为学者们所关注。基于实物期权理论，Bloom et al.（2007）认为在投资不可逆的情况下，企业进行当期投资相当于执行看涨期权，执行这一期权的价格就是企业当期的投资成本。根据实物期权的分析框架，选择从事当前投资就意味着企业主张对等待未来更好投资机会这一权利的放弃，因此这种等待权利获得的价值也就是企业当前投资的机会成本。作为理性的决策者，只有当投资收益超过当前投资成本与等待价值（期权价值）之和时，才会从事当前投资活动。期权定价理论认为，期权价值与投资项目未来现金流的不确定正相关，而经济政策不确定性的上升则会以增加投资项目未来现金流不确定性的方式提高企业继续等待的价值，从而抑制企业当前的投资行为。经济政策不确定性影响投资的传导机制不同也就意味着政策导向存在差异。Arellano et al.（2012）则从金融摩擦渠道对经济政策不确定性的传导机制进行分析，由于金融市场的不完美，经济政策的不确定性会以增加企业的代理成本、加剧信息不对称的方式抑制企业的投资活动。

尽管以往的研究表明，经济政策的不确定性会对企业的投资决策产生负向影响，但它对企业创新的影响可能与其他投资有所不同。与企业的其他投资活动相比，企业研发（R&D）涉及更多时间成本和人力资本投资，成果回收具有更高的不确定性。但诚如 Knight 和 Schumpeter 所言，不确定性是企业利润的核心来源，创新作为企业维持市场势力和获取超额利润的重要手段，当企业面临的市场竞争和不确定性上升时，企业一般会倾向于加速创新以巩固市场势力（Aghion et al.，2005）。Oi-Hartman-Abel 效应认为，企业的投资决策者会因市场变化而迅速调整投资规模，因此企业的研发投资决策呈现“风险追逐”特征。当经济政策的不确定性上升时，研发投资决策者会更关注潜在的投资机会和利润，追加当期研发投资。投资的增长期权理论也更加强调经济政策不确定性的“激励”原则，该理论认为企业损失的上限只是由投资动机引发的研发支出和初期投资，与新增研发投资的收益相比，这一损失微乎其微，因此基于成本效益分析，当经济政策的不确定上升时，企业的研发投资支出会不降反增，因此经济政策产生的不确定性也就具有敦促企业强化研发创新谋求自我发展的效应。因为不确定性的存在意味着未来收益增加的可能性，这会激励企业增加 R&D 投入以加快创新来提升其长期收益，此即为经济政策产生的不确定性对企业研发投入的“激励效应”。

另一方面，最低工资会改变工资分布，使得工资的整体分布在最低工资处截断，改变不同技能水平劳动力及其他生产要素的相对价格，这一相对价格的变动会改变企业进出口的贸易条件，使得企业调整国外和国内生产要素的配置选择（Draca et al.，2011；Gan et al.，2016）。与劳动要素相比，中间投入品的跨国流动更频繁，中间品还内嵌了出口国家的技术水平，它是技术扩散和转移的重要载体，已经在全球贸易中占据了重要地位（Keller，2004；Johnson and Noguera，2016）。进口中间投入品的多元化尤其源自OECD国家的进口中间投入品对中国企业出口存在质的改善，因此最低工资的资源再配置效应还会通过中间投入品的进口对企业的出口国内增加值产生影响。综上所述，最低工资的资源再配置效应引起企业内部资源配置的调整将体现在由此政策不确定性造成的研发创新的强化和因为成本效应而形成的中间投入品的替代选择这两方面。据此提出本文的三个核心研究假说：

假说H1：以资源再配置效应为中介，最低工资会通过改善企业资源配置提升企业出口国内增加值。

假说H2：企业研发创新是最低工资的资源再配置效应提升企业出口国内增加值的作用渠道。

假说H3：优质进口中间投入品是最低工资的资源再配置效应提升企业出口国内增加值的影响途径。

三、计量模型设定、变量说明和典型事实

（一）计量模型设定

本文数据主要来自2000～2013年中国海关数据库和中国工业企业数据库，2001～2014年中国城市及县域统计年鉴。关于县（区）最低工资标准的获取，主要通过查阅统计公报和浏览各级政府网站发布的政策文件的方式搜寻查找。对于存在最低工资标准数据缺失的县（区），参考许和连、王海成（2016）的做法，使用该县（区）所属地级市辖下与之发展相似的县（区）最低工资标准数据填充。关于各个数据库的合并，依照Cai and Liu（2009）的做法清洗原始数据，借鉴Brandt et al.（2012）和杨汝岱（2015）的方法逐年合并工业企业数据以构建企业面板数据，进一步参考田巍、余淼杰（2013）和樊海潮等（2015）的做法，以企业名称、企业联系人、邮政编码和电话号码后七位数字作为参数指标进行跨库合并，并根据Kee and Tang（2016）的方法识别出存在过度进口的企业并予以剔除，再将其与最低工资数据和反映县（区）特征的数据按照年份—县（区）进行匹配。

为检验最低工资对企业出口国内增加值的影响，借鉴许和连、王海成（2016），设定如下计量模型：

$$dvar_{ijdt} = \theta_0 + \theta_1 mw_{ijdt} + X_{ijdt}\eta + Z_{dt}\gamma + \theta_2 S_{jt} + \kappa_i + \delta_t + \varepsilon_{ijdt} \tag{1}$$

其中，被解释变量 $dvar_{ijdt}$ 代表企业出口国内增加值，核心解释变量 mw_{ijdt} 是以自然对数形式表示企业所在县（区）最低工资标准，X_{ijdt}、Z_{dt} 和 S_{jt} 分别为企业、县（区）和行业层面控制变量，主要为描述企业个体特征、县（区）经济发展状况以及行业特征的相关变量，κ_i 和 δ_t 分别为企业效应和年份效应，ε_{ijdt} 为随机扰动项。

（二）变量说明

（1）最低工资标准变量。虽然《最低工资规定》确定最低工资具有月最低工资和小时最低工资标准两种形式，但受制于我国的工资月支付习惯选择月最低工资标准数据作为分析基础。考虑到最低工资标准在县（区）层面的差异和调整的无规律，因此采用加权平均的方式来计算各县（区）当年的月最低工资标准。

（2）企业出口国内增加值。借鉴毛其淋、许家云（2019）和 Kee and Tang（2016）的做法，根据 Ahn et al.（2011）和 Liu and Qiu（2016）的思路解决一般贸易企业 BEC 的产品分类和贸易代理商问题，进一步区分贸易形式，对微观企业层面的出口国内增加值进行了测算，测算公式如下：

$$dvar_{it}^{\Gamma} = 1 - \frac{M_{it}^{AO}\mid_{BEC} + M_{it}^{F}}{Y_{it}}，其中\ \Gamma = O \tag{2}$$

$$dvar_{it}^{\Gamma} = 1 - \frac{M_{it}^{AG} + M_{it}^{F}}{Y_{it}}，其中\ \Gamma = G \tag{3}$$

$$dvar_{it}^{\Gamma} = \omega_O\left(1 - \frac{M_{it}^{AO}\mid_{BEC} + M_{it}^{F}}{Y_{it}}\right) + \omega_G\left(1 - \frac{M_{it}^{AG} + M_{it}^{F}}{Y_{it}}\right)，其中\ \Gamma = H \tag{4}$$

其中，O 代表纯一般贸易，G 表示纯加工贸易，H 则指混合贸易，介于二者间；ω_O 指从事混合贸易企业的一般贸易方式出口占比，ω_G 指从事混合贸易企业的加工贸易方式出口的占比，Y_{it} 代表企业产出，M_{it}^{AO} 指企业所用国内原材料包含的外国成分，$M_{it}^{AO}\mid_{BEC}$ 表示一般贸易企业的实际中间品进口额，M_{it}^{F} 指加工贸易企业的实际中间品进口额。

（3）其他控制变量如行业竞争度①、企业生产率②等指标的定义及计算

---

① 赫芬达尔指数（HHI）作为测量指标，计算公式：$HHI = \sum_{i=1}^{N}\left(\frac{X_{ki}}{X_k}\right)^2$，其中 N 指国民经济行业按 CIC2 位码分类 K 行业企业的数量，X_{ki} 表示 K 行业第 i 个企业的销售收入，X_k 表示 K 行业总销售收入。

② 借鉴 Head and Ries（2003）的方法对企业全要素生产率近似估计，估计方程为 $tfp = \ln(y/l) - s\ln(k/l)$，其中，k 为固定资产规模，l 为年均从业人员数，y 为工业增加值，s 为生产函数中资本的贡献度。参考许和连和王海成（2016）的处理方式，将资本贡献度设定为 1/3，使用企业的工业总产值对企业工业增加值进行近似替代。

方法如表2所示。

表2　　相关控制变量定义及其测度方法

变量名		含义	计算方法
企业层面	tfp	企业生产率	Head and Ries (2003) 测算方法
	roa	企业盈利能力	企业净利润/总资产
	lev	融资约束	企业总负债/总资产
	size	企业规模	企业年平均就业人数取对数
	capint	劳动要素密集度	固定资产/企业平均就业人数
	age	企业存续年限	当年年份与企业成立年份之差
	private	民营企业	0-1变量
	foreign	外资企业	0-1变量
	process	加工贸易	0-1变量
	ordinary	一般贸易	0-1变量
行业或县（区）层面	HHI	行业竞争程度	赫芬达尔指数
	FDI	金融深化	地方金融机构贷款余额/地方GDP
	UD	城市化率	地方非农业人口/地方总人口
	GC	政府干预	地方政府财政支出/地方GDP
	FD	资本开放	地方外商直接投资/地区GDP

（三）典型事实

图1描绘了2000~2013年最低工资与企业出口国内增加值的关系，可以看出，伴随着最低工资的上调，我国制造业企业的出口国内增加值也趋于提升。进一步地，与Chang and Wong（2009）类似，表3和表4分别给出了不同类型企业的最低工资和出口国内增加值，并分别检验了最低组别与最高组别的最低工资和企业出口国内增加值差异性。结果表明，不同组别之间企业出口国内增加值和最低工资确实存在显著差异。因此，从直觉上而言，最低工资的调整可能会对不同特征企业出口国内增加值的提升存在差异性。当然这仅是简单的事实推断，后面将进一步实证考察最低工资对企业出口国内增加值的影响。

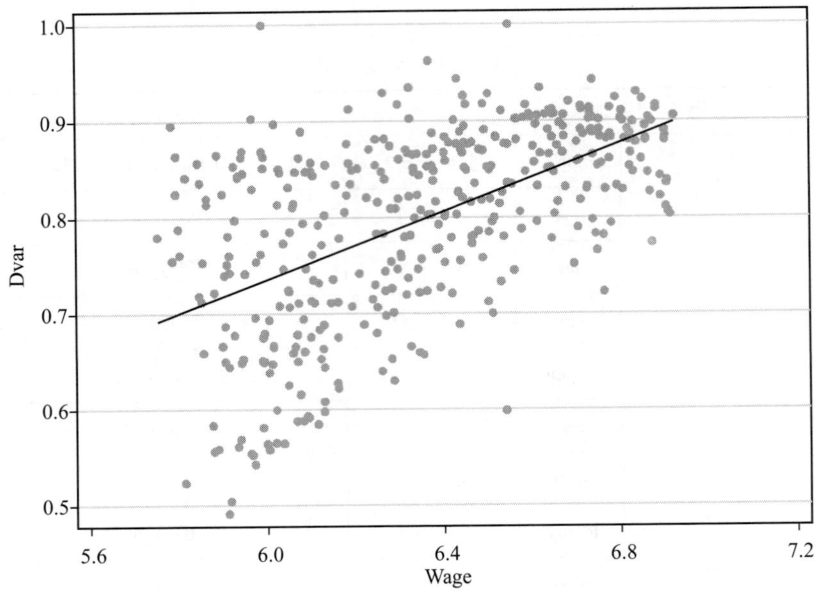

图 1 最低工资与出口国内增加值的相关性拟合

表 3 最低工资与企业出口国内增加值统计量 t 检验

项目			(1)	(2)	(3)	Diff (3－1)	t 值
lev	dvar	中位数	0.879	0.916	0.929		
		平均值	0.773	0.807	0.810	0.037	23.068
	mw	中位数	6.454	6.460	6.460		
		平均值	6.433	6.437	6.439	0.007	3.236
capint	dvar	中位数	0.885	0.921	0.914		
		平均值	0.766	0.804	0.813	0.047	30.303
	mw	中位数	6.390	6.428	6.517		
		平均值	6.409	6.407	6.479	0.070	34.789
roa	dvar	中位数	0.877	0.916	0.926		
		平均值	0.766	0.801	0.821	0.055	34.986
	mw	中位数	6.460	6.460	6.446		
		平均值	6.446	6.439	6.424	－0.022	－10.955

表4　变量的描述性统计

变量	观测值	均值	标准差	最小值	最大值
dvar	145764	0.780	0.250	0.060	1
mw	145764	6.400	0.330	5.660	7.100
reloca	120785	0.170	0.440	0	2.270
capint	120785	3.880	1.360	0.810	7.210
size	120785	5.590	1.140	3	8.540
lev	120785	0.420	0.200	0.020	0.960
roa	120785	0.060	0.120	-0.290	0.540
tfp	120785	3	1.230	0.190	6.130
age	120785	2.120	0.620	0	5.040
private	120785	0.140	0.340	0	1
foreign	120785	0.840	0.360	0	1
process	120785	0.260	0.440	0	1
ordinary	120785	0.360	0.480	0	1
HHI	120785	0.020	0.020	0	0.110
FDI	111676	0.050	0.040	0	0.170
UD	111676	0.550	0.300	0.180	0.950
GC	111676	0.110	0.040	0.040	0.210
FD	111676	1.100	0.530	0.190	2.210

四、基准回归及稳健性检验

（一）基准回归

表5中给出了基准模型的回归结果。列（1）表明，在只对企业效应和年份效应进行控制的条件下，最低工资每上调10%，企业出口国内增加值会上升1.4%，这意味着最低工资的上调会显著提升企业出口国内增加值。列（2）纳入了企业特征变量进行回归，发现最低工资变量的回归系数依然显著为正，但其数值有较大程度下降，这在一定程度上反映出最低工资对企业出口国内增加值的影响因企业特征不同而存在差异性。进一步地，为控制行业特征的影响，将行业集中度变量纳入模型，回归结果见列（3），发现最低工资与企业出口国内增加值仍在1%水平下显著。最后，列（4）中加入县（区）层面的特征变量，在其他条件不变的情况下，最低工资每向上调整10%，企业出口国内增加值将上升0.6%。

表5 最低工资影响企业出口国内增加值基准回归结果

变量	(1)	(2)	(3)	(4)
mw	0.1481*** (0.0020)	0.0582*** (0.0020)	0.0574*** (0.0020)	0.0672*** (0.0023)
capint		-0.0134*** (0.0005)	-0.0132*** (0.0005)	-0.0136*** (0.0005)
age		0.0114*** (0.0010)	0.0115*** (0.0010)	0.0142*** (0.0010)
size		0.0084*** (0.0005)	0.0084*** (0.0005)	0.0069*** (0.0006)
lev		0.0093*** (0.0031)	0.0097*** (0.0031)	0.0044 (0.0033)
roa		0.0126*** (0.0042)	0.0125*** (0.0042)	0.0024 (0.0045)
private		0.0196*** (0.0037)	0.0187*** (0.0037)	0.0100*** (0.0038)
foreign		-0.0365*** (0.0036)	-0.0373*** (0.0037)	-0.0348*** (0.0037)
process		-0.2775*** (0.0020)	-0.2775*** (0.0020)	-0.2662*** (0.0022)
ordinary		0.1129*** (0.0013)	0.1132*** (0.0013)	0.1134*** (0.0014)
tfp		0.0028*** (0.0005)	0.0029*** (0.0005)	0.0022*** (0.0005)
HHI			-0.0846*** (0.0211)	-0.0579*** (0.0222)
FDI				-0.3074*** (0.0200)
UD				-0.0386*** (0.0029)
GC				-0.0345** (0.0136)
FD				-0.0028** (0.0014)
年份效应	是	是	是	是
企业效应	是	是	是	是
样本数	145764	120785	120785	111676
R^2	0.0361	0.3978	0.3979	0.4017

注：括号内为相应系数的标准误；***、**和*分别表示1%、5%和10%的显著性水平。

另外，其他控制变量的回归结果基本符合预期。在行业层面上，行业集中度（HHI）越低，竞争越为激烈，企业迫于竞争压力会不断改善企业经营管理以提升企业出口国内增加值；从县（区）层面控制变量来看，外资开放度（FDI）对企出口国内增加值的影响显著为负，这或许与我国外资利用是以加工贸易为主有一定联系。政府干预（GC）、金融深化和（FD）和城镇化（UD）等对企业出口国内增加值的影响显著为负，说明政府干预、金融深化和城镇化等因素可能并未达到为企业营造良好营商环境以提升其经营绩效的目的。一方面，虽然我国金融体系改革的步伐从未放缓，但是信贷配给的结构性冲突仍然存在，中小企业融资难、融资贵等难题依旧是需要解决的问题；另一方面，在农村剩余劳动力向城镇转移的过程中，城镇化所产生的人口红利以及由此衍生出更广的市场需求和利润空间仍有待企业去探索和挖掘，实现企业经营与市场有效需求之间的高效衔接。

（二）稳健性检验

（1）改变样本数据。参考马双、赖漫桐（2020）的做法，本文对可能的异常值分别做了1%水平的双边缩尾和截尾处理，表6中列（1）~列（2）汇报了相应稳健性检验的回归结果。虽然最低工资的系数有所变化，但都在1%的水平下显著为正，说明最低工资的上调能够提升企业出口国内增加值这一结论具有稳健性。

表6　　　　最低工资影响企业出口国内增加值的稳健性检验

变量	改变样本数据		内生性问题处理			
	(1)	(2)	(3)	(4)	(5)	(6)
mw	0.0693*** (0.0024)	0.0706*** (0.0027)	0.0740*** (0.0031)	0.0667*** (0.0032)	0.0693*** (0.0032)	0.0698*** (0.0024)
控制变量	是	是	是	是	是	是
年份效应	是	是	是	是	是	是
企业效应	是	是	是	是	是	是
样本数	111676	110560	111676	109421	109421	109421
R^2	0.4024	0.3890	0.4016	0.3995	0.3995	0.3995

注：括号内为相应系数的标准误；***、**和*分别表示1%、5%和10%的显著性水平。

（2）内生性问题讨论。政府明确规定，除了劳动的平均工资水平外，各地最低工资标准调整应结合当地的经济状况、物价指数和就业情形等因素。最低工资政策涉及政府、企业、劳动者等多方主体的诉求，因此企业在最低工资制定这一过程中发挥的作用很难令人忽视，如企业团体对政府的游说等，因此基准回归会因为最低工资和企业出口国内增加值之间潜在的双向因果而存在内生性问题。为处理这一可能的内生性问题，本文分别采用Ⅳ估计和GMM估计对模型进行回归。

同一地级市辖下各县（区）往往具有较为相似的地理特征、要素禀赋和历史文化传统等，因此各政府的最低工资标准往往具有较高的相关性。另外，因为县际竞争关系的存在，同一地级市辖下各县（区）政府在制定最低工资时更关注本地企业的出口行为，对其他各县（区）企业出口行为的关注较少，因此某县最低工资标准对不属于其管辖范围内企业的出口国内增加值的直接影响也就较小。这在一定程度上满足工具变量的相关性和外生性假定，因此本文使用同一地级市除该地区外其他地区当期最低工资的平均值作为该县（区）当期最低工资的工具变量。表6中列（3）汇报了2SLS第2阶段的结果，同样发现最低工资的上调将会引起企业出口国内增加值的提升。

另外，采用该县（区）最低工资的滞后一期作为该地当期最低工资的工具变量，表5中列（4）汇报了2SLS第2阶段的结果；同时使用同一地级市除该地区外其他地区当期最低工资的平均值和最低工资的滞后一期两个工具变量的组合作为当期最低工资的工具变量，分别进行了Ⅳ估计和GMM估计，具体见表6中列（5）~列（6）。表6后两列的结果表明，最低工资的系数与前两列并无显著差异且均在1%的水平上显著。综上所述，考虑内生性问题后，上调最低工资对企业出口国内增加值的提升效应仍具有稳健性。

五、机制检验及其传递渠道的异质性分析

（一）最低工资影响企业出口国内增加值的中介机制检验：资源再配置效应

基于前述理论机制分析，本文首先针对以资源再配置效应为中介的机制检验。结合前面关于资源再配置效应的定义，在此我们采用企业要素生产率和市场份额变动对资源再配置效应进行衡量。借鉴 Griliches and Regev（1995）、毛其淋、许家云（2019）的做法，建立以下分解式：

$$\Delta tfp_{jt} = \sum_{i\in D}\overline{s_{ij}}\Delta tfp_{ijt} + \sum_{i\in D}\Delta s_{ijt}(\overline{tfp_{ij}} - \overline{tfp_j}) + \sum_{i\in EN}s_{ijt}(tfp_{ijt} - \overline{tfp_j}) - \sum_{i\in EX}s_{ijt}(tfp_{ijt-1} - \overline{tfp_j}) \quad (5)$$

其中，D、EN和EX依次表示持续在位企业、新进入企业和退出企业。tfp_{ijt}表示所属j行业i企业t时刻的全要素生产率，s_{ijt}表示所属j行业i企业t时刻的市场份额，变量的上划线表示相应变量的相邻两期平均值：

$$\overline{s_{ij}} = \frac{s_{ijt-1} + s_{ijt}}{2};\quad \overline{tfp_{ij}} = \frac{tfp_{ijt-1} + tfp_{ijt}}{2};\quad \overline{tfp_j} = \frac{tfp_{jt-1} + tfp_{jt}}{2}$$

按照 Griliches and Regev（1995）定义，等式右边第 1 项用于衡量“企业内效应”，即持续在位企业在保持市场份额不变情况下，由于自身 tfp 变动所导致的行业总体 tfp 变动；第 2 项用于衡量“企业间效应”，即持续在位企业在保持 tfp 水平不变情况下，由于企业自身的市场份额变化引致的行业总体 tfp 变动；第 3 项用于衡量“进入效应”，即由于新企业进入市场引起行业总体 tfp 变动；第 4 项用于衡量“退出效应”，是指由于企业退出市场引起行业总体 tfp 变动。“企业间效应”“进入效应”“退出效应”三项构成广义的资源再配置效应，记为 $reloca_{it}$，据此可建立如下表达式：

$$reloca_{ijt}^{\Gamma} = \Delta s_{ijt}(\overline{tfp_{ij}} - \overline{tfp_j}),\ 其中\ \Gamma = D \tag{6}$$

$$reloca_{ijt}^{\Gamma} = s_{ijt}(tfp_{ijt} - \overline{tfp_j}),\ 其中\ \Gamma = EN \tag{7}$$

$$reloca_{ijt}^{\Gamma} = -s_{ijt}(tfp_{ijt-1} - \overline{tfp_j}),\ 其中\ \Gamma = EX \tag{8}$$

关于资源配置效果的判别依据，国内外学者（Hsieh and Klenow，2009；聂辉华、贾瑞雪，2011）普遍认为，行业内不同企业间生产率的差距越小说明资源配置效果就越合理，理想假设条件是行业内企业的生产率趋于一致，行业内资源配置的优化程度最高，此时不会出现企业资源错配的情形。结合这一识别依据，因此变量 reloca 数值越大，说明企业资源再配置的优化效应越差。

建立以企业资源再配置效应为中介变量的中介效应模型，具体表述如下：

$$dvar_{ijdt} = \alpha_0 + \alpha_1 mw_{ijdt} + X_{ijdt}\eta + Z_{dt}\gamma + \alpha_2 S_{jt} + \kappa_i + \delta_t + \varepsilon_{ijdt} \tag{9}$$

$$reloca_{ijdt} = \beta_0 + \beta_1 mw_{ijdt} + X_{ijdt}\eta + Z_{dt}\gamma + \beta_2 S_{jt} + \kappa_i + \delta_t + \varepsilon_{ijdt} \tag{10}$$

$$\begin{aligned} dvar_{ijdt} = {} & \varphi_0 + \varphi_1 mw_{ijdt} + \varphi_2 reloca_{ijdt} + X_{ijdt}\eta + Z_{dt}\gamma \\ & + \varphi_3 S_{jt} + \kappa_i + \delta_t + \varepsilon_{ijdt} \end{aligned} \tag{11}$$

表 7 中列（1）~列（3）分别汇报了模型的估计结果。列（2）中最低工资（mw）的系数显著为负，并且在列（3）中资源配置效应变量（reloca）的回归系数则显著为负，说明最低工资对于企业资源配置具有优化效应，而资源再配置的优化则促进了企业出口国内增加值的提升，也就是说资源配置效应是最低工资水平提高影响企业出口国内增加值的中介渠道。

结合资源再配置效应中介模型分析，引入最低工资与资源再配置效应的交互项以衡量因最低工资调整而形成的资源再配置效应。模型设定如下：

$$\begin{aligned} dvar_{ijdt} = {} & \vartheta_0 + \vartheta_1 mw_{ijdt} + \vartheta_2 mw_{ijdt} \times reloca_{ijdt} + X_{ijdt}\eta \\ & + Z_{dt}\gamma + \vartheta_4 S_{jt} + \kappa_i + \delta_t + \varepsilon_{ijdt} \end{aligned} \tag{12}$$

表 7 中列（4）汇报了模型的估计结果。列（4）中最低工资（mw）的系数显著为正，最低工资与资源配置效应的交互项（$mw_{ijdt} \times reloca_{ijdt}$）的系数显著为负，随着资源优化程度的提高（$reloca_{ijdt}$下降），最低工资对企业出口 DVAR 的提升效果更佳，由中介模型分析已知，最低工资的提升能够改善企业资源再配置效率，因此最低工资调整形成的资源再配置效应对企业出口

DVAR 的增加具有促进作用。

表 7　　最低工资影响企业出口国内增加值中介效应检验

变量	(1)	(2)	(3)	(4)
mw	0.0672 *** (0.0023)	-0.1841 *** (0.0068)	0.0651 *** (0.0023)	0.0615 *** (0.0025)
reloca			-0.0110 *** (0.0013)	
mw_reloca				-0.0055 *** (0.0009)
控制变量	是	是	是	是
年份效应	是	是	是	是
企业效应	是	是	是	是
样本数	111676	111676	111676	111676
R^2	0.4017	0.0859	0.4021	0.3985

注：括号内为相应系数的标准误；***、** 和 * 分别表示 1%、5% 和 10% 的显著性水平。

（二）最低工资的资源再配置效应作用渠道检验

在计量模型式（12）的基础上，本文进一步引入相关交互项，以考察最低工资资源再配置效应影响企业出口国内增加值的作用渠道。首先，识别最低工资资源再配置效应提升企业出口国内增加值的研发创新渠道。具体模型设置如下：

$$\begin{aligned} dvar_{ijdt} = \vartheta_0 + \vartheta_1 mw_{ijdt} + \vartheta_2 mw_{ijdt} \times reloca_{ijdt} + \vartheta_3 mw_{ijdt} \times reloca_{ijdt} \\ \times innov_{ijdt} + X_{ijdt}\eta + Z_{dt}\gamma + \vartheta_4 S_{jt} + \kappa_i + \delta_t + \varepsilon_{ijdt} \end{aligned} \tag{13}$$

其中，$innov_{ijdt}$ 表示 i 企业在 t 年的研发创新，这里借鉴张杰、郑文平（2017）和毛其淋、许家云（2019）的做法，采用企业总销售收入中新产品销售收入的占比来衡量。表 8 列（1）汇报了上述模型的估计结果，对企业出口增加值求取关于最低工资偏导：

$$\frac{\partial dvar}{\partial mw} = \vartheta_1 + \vartheta_2 reloca + \vartheta_3 reloca \times innov = \vartheta_1 + \vartheta_2 reloca\left(1 + \frac{\vartheta_3}{\vartheta_2} innov\right)$$

$$= 0.0651 - 0.0025 reloca\left(1 - \frac{0.0012}{0.0025} innov\right)$$

mw_{ijdt} 前的系数显著为正，$mw_{ijdt} \times reloca_{ijdt}$ 和 $mw_{ijdt} \times reloca_{ijdt} \times innov_{ijdt}$ 前系数分别显著为负和正，由上述表达式可知，在最低工资制度性调整的影响下，企业研发创新是最低工资资源再配置效应提升企业出口国内增加值的作用渠道之一。

其次，识别最低工资资源再配置效应提升企业出口国内增加值的中间品质量渠道。具体模型设置如下：

$$dvar_{ijdt} = \vartheta_0 + \vartheta_1 mw_{ijdt} + \vartheta_2 mw_{ijdt} \times reloca_{ijdt} + \vartheta_3 mw_{ijdt} \times reloca_{ijdt} \times imqua_{ijdt} + X_{ijdt}\eta + Z_{dt}\gamma + \vartheta_4 S_{jt} + \kappa_i + \delta_t + \varepsilon_{ijdt} \quad (14)$$

其中，$imqua_{ijdt}$表示 i 企业在 t 年的中间投入品质量，囿于企业国内中间投入品数据局限，借鉴 Bloom et al.（2018）使用企业进口中间投入品质量来代理中间投入品质量。估计结果如表 8 列（2）所示，中间投入品质量也是最低工资资源再配置效应提升企业出口国内增加值的重要渠道。

表 8　　最低工资的资源再配置效应传递渠道检验

变量	(1)	(2)
mw	0.0651*** (0.0023)	0.0615*** (0.0025)
mw_reloca	-0.0025*** (0.0003)	-0.0055*** (0.0009)
mw_reloca_innov	0.0012*** (0.0004)	
mw_reloca_imqua		0.0150*** (0.0017)
控制变量	是	是
年份效应	是	是
企业效应	是	是
样本数	110884	96704
R^2	0.4012	0.3985

注：括号内为相应系数的标准误；***、** 和 * 分别表示 1%、5% 和 10% 的显著性水平。

（三）最低工资的资源再配置效应作用渠道的异质性分析

最低工资资源再配置效应促进企业出口国内增加值提升分别通过企业研发创新和中间投入品质量渠道发挥作用，进一步基于企业盈利能力、融资约束、要素密集度和贸易类型这四个方面，分别探索以上两种作用渠道的异质性①。

① 关于样本组别的选取，根据 2002 年的国民经济行业 2 位码对样本进行行业分类，借鉴 Cleary（1999）的做法，以融资约束为例，按融资约束指标大小对各个行业内企业融资约束程度进行排序，以第 34 百分位和第 67 百分位进行分组，将融资约束小于第 34 百分位的样本划分为融资约束趋缓组，融资约束大于第 67 百分位的样本划分为融资约束趋紧组，其他指标如盈利能力和要素密集度的组别划分与此类似。

1. 研发创新渠道的异质性分析

基于盈利能力的异质性分析。最低工资的资源再配置效应所作用的研发创新渠道会否因企业盈利能力的不同而存在传递效应差异？表 9 中列（1）~列（2）报告了这一结果，最低工资的资源再配置效应的研发创新渠道确实会因为企业盈利能力的强弱之分而存在差异，较之于盈利能力强的企业，最低工资的资源再配置效应通过研发创新渠道对盈利能力弱的企业出口国内增加值的提升作用更为显著。事实上，企业的盈利能力与企业生产率之间存在正相关关系，盈利水平低的企业员工通常具有相对较低的劳动生产率，工资水平又是企业员工劳动生产率的直观反映，因此最低工资的调整会对盈利水平低的企业具有更加直接的影响。这说明当最低工资向上调整对企业形成要素成本冲击时，盈利能力差的企业对这一冲击更加敏感性，通常更有可能通过生产要素替代实现企业资源再配置，追加资本投入，强化企业研发创新，提升企业出口国内增加值。

表 9　最低工资的资源再配置效应影响出口国内增加值的研发创新效应分析

变量	盈利能力		融资约束	
	弱（1）	强（2）	缓（3）	紧（4）
mw	0.0719*** (0.0044)	0.0594*** (0.0038)	0.0737*** (0.0042)	0.0643*** (0.0041)
mw_reloca	−0.0027*** (0.0005)	−0.0016*** (0.0006)	−0.0030*** (0.0006)	−0.0020*** (0.0005)
mw_reloca_innov	0.0015*** (0.0006)	0.0001 (0.0008)	0.0016** (0.0007)	0.0013** (0.0006)
控制变量	是	是	是	是
年份效应	是	是	是	是
企业效应	是	是	是	是
样本数	37845	37779	38142	37129
R^2	0.3880	0.3969	0.3986	0.4019

注：括号内为相应系数的标准误；***、** 和 * 分别表示 1%、5% 和 10% 的显著性水平。

基于融资约束的异质性分析。企业面临的融资约束差异可能会导致最低工资的资源再配置效应所作用的研发创新渠道的传递效应存在高低之分。表 9 列（3）~列（4）汇报结果表明，伴随企业融资约束的趋紧，最低工资的资源再配置效应所作用的研发创新渠道的传递效应对企业出口国内增加值的提升作用在减弱，这说明当最低工资向上调整时，融资约束放缓的企业更有能力通过举债融资方式调整企业资源再配置，增强企业创新研发投入，促进企业出口国内增加值的提升。

基于要素密集度的异质性分析。最低工资的资源再配置效应所作用的研发创新渠道的传递效应可能因企业劳动要素投入密集度的不同而有所差别。表10列（1）~列（2）报告了这一结果，与资本密集型企业相比，最低工资的资源再配置效应所作用的研发创新渠道对劳动密集型企业出口国内增加值的提升作用更高。具体地，相比于机电和高新技术等对高级生产要素高度依赖行业，纺织和服装等劳动密集型行业对最低工资的调整会更加敏感。当最低工资上调对企业劳动要素成本产生冲击时，劳动密集型企业因此遭受的冲击会更直接，也就更有意愿调整企业资源再配置，有计划地将企业资源向企业研发创新倾斜，提升企业出口国内增加值。

表10　最低工资的资源再配置效应影响出口国内增加值的研发创新效应分析

变量	要素密集度		贸易类型		
	劳动密集型（1）	资本密集型（2）	一般贸易（3）	加工贸易（4）	混合贸易（5）
mw	0.0556*** (0.0044)	0.0724*** (0.0039)	0.1350*** (0.0086)	0.0159*** (0.0027)	0.0626*** (0.0039)
mw_reloca	-0.0041*** (0.0006)	-0.0015*** (0.0005)	-0.0073*** (0.0007)	-0.0025*** (0.0004)	-0.0034*** (0.0005)
mw_reloca_innov	0.0019*** (0.0007)	0.0015** (0.0007)	0.0047*** (0.0009)	0.0018** (0.0008)	0.0031*** (0.0004)
控制变量	是	是	是	是	是
年份效应	是	是	是	是	是
企业效应	是	是	是	是	是
样本数	37446	37908	28266	40233	42385
R^2	0.4200	0.3377	0.0286	0.0880	0.0922

注：括号内为相应系数的标准误；***、**和*分别表示1%、5%和10%的显著性水平。

基于贸易类型的异质性分析。企业贸易方式可能会导致最低工资的资源再配置效应所作用的研发创新渠道的传递效应存在差异。表10中列（3）~列（5）汇报说明，最低工资的资源再配置效应所作用的研发创新渠道对一般贸易企业出口国内增加值的提升作用最强，混合贸易次之，加工贸易最弱。这说明伴随企业加工贸易成分的增加，最低工资的资源再配置效应所作用的研发创新渠道对企业出口国内增加值的提升作用在减弱。当前全球价值链体系以发达国家为主导，中国企业以加工贸易方式参与全球价值链分工可能会引发价值链低端锁定，对国内企业的研发创新形成抑制作用，不利于企业向增加值更丰富的分工形式转变。因此针对最低工资的向上调整，较之于加工贸易企业，一般贸易企业会更积极地调整企业资源再配置，加强企业研发创新，提升企业出口国内增加值。

2. 中间品质量渠道的异质性分析

基于盈利能力的异质性分析。最低工资的资源再配置效应所作用的中间品质量渠道是否会因企业盈利水平的高低而存在传递效应差异？表 11 中列（1）~列（2）汇报了以上结果，与最低工资的资源再配置效应所作用的研发创新渠道不同，最低工资的资源再配置效应所作用的中间品质量渠道对盈利能力强的企业出口国内增加值的提升作用更大。这与直觉相一致，企业盈利水平的高低是企业竞争能力的反映，有竞争力的企业通常会与发达国家有更多的贸易往来。中间投入品的质量与其所进口的国别密切相关，通常来源于发达国家的中间投入品所蕴含的技术、创新等知识更先进，较之于本土企业自主研发模式，市场竞争力强的企业因此更有能力实行中间投入品外包或进口等，发挥“进口学习”效应和创新集聚效应，凝聚企业资源至生产经营的突出优势环节，强化企业的核心竞争力，提升企业出口国内增加值。

基于融资约束的异质性分析。企业面临的融资约束程度可能会导致最低工资的资源再配置效应所作用的中间品质量渠道的传递效应存在群体性差异。表 11 中列（3）~列（4）报告结果表明，伴随企业融资约束趋紧，最低工资的资源再配置效应所作用的中间品质量渠道对企业出口国内增加值的提升作用在减弱，这说明当最低工资向上调整时，融资约束放缓的企业更有可能借助举债融资，调整企业资源再配置，使用高质量的中间投入品对劳动要素进行替代和增强企业研发创新等方式，巩固企业核心竞争能力，促进企业出口国内增加值的提升。

表 11　最低工资的资源再配置效应影响出口国内增加值的中间品质量效应分析

变量	盈利能力		融资约束	
	弱（1）	强（2）	缓（3）	紧（4）
mw	0.0677 *** (0.0047)	0.0560 *** (0.0041)	0.0685 *** (0.0045)	0.0594 *** (0.0046)
mw_reloca	−0.0148 *** (0.0026)	−0.0198 *** (0.0031)	−0.0187 *** (0.0028)	−0.0123 *** (0.0030)
mw_reloca_imqua	0.0210 *** (0.0044)	0.0299 *** (0.0050)	0.0270 *** (0.0045)	0.0174 *** (0.0051)
控制变量	是	是	是	是
年份效应	是	是	是	是
企业效应	是	是	是	是
样本数	33165	33043	33843	31657
R^2	0.3922	0.3887	0.3982	0.3995

注：括号内为相应系数的标准误；*** 、** 和 * 分别表示 1%、5% 和 10% 的显著性水平。

基于要素密集度的异质性分析。最低工资的资源再配置效应所作用的中间品质量渠道的传递效应可能会因企业劳动要素投入密集度的不同而有所差别。表12中列（1）~列（2）汇报了上述结果，与资本密集型企业相比，最低工资的资源再配置效应所作用的中间品质量渠道对劳动密集型企业出口国内增加值的提升作用更高。这说明当最低工资上调对企业劳动要素成本形成冲击时，更直接受到影响的劳动密集型企业会更有意愿调整企业资源配置计划，使用高质量中间投入品对部分劳动要素进行替代，为市场供给优质产品，提升企业出口国内增加值。

表12　最低工资的资源再配置效应影响出口国内增加值的中间品质量效应分析

变量	要素密集度		贸易类型		
	劳动密集型	资本密集型	一般贸易	加工贸易	混合贸易
mw	0.0467*** (0.0048)	0.0714*** (0.0041)	0.1254*** (0.0092)	0.0123*** (0.0031)	0.0610*** (0.0041)
mw_reloca	-0.0237*** (0.0030)	-0.0150*** (0.0026)	-0.0290*** (0.0037)	-0.0036 (0.0025)	-0.0132*** (0.0029)
mw_reloca_imqua	0.0341*** (0.0050)	0.0229*** (0.0042)	0.0399*** (0.0062)	0.0062 (0.0042)	0.0178*** (0.0049)
控制变量	是	是	是	是	是
年份效应	是	是	是	是	是
企业效应	是	是	是	是	是
样本数	32096	33817	24650	32736	39325
R^2	0.4228	0.3314	0.0301	0.0909	0.0856

注：括号内为相应系数的标准误；***、**和*分别表示1%、5%和10%的显著性水平。

基于贸易类型的异质性分析。贸易方式可能会影响最低工资的资源再配置效应所作用的中间品质量渠道对企业出口国内增加值提升的传递效应大小。表12中列（3）~列（5）汇报结果显示，最低工资的资源再配置效应所作用的中间品质量渠道对一般贸易企业出口国内增加值的提升效应最强，混合贸易次之，加工贸易最弱。一般贸易企业的中间投入品既有可能来自进口也可能来自国内产业内贸易，加工贸易企业的中间投入品却完全依赖于进口，混合贸易则介于二者之间，因此对进口中间品依赖程度的不同可能是造成这一结果的重要解释。

六、结论与政策启示

考察最低工资及其资源再配置效应对企业出口国内增加值的影响，既有利于深化对最低工资经济效应的认识，又有利于更有效地制定和实施劳动力市场监管政策。本文运用 2000 ~ 2013 年中国海关贸易数据、中国工业企业数据和 2855 个县（区）数据展开实证检验，研究发现，最低工资的上调能够显著提升我国制造业企业出口国内增加值，这一结论在克服内生性问题之后依然具有稳健性。具体地，最低工资上涨会引起企业间资源配置的调整，由此形成的资源再配置效应能够通过企业研发创新和中间投入品质量渠道促进企业出口国内增加值的提升。最低工资政策效果评估一直是学术界争论的焦点，它的调整在短期内可能会造成失业率的上升和企业的撤离，但从长期来看最低工资存在显著的倒逼效应，有助于我国制造业企业摆脱潜在的“价值链低端锁定”威胁，促进其在全球价值链分工中价值链地位的攀升。因此，政府在采取最低工资对劳动力市场进行干预时，应在对最低工资的经济效应进行综合预期的基础上，因地制宜、循序渐进地制定和实施最低工资标准。

参考文献

[1] 崔晓敏、余淼杰、袁东：最低工资和出口的国内附加值：来自中国企业的证据，载《世界经济》2018 年第 41 期。

[2] 樊海潮、李瑶、郭光远：信贷约束对生产率与出口价格关系的影响，载《世界经济》2015 年第 38 期。

[3] 高翔、刘啟仁、黄建忠：要素市场扭曲与中国企业出口国内附加值率：事实与机制，载《世界经济》2015 年第 38 期。

[4] 耿伟、杨晓亮：最低工资与企业出口国内附加值率，载《南开经济研究》2019 年第 4 期。

[5] 蒋灵多、陆毅：最低工资标准能否抑制新僵尸企业的形成，载《中国工业经济》2017 年第 11 期。

[6] 刘贯春、陈登科、丰超：最低工资标准的资源错配效应及其作用机制分析，载《中国工业经济》2017 年第 7 期。

[7] 马双、赖漫桐：劳动力成本外生上涨与 FDI 进入：基于最低工资视角，载《中国工业经济》2020 年第 6 期。

[8] 毛其淋、许家云：贸易自由化与中国企业出口的国内附加值，载《世界经济》2019 年第 42 期。

[9] 聂辉华、贾瑞雪：中国制造业企业生产率与资源误置，载《世界经济》2011 年第 34 期。

[10] 邵朝对、苏丹妮：产业集聚与企业出口国内附加值——GVC 升级的本地化路径，载《管理世界》2019 年第 35 期。

[11] 苏丹妮、盛斌、邵朝对：产业集聚与企业出口产品质量升级，载《中国工业经济》2018 年第 11 期。

[12] 田巍、余淼杰：企业出口强度与进口中间品贸易自由化：来自中国企业的实证研

究，载《管理世界》2013 年第 1 期。

[13] 王欢欢、樊海潮、唐立鑫：最低工资、法律制度变化和企业对外直接投资，载《管理世界》2019 年第 35 期。

[14] 徐建炜、邹静娴、毛捷：提高最低工资会拉升产品价格吗?，载《管理世界》2017 年第 12 期。

[15] 许和连、王海成：最低工资标准对企业出口产品质量的影响研究，载《世界经济》2016 年第 39 期。

[16] 许家云、毛其淋、胡鞍钢：中间品进口与企业出口产品质量升级——基于中国证据的研究，载《世界经济》2017 年第 40 期。

[17] 许明、李逸飞：最低工资政策、成本不完全传递与多产品加成率调整，载《经济研究》2020 年第 55 期。

[18] 闫志俊、于津平：出口企业的空间集聚如何影响出口国内附加值，载《世界经济》2019 年第 42 期。

[19] 杨汝岱：中国制造业企业全要素生产率研究，载《经济研究》2015 年第 50 期。

[20] 张杰、郑文平：全球价值链下中国本土企业的创新效应，载《经济研究》2017 年第 52 期。

[21] 张盼盼、陈建国：融资约束如何影响了中国制造业的出口国内增加值：效应和机制，载《国际贸易问题》2019 年第 12 期。

[22] 诸竹君、黄先海、余骁：进口中间品质量、自主创新与企业出口国内增加值，载《中国工业经济》2018 年第 8 期。

[23] Aghion, P., Bloom, N., and Griffith, R., 2005: Competition and Innovation: An Inverted Relationship, *Quarterly Journal of Economics*, Vol. 120, No. 2.

[24] Ahn, J., Khandelwal, A. K., and Wei, S. J., 2011: The role of intermediaries in facilitating tradet, *Journal of International Economics*, Vol. 84.

[25] Arellano, C., Bai, Y., and Kehoe, P., 2012: Financial Markets and Fluctuations in Uncertainty, *Federal Reserve Bank of Minneapolis Staff Report.*

[26] Bell, L. A., 1997: The Impact of Minimum Wages in Mexico and Colombia, *Journal of Labor Economics*, Vol. 15, No. 1.

[27] Bloom, N., Bond, S., and Van Reenen, J., 2007: Uncertainty and Investment Dynamics, *Review of Economic Studies*, Vol 74, No. 1.

[28] Brandt, L., Biesebroeck, J. V., and Zhang, Y., 2012: Creative accounting or creative destruction? Firm-level productivity growth in Chinese manufacturing, *Journal of Development Economics*, Vol. 97, No. 2.

[29] Cai, H. and Liu, Q., 2009: Competition and Corporate Tax Avoidance: Evidence from Chinese Industrial Firms, *The Economic Journal*, Vol. 119, No. 537.

[30] Chang, E. C. and Wong, S. M., 2009: Governance with multiple objectives: Evidence from top executive turnover in China, *Journal of Corporate Finance*, Vol. 15, No. 2.

[31] Cleary, S., 1999: The Relationship between Firm Investment and Financial Status, The Journal of Finance, Vol. 54, No. 2.

[32] Draca, M., Machin, S., and Van Reenen, J., 2011: Minimum Wages and Firm Profitability, *American Economic Journal*, Vol. 3, No. 1.

[33] Fang, T. and Lin, C., 2015: Minimum Wages and Employment in China, *IZA Discussion Papers.*

[34] Flinn, C. J., 2006: Minimum Wage Effects on Labor Market Outcomes under Search, Matching, and Endogenous Contact Rates, *Econometrica*, Vol. 74, No. 4.

[35] Gan, L., Hernandez, M. A., and Ma, S., 2016: The higher costs of doing business in China, pp. Minimum wages and firms' export behavior, *Journal of International Economics*, Vol. 100.

[36] Griliches, Z. and Regev, H., 1995: Firm productivity in Israeli industry 1979 - 1988. *Journal of Econometrics*, Vol. 65, No. 1.

[37] Head, K. and Ries, J., 2003: Heterogeneity and the FDI versus export decision of Japanese manufacturers, *Journal of the Japanese and International Economies*, Vol. 17, No. 4.

[38] Hsieh, C. T. and Klenow, P. J., 2009: Misallocation and Manufacturing TFP in China and India, *The Quarterly Journal of Economics*, Vol. 124, No. 4.

[39] Johnson, R. C. and Noguera, G., 2016: A Portrait of Trade in Value Added over Four Decades, *Review of Economics and Statistics.*

[40] Kee, H. L. and Tang, H., 2016: Domestic Value Added in Exports, pp. Theory and Firm Evidence from China, *American Economic Review*, Vol. 106, No. 6.

[41] Keller, W., 2004: International Technology Diffusio, *Journal of Economic Literature*, Vol. 42, No. 3.

[42] Koopman, R. W., Wang, Z., and Wei, S. J., 2012: Estimating Domestic Content in Exports When Processing Trade is Pervasive, *Journal of Development Economics*, Vol. 99, No. 1.

[43] Lemos, S., 2008: A Survey Of The Effects Of The Minimum Wage On Prices. *Journal of Economic Surveys.*

[44] Liu, Q. and Qiu, L. D., 2016: Intermediate input imports and innovations—Evidence from Chinese firms' patent filings, *Journal of International Economics*, Vol. 99.

[45] Stigler, G. J., 1946: The Economics of Minimum Wage Legislation, *The American Economic Review*, Vol. 36, No. 3.

[46] Upward, R., Wang, Z., and Zheng, J., 2013: Weighing China's Export Basket, The Domestic Content and Technology Intensity of Chinese Exports, *Journal of Comparative Economics*, Vol. 41, No. 2.

Minimum Wage, Resource Reallocation and Manufacturing Enterprises' Domestic Value Added Ratio in Exports

Shujin Zhu　Bin Peng

Abstract: The minimum wage is not only a policy that intervenes the distribution of income, but also an institutional factor that affects the labor cost. Using the trade data of "China Customs Trade Statistics", firms' characteristic information of "Chinese Industrial Enterprise Database", and China counties's minimum wage and feature information, this paper investigates the impact of minimum wage on enterprises' export of domestic added value ratio (DVAR) and its mechanism. Research shows that the increase of minimum wage will lead to the reoganization of factor resources among enterprises, and the effect of resource reallocation thus formed will promote the increase of enterprises' export of domestic added value through the innovative effect of R&D activities and the channel of the quality of import intermediate. The research not only contributes to a deeper understanding of the global value chain (GVC) of China's manufacturing enterprises, but also provides a useful reference for the policy of minimum wage.

KeyWords: Minimum Wage　Reallocation of Resource　the Export of DVAR　GVC

JEL Classification: L02　L60

附录

部分关键性数据

dvar	mw	lev	roa	capint	tfp	HHI	FDI	UD	GC	FD
0. 40	6. 11	0. 44	−0. 06	3. 33	2. 24	0. 02	0. 10	0. 62	0. 12	2. 20
0. 99	5. 39	0. 47	0. 11	3. 17	2. 44	0. 01	0. 01	0. 09	0. 03	0. 43
0. 84	5. 77	0. 55	−0. 03	6. 50	1. 91	0. 04	0. 13	0. 58	0. 11	1. 34
0. 95	5. 75	0. 23	0. 22	1. 15	2. 77	0. 03	0. 01	0. 21	0. 04	0. 50
0. 74	5. 77	0. 49	−0. 03	2. 78	1. 55	0. 02	0. 00	0. 16	0. 04	0. 44
0. 67	5. 99	0. 16	0. 55	1. 62	4. 90	0. 05	0. 20	0. 69	0. 10	1. 18
0. 61	5. 87	0. 42	0. 12	6. 17	3. 51	0. 03	0. 07	0. 57	0. 08	2. 76
0. 24	5. 89	0. 37	−0. 03	3. 42	−0. 45	0. 02	0. 01	0. 17	0. 03	0. 40
0. 16	5. 99	0. 22	−0. 01	3. 43	1. 03	0. 12	0. 10	0. 62	0. 12	2. 20
0. 99	6. 11	0. 26	0. 01	2. 84	1. 84	0. 05	0. 10	0. 62	0. 12	2. 20
0. 95	5. 67	0. 61	0. 03	3. 15	1. 97	0. 01	0. 00	0. 18	0. 05	0. 56
0. 73	6. 11	0. 11	−0. 03	4. 50	0. 37	0. 02	0. 10	0. 62	0. 12	2. 20
0. 54	5. 56	0. 64	0. 01	3. 33	3. 41	0. 04	0. 01	0. 20	0. 05	0. 47
0. 97	6. 05	0. 63	0. 03	1. 17	3. 01	0. 03	0. 06	0. 75	0. 12	2. 08
0. 73	5. 86	0. 65	0. 11	1. 08	2. 53	0. 03	0. 21	0. 84	0. 14	3. 70
0. 40	6. 04	0. 06	−0. 01	4. 09	0. 87	0. 02	0. 10	0. 80	0. 15	1. 64
0. 59	6. 05	0. 46	0. 02	3. 40	0. 82	0. 02	0. 06	0. 75	0. 12	2. 08
0. 77	6. 04	0. 53	0. 01	1. 52	2. 80	0. 03	0. 10	0. 80	0. 15	1. 64
0. 93	5. 77	0. 26	0. 02	4. 12	3. 57	0. 02	0. 10	0. 24	0. 06	1. 07
0. 30	5. 99	0. 10	0. 00	3. 20	0. 93	0. 02	0. 18	0. 26	0. 08	2. 21
0. 31	6. 04	0. 35	0. 01	4. 25	1. 58	0. 03	0. 10	0. 80	0. 15	1. 64
0. 69	6. 30	0. 05	−0. 03	1. 05	0. 97	0. 02	0. 10	0. 80	0. 15	1. 64
0. 98	6. 05	0. 55	0. 01	5. 12	3. 57	0. 03	0. 06	0. 75	0. 12	2. 08
0. 95	5. 99	0. 40	−0. 09	2. 70	1. 76	0. 02	0. 03	0. 10	0. 08	1. 49
0. 59	5. 67	0. 25	0. 04	3. 72	1. 96	0. 02	0. 01	0. 17	0. 04	0. 34
0. 78	5. 99	0. 70	−0. 27	1. 97	3. 17	0. 03	0. 20	0. 69	0. 10	1. 18

续表

dvar	mw	lev	roa	capint	tfp	HHI	FDI	UD	GC	FD
0.74	5.52	0.67	0.00	2.20	1.16	0.02	0.00	0.14	0.03	0.29
0.66	6.05	0.48	0.03	4.22	3.62	0.02	0.06	0.75	0.12	2.08
0.89	5.77	0.23	-0.10	4.54	3.48	0.03	0.05	0.63	0.07	2.18
0.32	5.99	0.53	-0.02	1.66	-1.20	0.04	0.03	0.20	0.07	0.70
0.87	5.89	0.32	0.00	2.22	2.47	0.02	0.16	0.35	0.05	0.60
0.96	5.91	0.55	0.00	4.04	2.35	0.01	0.00	0.12	0.05	0.61
0.08	5.70	0.44	0.05	2.48	1.86	0.03	0.00	0.39	0.08	1.04
0.41	5.99	0.39	0.00	4.63	3.02	0.02	0.10	0.62	0.12	2.20
0.14	6.04	0.35	0.03	3.75	1.74	0.02	0.10	0.80	0.15	1.64
0.18	5.48	0.61	0.00	5.10	1.42	0.06	0.01	0.26	0.20	4.23
0.73	5.99	0.47	0.03	2.35	2.12	0.02	0.10	0.62	0.12	2.20
0.97	5.40	0.17	0.02	3.11	1.87	0.06	0.00	0.48	0.11	0.67
0.88	6.05	0.57	0.18	3.08	3.82	0.02	0.06	0.75	0.12	2.08
0.79	5.89	0.35	0.00	4.29	3.37	0.02	0.11	0.38	0.05	1.34
0.98	5.91	0.61	-0.07	2.01	2.02	0.01	0.01	0.13	0.04	0.56
0.05	5.96	0.48	-0.11	3.29	2.30	0.02	0.03	0.37	0.07	1.95
0.37	5.96	0.42	0.15	5.32	2.83	0.03	0.03	0.37	0.07	1.95
0.31	6.11	0.54	0.01	3.84	2.57	0.02	0.10	0.62	0.12	2.20
0.20	5.77	0.32	0.52	0.96	2.45	0.02	0.01	0.13	0.04	0.30
0.18	5.99	0.09	0.32	1.98	2.89	0.02	0.18	0.26	0.08	2.21
0.66	5.42	0.16	0.02	0.89	4.82	0.02	0.00	0.13	0.08	0.60
0.96	5.99	0.52	0.15	5.32	4.10	0.03	0.10	0.62	0.12	2.20
0.87	6.11	0.52	0.01	1.14	2.42	0.02	0.10	0.62	0.12	2.20
0.54	5.74	0.48	0.00	7.68	4.47	0.02	0.10	0.50	0.09	1.36
0.83	5.99	0.36	0.00	3.64	2.20	0.02	0.18	0.26	0.08	2.21
0.40	5.99	0.37	0.02	3.00	2.02	0.02	0.10	0.62	0.12	2.20
0.31	5.99	0.32	-0.03	1.93	1.85	0.02	0.18	0.26	0.08	2.21
0.13	5.99	0.53	-0.08	1.50	2.24	0.01	0.18	0.26	0.08	2.21
0.11	5.89	0.38	0.00	5.46	4.09	0.02	0.16	0.35	0.05	0.60
0.63	6.05	0.36	0.12	4.90	3.56	0.02	0.06	0.75	0.12	2.08
0.95	5.60	0.45	0.11	4.09	3.14	0.02	0.00	0.14	0.06	0.41
0.96	5.56	0.54	-0.06	5.70	3.36	0.04	0.02	0.42	0.07	2.44

续表

dvar	mw	lev	roa	capint	tfp	HHI	FDI	UD	GC	FD
0. 43	5. 99	0. 51	0. 10	4. 42	2. 37	0. 02	0. 17	0. 31	0. 10	1. 51
0. 26	5. 77	0. 30	0. 03	5. 80	1. 96	0. 03	0. 13	0. 58	0. 11	1. 34
0. 96	5. 99	0. 50	0. 09	3. 48	3. 08	0. 01	0. 00	0. 36	0. 04	0. 91
0. 70	5. 99	0. 62	0. 00	2. 14	1. 93	0. 02	0. 20	0. 69	0. 10	1. 18
0. 97	6. 05	0. 51	-0. 02	4. 36	1. 73	0. 05	0. 06	0. 75	0. 12	2. 08
0. 74	6. 04	0. 12	-0. 09	4. 00	0. 19	0. 03	0. 10	0. 80	0. 15	1. 64
0. 34	5. 77	0. 63	-0. 06	3. 47	1. 64	0. 07	0. 13	0. 58	0. 11	1. 34
0. 87	5. 89	0. 00	0. 04	3. 85	1. 44	0. 12	0. 16	0. 35	0. 05	0. 60
0. 24	5. 99	0. 42	0. 00	3. 40	2. 14	0. 01	0. 20	0. 69	0. 10	1. 18
0. 95	5. 99	0. 08	0. 01	0. 81	2. 60	0. 02	0. 03	0. 10	0. 08	1. 49
0. 14	6. 11	0. 54	0. 05	4. 17	3. 59	0. 02	0. 10	0. 62	0. 12	2. 20
0. 99	5. 77	0. 52	0. 12	2. 37	2. 80	0. 02	0. 05	0. 32	0. 05	0. 69
0. 90	5. 48	0. 26	0. 00	4. 52	4. 14	0. 09	0. 01	0. 28	0. 10	1. 58
0. 97	6. 05	0. 59	0. 09	4. 72	3. 00	0. 04	0. 06	0. 75	0. 12	2. 08
0. 75	5. 99	0. 64	0. 00	1. 22	2. 60	0. 02	0. 17	0. 50	0. 13	0. 84
0. 51	5. 99	0. 45	-0. 28	3. 83	1. 56	0. 06	0. 18	0. 26	0. 08	2. 21
0. 83	6. 05	0. 45	0. 11	3. 58	2. 67	0. 14	0. 06	0. 75	0. 12	2. 08
0. 62	5. 63	0. 53	0. 02	2. 77	0. 54	0. 02	0. 02	0. 41	0. 13	2. 00
0. 45	5. 99	0. 34	0. 01	0. 91	3. 85	0. 02	0. 01	0. 17	0. 04	0. 65
1. 00	5. 30	0. 39	-0. 06	4. 41	-1. 06	0. 07	0. 02	0. 41	0. 11	2. 41
0. 12	6. 30	0. 38	-0. 03	5. 53	1. 49	0. 04	0. 10	0. 80	0. 15	1. 64
0. 43	5. 77	0. 73	-0. 13	2. 01	1. 60	0. 02	0. 09	0. 41	0. 09	1. 08
0. 52	6. 04	0. 65	0. 07	2. 80	1. 37	0. 02	0. 10	0. 80	0. 15	1. 64
0. 98	5. 56	0. 40	-0. 12	4. 50	3. 16	0. 16	0. 01	0. 21	0. 14	1. 68
0. 37	5. 67	0. 59	0. 06	3. 08	3. 10	0. 01	0. 09	0. 41	0. 09	1. 08

注：限于篇幅，附表只提供部分指标数据，感兴趣的读者可与作者联系。

第 20 卷第 2 辑　　产业经济评论　　Vol. 20　No. 2
2021 年 6 月　　Review of Industrial Economics　　June 2021

“僵尸企业”对金融发展的影响
——基于融资约束的中介效应分析

孔繁成　韩育萌*

摘　要：文章将我国企业微观数据与地级市宏观数据相匹配，利用面板数据双向固定效应模型，实证分析了“僵尸企业”对辖区金融发展的影响。进一步地，我们引入企业融资约束作为中介变量，考察了“僵尸企业”对金融发展的作用机制。实证研究结果表明，“僵尸企业”显著抑制了金融发展规模扩大和金融发展效率提高，企业融资约束在“僵尸企业”占比和金融发展程度之间起着部分中介效应，且工具变量回归结果证实了这一研究结论稳健可靠。“僵尸企业”通过加剧融资约束等损害企业间公平竞争的方式，影响正常企业融资能力，从而抑制辖区金融发展。

关键词：“僵尸企业”　融资约束　金融发展

一、引　言

党的十九大报告明确提出，我国经济已由高速增长阶段转向高质量发展阶段，正处于优化经济结构、转换增长动力的攻关期。可见经济转型升级和产业结构调整是我们亟待解决的问题。另外，“十四五”开局之年，我们更注重经济结构调整、转变经济发展方式，实现经济高质量发展。

然而，“僵尸企业”扭曲资源配置，抑制正常企业的创新能力和全要素生产率提高，是我国现代化经济体系建设道路上的“拦路虎”。我国要顺利实现经济结构调整和产业结构升级，就必须尽快处理好“僵尸企业”带来的各种问题。近年来，我国政府一直致力于解决“僵尸企业”问题。例如，2015 年，李克强总理在其主持的国务院常务会议上首次明确提出，要加快推

* 本文受天津市教委人文社会科学项目“数字经济驱动天津市制造业企业高质量发展的机理及实现路径研究”（2020SK024）资助。
感谢审稿人的修改意见！
孔繁成：天津师范大学经济学院、南开大学金融学院博士后流动站；地址：天津市西青区宾水西道 393 号，邮编：300387；E-mail：fancheng@ ruc. edu. cn。
韩育萌：天津师范大学经济学院；地址：天津市西青区宾水西道 393 号，邮编：300387；E-mail：yumenghan821@ 163. com。

进“僵尸企业”重组整合或退出市场；2018 年中央经济工作会议提出，加快处置“僵尸企业”，推动制造业高质量发展；2019 年政府工作报告指出，依法处置“僵尸企业”，实现年底前“僵尸企业”基本出清。然而，为抗击新冠疫情，我国在一定程度上实施了相对宽松的信贷扩张刺激政策，这实际上又延长了“僵尸企业”的存续期，对我国经济的长期可持续发展构成了威胁。

“僵尸企业”规模一般较大，存续时间较长，能够为辖区居民提供大量就业机会。对辖区政府而言，就业及社会稳定是其关注的核心发展目标。由此，短期内辖区政府可能将有限的社会经济资源配置到“僵尸企业”中，从而挤占了其他正常企业的投资和创新，进而影响辖区金融发展环境。

基于此，文章实证分析了“僵尸企业”对金融发展的影响及其传导机理，具体可以分为以下四个步骤：（1）基准回归中，我们设置了包含了人口密度、对外贸易、产业结构多个层面的控制变量，来控制各地级市自身状况对金融发展的影响。解释变量为地级市层面的“僵尸企业”占比，所以回归模型中，我们控制了地级市固定效应，基准回归结果表明“僵尸企业”占比与辖区金融发展程度显著负相关关系；（2）中介效应检验中，本文引入企业融资约束作为中介变量，用 SA 指数 1/4 分位数以下企业数量占比和财政支出/收入测度融资约束，研究结果表明融资约束在“僵尸企业”和金融发展之间起着部分中介效应；（3）为解决因反向因果及遗漏变量等可能造成的内生性问题，我们参考谭语嫣等（2017）的做法，将样本初期各地级市国有企业占比乘以上年全国国企资产负债率作为地级市“僵尸企业”占比的工具变量，用工具变量法来验证基准模型的实证结果；（4）样本异质性分析表明，“僵尸企业”对金融发展的影响程度在我国东部、中部和西部不同。

二、文献综述

国内外有关“僵尸企业”的文献可以分为四类：第一类，主要关注“僵尸企业”认定。“僵尸企业”是指那些实际支付利息低于最低应付利息的企业（Caballero et al.，2008）。Fukuda and Nakamura（2011）对 CHK 方法进行修正，提出了国际上较为认可的 FN－CHK 标准。聂辉华等（2016）将连续两年被 FN－CHK 识别为“僵尸企业”的企业定义为“僵尸企业”。“僵尸企业”是指那些本该被市场淘汰，但因市场退出机制失灵导致其不能及时退出的企业（朱鹤、何帆，2016）。“僵尸企业”是指那些陷入财务困境，但依靠债权人的帮助仍能持续经营的企业（刘奎甫、茅宁，2016）。由于自身生产和社会需求不相匹配而出现持续性财务危机，再加之政府等外部因素的不恰当支持而没有及时退出市场的企业为“僵尸企业”（施佰发、陈伟雄，2018）。第二类，主要关注“僵尸企业”形成逻辑。一是商业银行支持视角，商业银行规模扩张导致“僵尸企业”（蔡宏波等，2020）。商业银行以低利率贷款向低效企业“输血”，是企业僵尸化的重要原因（刘冲等，2020）。银行持续给“僵尸企业”输血，早晚会变成“僵尸银行”，进而向金融体系传导风险，抑制金融业的健康发展（方晋，2016）。商业银行可能处于盈利动机及“僵尸企业”对资金的极度渴求心理，对“僵尸企业”实施了掠夺性贷款①（张栋等，2016）。二是就业负担视角，政府迫于保就业等方面的压力，纵容银行的不当行为，使得“僵尸企业”产生（Giannetti and Simonov，2013；Kawai and Morgen，2013；Willam，2014）。就业负担是“僵尸企业”产生的直接原因（方明月等，2018）。三是过度投资视角，固定资产投资过快增长可能是“僵尸企业”产生的重要原因（聂辉华等，2016）。第三类，主要关注“僵尸企业”危害。一是“僵尸企业”对资源配置的影响，Tan et al.（2016）的研究表明随着“僵尸企业”的退出，工业产出增长率、就业增长率及全要素生产率均有不同程度的提高。“僵尸企业”显著挤出了私有非“僵尸企业”投资，导致民间投资疲软（谭语嫣等，2017）。“僵尸企业”降低了正常企业的全要素生产率（王永钦等，2018）。“僵尸企业”造成无效供给，导致产能过剩，降低了资源配置效率（戴泽伟、潘松剑，2018）。“僵尸企业”的存在往往会扩大“僵尸企业”和非“僵尸企业”全要素生产率之间的差距，进而来影响整体经济发展（McGowan et al.，2018）。“僵尸企业”挤占了有限的信贷以及劳动力资源，降低了行业的整体生产率（Arrowsmith et al.，2013；Kwon et al.，2015；Gouveia and Osterhold，2018）。二是“僵尸企业”对企业税率的影响，“僵尸企业”提高了正常企业的实际所得税税率（李旭超等，2018），增加了正常企业逃税动机（金祥荣等，2019）。三是“僵尸企业”对市场退出机制的影响，“僵尸企业”挤占正常企业的生存空间，扭曲了市场退出机制（张璇、李金洋，2019；乔小乐等，2019）。第四类，主要关注“僵尸企业”处置。一是通过市场化机制处置“僵尸企业”，最低工资标准和放松外资管制能抑制“僵尸企业”的形成（蒋灵多、陆毅，2017；蒋灵多等，2018）。混合所有制改革对治疗僵尸国企具有显著效果（方明月、孙鲲鹏，2019）。“简政放权”等投资审批制度改革能够降低“僵尸企业”占比（杨攻研等，2021）。“扩权强县”改革能抑制“僵尸企业”形成（卢洪友等，2020）。二是依靠政府干预处置“僵尸企业”，国有“僵尸企业”的退出存在制度障碍，其退出壁垒高于其他企业（王万珺、刘小玄，2018）。社保降费通过缓解融资约束，使得“僵尸企业”变成正常企业（杨龙见等，2020）。

综上所述，已有文献对“僵尸企业”定义、成因、危害与治理等方面进行了大量而充分的研究，但鲜有文献考察“僵尸企业”这一微观层面因素对

① 掠夺性贷款是指放贷组织向“弱势群体”发放不公平或具有欺诈性的贷款。

金融发展的影响。“僵尸企业”加剧融资约束，挤占了正常企业融资，影响辖区金融发展水平。基于此，文章实证分析了“僵尸企业”对金融发展的影响。文章研究结论不仅有助于加快“僵尸企业”市场出清，同时也丰富了金融发展影响因素方面文献研究内容，有助于提高金融市场效率。

文章可能的边际贡献主要有以下三个方面：第一，文章从“僵尸企业”这一微观视角出发，分析了其对地级市金融发展这一宏观变量的影响，宏微观结合，丰富了金融发展影响因素研究内容，为新发展格局下金融发展影响因素提供了新视角；第二，中介效应检验表明“僵尸企业”通过融资约束影响辖区金融发展，深化了“僵尸企业”影响金融发展的微观作用机制；第三，研究结果可以为政府科学合理地制定经济政策提供决策和参考，为“僵尸企业”出清和企业高质量发展指引方向，通过治理“僵尸企业”，进一步纠正信贷资源配置扭曲效应，提高金融供给质量和效率。

三、理论作用机制与研究假设

“僵尸企业”高负债、高资产的特征为整体经济带来的风险值得警惕，它们长期亏损、扭亏无望、生产停滞，靠银行优惠利率和政府补贴勉强生存，若不能有效出清“僵尸企业”，将不利于经济增长，甚至危及金融稳定（李旭超等，2018；刘莉亚等，2019）。

一方面，我国政府在一定程度上对金融机构和企业经营行为进行了干预，例如，政府为金融机构向企业贷款进行担保，及对“不破不退”的“僵尸企业”进行直接补助等。具体而言，“僵尸企业”规模一般较大、员工较多，这些企业在地方经济中占有比较重要的地位，一旦倒闭势必会对辖区的经济发展产生较大的负面影响。出于维稳考虑，地方政府往往会通过各种形式和渠道对濒临破产的企业进行救助（孔繁成等，2020）。政府补贴降低了“僵尸企业”融资成本，导致正常企业贷款利率变高，使得正常企业融资难度增加。即，政府对“僵尸企业”的过多干预和管制行为进一步增加了市场中信贷资源扭曲行为，破坏了市场竞争秩序，不能真实反映资金供求，抑制了金融发展。

另一方面，为了能够快速拉动 GDP，地方政府可能会将大量金融资源投入到要素积累和虚拟经济中，由此，推高了资本品价格，过度贴现了项目未来现金流。资本品价格抬升，使得更多资金集中到这些领域中，扭曲金融资源配置，企业外部融资趋紧，进而抑制了金融发展。

此外，商业银行给予低效企业优惠贷款，在宏观经济较好时，这些企业都能够偿还本金和利息，市场一派利好气氛，但若经济迎来滑坡，任何打断信贷资金流入生产部门的事件都将引起违约和破产，导致不能按时还本付息的低效企业大量涌现，且在借款人中的比重越来越大，这又进一步反馈到金融体系，导致金融机构破产迅速扩散，金融资产价格泡沫破灭，从而危及到金融发展。

基于以上分析，我们提出如下两个待检验的研究假设：

研究假设 1：“僵尸企业”占比越高，其对辖区金融发展抑制程度越高。

研究假设 2：“僵尸企业”通过挤占正常企业融资进而阻碍辖区金融发展。

四、模型构建与变量测度

（一）数据来源

本文所选样本为中国 280 个地级市，时间窗口为 2011 ~ 2016 年，构建各地级市金融发展程度的指标的数据主要来自 Choice 金融终端数据库以及 EPSDATA 中的宏观数据，测度“僵尸企业”的数据主要来源于 Wind 数据库和 CSMAR 数据库，详见附录。在实证分析时，由于需要“僵尸企业”微观数据及地级市宏观数据相匹配，我们剔除了 60 个没有上市公司的地级市，最终保留了 220 个地级市样本，总观测值为 1320 个。

（二）“僵尸企业”识别方法

“僵尸企业”效率低下，经营困难，靠政府和银行的“输血”（政府补助、银行信贷优惠）而存活。基于此，Caballero et al.（2008）提出了识别“僵尸企业”的 CHK 标准，即，企业因存在短期债务和长期债务要给付利息，此时银行给予企业优惠利率计算出的应付利息应不小于企业当年的实际利息支出，否则该企业被视为“僵尸企业”。CHK 方法虽然简单明了，但其只从信贷角度分析了企业僵尸化的成因，分析不够全面深入。Fukuda and Nakamura（2011）加入了“盈利标准”和“常青贷款标准”对 CHK 方法做了进一步补充。其主要思想是避免了 CHK 方法识别的两类错误：第一类错误是可能使健康企业“负屈含冤”，2000 年初，日本经济在宽松货币政策下稳步复苏，企业实际贷款利率普遍较低，如应用 CHK 方法，这些正常企业可能被误判为“僵尸企业”。第二类错误是可能使不健康企业“蒙混过关”。当企业陷入财务困境时，银行会给予其债务减免以保证他们生存，在日本银行危机期间，陷入困境的银行通过给经营困难的企业增加“常青贷款”，来掩盖自己不良贷款的实际价值。上述方法具有一定的现实背景，结合中国国情来看，政府往往会在一定程度上干预信贷，为金融机构向“僵尸企业”提供低息贷款提供隐性担保。据此，聂辉华等（2016）修正了 FN—CHK 标准，即一个企业如果连续两年被 FN—CHK 标准识别为“僵尸企业”，则该企业被定义为“僵尸企业”。这样一来，“僵尸企业”的识别变得更加准确、严谨，故本文使用的方法为修正后的 FN—CHK 标准。以下为具体识别步骤：

第一步，根据 CHK 标准计算企业 i 在 t 年内正常经营情况下的“最低利息支出”。

$$R_{i,t}^{*} = rs_{i,t-1} \times BS_{i,t-1} + \left(\frac{1}{5}\sum_{j=1}^{5} rl_{i,t-j}\right) \times BL_{i,t-1} + rcb_{min\_over\_5\_years,t} \times Bonds_{i,t-1}$$

其中，$BS_{i,t-1}$、$BL_{i,t-1}$和$Bonds_{i,t-1}$分别代表公司 i 在 t－1 年末短期借款余额、长期借款余额及对外发行债券总额；$rs_{i,t-1}$、$\frac{1}{5}\sum_{j=1}^{5} rl_{i,t-j}$ 和$rcb_{min_over_5_years,t}$分别是 t－1 年度短期借款最低利率、t 年前 5 年内最低长期借款利率的平均数，以及 t 年前 5 年内发行在外可转债的最小票面利率。

第二步，估算企业当年净利息支出。

$$\Delta R_{i,t}^{gap} = R_{i,t}^{*} - R_{i,t}^{p}$$

其中，$R_{i,t}^{p}$为企业当年利息收入，估算方法为企业上年流动资产扣除上年应收账款、存货后的值乘以当年一年期银行基准存款利率。

第三步，参考 Fukuda and Nakamura（2011）FN—CHK 标准识别“僵尸企业”。

$$FN_{i,t} = \frac{EBIT_{i,t} - \Delta R_{i,t}^{gap}}{BS_{i,t-1} + BL_{i,t-1}}$$

其中，$EBIT_{i,t}$为企业当年息税前利润。企业当年 FN 指标小于零，表明该企业息税前利润低于净利息支出，接受了银行补贴。若同时满足 FN 指标小于零，当年资产负债率大于 0.5，且当年总负债相比于上年有所增加，则该企业在当年被识别为“僵尸企业”。

第四步，根据聂辉华等（2016）修正的 FN—CHK 标准对所得结果做进一步修正，得到了本文对“僵尸企业”的度量结果。

（三）模型设计

本文重点考察“僵尸企业”对金融发展的影响，我们构建如下计量模型：

$$FD_{jt} = \alpha_0 + \beta ZB_{jt} + \gamma X_{jt} + D_t + \pi_j + \varepsilon_{jt}$$

其中，下标 j 是地级市、t 是年份；FD_{jt}是 j 地级市在 t 年的金融发展水平，我们将金融机构存贷款之和/GDP（fir）及年末金融机构贷款/存款（fde）作为测度金融发展的指标带入到 FD_{jt} 中进行实证检验。ZB_{jt}是地级市 j 内的“僵尸企业”占比，X 是系列控制变量，D 和 π 分别为年份、地级市的固定效应，ε_{jt}为随机干扰项。

（四）变量选取与说明

1. 被解释变量

金融增长不必然带来金融发展，金融增长表现为金融资产规模的扩大与金融机构数量的扩张，而金融发展强调的不仅仅是一种“量”上的增长，更多是一种“质”上的提高，体现为金融对经济增长的贡献作用。关于金融发展的测度，学者们多用麦氏指标，即 M2/GDP 来测度，表示经济的货币化程度，但该指标只考虑了金融负债而忽略了金融资产，相比之下，包含了各类贷款和有价证券的戈氏指标（fir）则更系统和全面地反映了辖区的金融发展水平①，于是本文大部分回归基于 fir 展开，限于地级市数据的可获得性，我们使用金融机构存贷款之和与名义 GDP 的比值作为 fir 的近似指标，反映地级市 j 在 t 年的金融发展水平，同时我们参考张成思等（2013）对金融发展的判断与梳理，用刻画金融发展效率的指标——年末金融机构贷款/存款（fde）来做进一步稳健性检验。

2. 核心解释变量：“僵尸企业”占比

文中“僵尸企业”为哑变量，是为 1，其他为 0，我们用修正的 FN—CHK 标准来识别。为考察“僵尸企业”对金融发展的影响，我们参考谭语嫣等（2017）和李旭超等（2018）的做法，以企业所在地级市“僵尸企业”占比来衡量该地企业所面临的僵尸化约束环境。具体指标以“僵尸企业”数量占比（ZB）做回归分析，并以资产占比（ZB_{asset}）做稳健性检验。

3. 中介变量：融资约束

所谓中介效应，是指自变量 X 是通过影响变量 M 来影响因变量 Y 的，M 就是其中的中介变量，中介变量主要是解释 X 与 Y 的关系是“怎么”发生及“为什么”发生。本文的中介变量是企业的融资约束，指由市场不完备（不对称信息、代理成本等）导致企业内部融资成本和外部融资成本存在的差额。较为经典的测度方法有 KZ 指数（Lamont et al.，2001）、WW 指数（Whited and Wu，2006）和 SA 指数（Hadlock and Pierce，2010）。但前两个指数包含较多的内生性变量，为了减少内生性的影响，我们选用包含较强外生性变量的 SA 指数来测度企业的融资约束。由于指标最终反映的是地级市融资约束程度，所以我们将各地级市 SA 指数 1/4 分位数以下的企业数量占比作为最终微观层面衡量地级市融资约束的指标。具体分为三步：首先，我们按照 Hadlock and Pierce（2010）的 SA 指数计算公式，$-0.737\times Size+0.043\times Size^2-0.04\times Age$，计算了样本内每个上市公司观测年度的 SA 指数。SA 指数为负且绝对值越大，说明企业受到的融资约束程度越严重。据此，我们得到了 SA 指数的分位数（见表 1）。其次，按照 SA 指数的 1/4、2/4、3/4 分位数，将企业受融资约束程度分为四个等级②，1/4 分位数以下代表受融资约束重，1/4 ~ 2/4 分位数之间代表较重，2/4 ~ 3/4 分位数之间代表较

① 戈氏指标的完整表达式为：$FIR=(M_2+L+S)/GDP$，其中，L 为各类贷款（包括向政府提供的贷款）；S 为有价证券（包括政府债券、企业债券、金融债券、保险费以及股票市值等）。

② 此处参考鞠晓生等（2013）的做法，将企业按 SA 指数分位数均等划分。

弱，3/4 分位数以上代表弱，最后，我们测算出了各地级市 SA 指数位于 1/4 分位数以下的企业数量占所有企业数量的比重，并将其作为微观层面测度地级市融资约束的指标，该值越大，则该地区受到的融资约束越重。此外，我们参考肖兴志等（2019）定义融资约束的方法，将地级市政府财政支出/收入作为宏观层面测度地级市融资约束的指标做稳健性检验。

表 1 SA 指数的分布

SA 分位数	1%	5%	10%	25%	50%	75%	90%	95%	99%
分位数值	-4.296	-4.067	-3.985	-3.834	-3.654	-3.461	-3.206	-3.015	-0.320

4. 控制变量 X

控制变量 X 包括可能影响地级市金融发展程度的宏观层面变量。包括财政压力（fer）、人均 GDP（lnpgdp）、第二产业增加值占比（secondind）、进出口总额（trof）、固定资产投资（inf）、人口密度（pop）、非农业就业人口占比（nae）、GDP 增长率（gdpg）、金融开放度（fdi）等①，用以控制地区间经济发展水平及城市劳动力规模差异可能带来的外生影响。相关变量定义如表 2 所示。

表 2 变量定义及说明

变量名称	变量符号	说明
被解释变量：		
金融发展	fir	金融机构存贷款之和/GDP
	fde	年末金融机构贷款/存款
解释变量：		
“僵尸企业”占比	ZB	“僵尸企业”数/所有企业数
	ZB_{asset}	“僵尸企业”资产总额/所有企业资产总额
中介变量：		
融资约束	SA	SA 指数 1/4 分位数以下企业数量占比
	fer	财政支出/收入
控制变量：		
人均 GDP	lnpgdp	人均 GDP 的自然对数

① trof、fdi 的原始数据均以美元为单位，我们以 2011～2016 年度中国外汇交易中心（http：//www.chinamoney.com.cn/chinese/bkccpr/）公布的人民币兑美元汇率中间价进行了换算。

续表

变量名称	变量符号	说明
产业结构	secondind	第二产业增加值占比
贸易开放度	trof	进出口总额/GDP
固定资产投资	inf	固定资产投资/GDP
人口密度	pop	各地级市户籍人口/总面积（百人/平方公里）
GDP增长率	gdpg	GDP增长率
非农业就业人口占比	nae	第二、第三产业就业人口之和/总人口
金融开放度	fdi	对外直接投资/GDP
工具变量：	IVap	样本初期各地级市国有企业资产占比与前一年全国国有企业资产负债率的乘积

五、估计结果与分析

（一）描述性统计

表3报告了经数据处理后主要变量的描述性统计。从表3中我们可以看出，“僵尸企业”数量占比及资产占比的平均值均为0.073，说明本文样本中“僵尸企业”平均占比为7.3%。fir、fde均存在一定的波动，说明各地级市由于经济发展水平不同、地域差异等原因使得金融发展的规模和效率存在差异，进而导致各地区金融发展水平不同。其他变量均与已有文献出入不大，符合预期水平。

表3　主要变量的描述性统计

变量	观测值	均值	标准差	最小值	最大值
fir	1318	2.301	1.087	0.588	8.777
fde	1320	0.669	0.262	0.152	5.613
ZB	1320	0.073	0.182	0	1
ZB_{asset}	1308	0.073	0.185	0	1
lnpgdp	1319	10.681	0.548	9.299	12.322
secondind	1320	0.5	0.095	0.019	0.893
trof	958	0.233	0.633	0.001	7.944
inf	1319	0.769	0.248	0.09	2.1
pop	1320	37.565	27.099	3.09	150.55
gdpg	1307	0.097	0.047	-0.194	1.09

续表

变量	观测值	均值	标准差	最小值	最大值
nae	1308	0. 087	0. 09	0. 004	0. 663
fdi	1251	0. 003	0. 003	0. 001	0. 019
SA	1320	0. 559	0. 328	0	1
fer	1320	2. 357	1. 276	0. 648	11. 401
IVap	1320	0. 293	0. 242	0	0. 62

（二）实证结果分析

1. 基准回归

表4报告了各地级市内“僵尸企业”占比对金融发展影响的回归结果。其中第（1）列为未加入控制变量的情形，第（2）~（4）列为逐步加入控制变量的情形，各列均控制年份和地级市的固定效应。

表4 “僵尸企业”占比对金融发展规模影响的回归结果

变量	fir			
	(1)	(2)	(3)	(4)
ZB	−5. 241*** (−16. 00)	−4. 210*** (−11. 48)	−5. 516*** (−13. 35)	−4. 915*** (−6. 04)
lnpgdp		−0. 664** (−5. 84)	0. 092 (0. 57)	0. 049 (0. 27)
trof			−0. 270** (−2. 01)	−0. 157 (−1. 03)
inf				0. 007 (0. 04)
secondind				−0. 587 (−0. 84)
pop				0. 002 (0. 92)
gdpg				1. 335** (1. 99)
nae				−0. 491 (−0. 68)
fdi				−12. 424 (−0. 71)

续表

变量	fir			
	(1)	(2)	(3)	(4)
年份固定效应	YES	YES	YES	YES
地级市固定效应	YES	YES	YES	YES
观测值	1318	1318	953	894
R^2	0.941	0.944	0.947	0.947

注：***、**、*分别表示在 1%、5%和 10%的显著性水平下显著，括号内为 t 值。

第（1）~（4）列的估计结果表明，在逐步加入控制变量的过程中，“僵尸企业”占比（ZB）的估计系数为负且均在 1%的水平下显著，说明“僵尸企业”的存在会对所处地级市的金融发展产生显著的负面影响，即该地级市“僵尸企业”占比越高，金融发展程度越低。以第（4）列为例，地级市内“僵尸企业”占比每提高 1%，金融机构存贷款之和/GDP 平均下降 4.9%，具有较强的经济显著性和统计显著性，由此我们证实了研究假设 1。

2. 中介效应分析

在市场资源有限的情况下，由于“僵尸企业”以较低的融资成本占用了过多的信贷资源，必然会挤占正常企业的应有融资（Hoshi and Kashyap, 2011；谭语嫣等，2017）。结合“僵尸企业”“吸血性”（依赖政府补助与银行贷款存活）的特征，本文引入企业融资约束作为中介变量来研究各地级市“僵尸企业”占比对当地金融发展程度的影响机制，接下来本文将通过建立计量模型对“僵尸企业”与金融发展的关系以及企业融资约束的中介效应进行进一步的实证检验。模型设定如下：

模型一：“僵尸企业”对金融发展的直接影响。

$$FD_{jt} = \alpha_0 + \beta ZB_{jt} + \gamma X + D_t + D_j + \varepsilon_{jt} \quad (\text{Ⅰ})$$

其中，fir_{jt}是地级市 j 在 t 年金融机构存贷款之和/GDP，用以反映地级市 j 在 t 年的金融发展规模，ZB_{jt}是地级市 j 内的“僵尸企业”占比，X 是系列控制变量，D_t 和 D_j 分别为控制年份、地级市的固定效应，ε_{jt}为随机干扰项。

模型二：在模型（Ⅰ）的基础上，为检验“僵尸企业”对金融发展影响的作用机制，本文引入企业融资约束 $finrestriction_{jt}$作为中介变量，得到模型（Ⅱ）、模型（Ⅲ），如下所示：

$$finrestriction_{jt} = \alpha_1 + \beta_1 ZB_{jt} + \gamma_1 X + D_t + D_j + \delta_{jt} \quad (\text{Ⅱ})$$

$$FD_{jt} = \alpha_2 + \beta_2 ZB_{jt} + \varphi finrestriction_{jt} + \gamma_2 X + D_t + D_j + \mu_{jt} \quad (\text{Ⅲ})$$

其中，$finrestriction_{jt}$为企业 j 在时间 t 内的融资约束，α_1、α_2 为常数项，β_1、β_2 分别为模型（Ⅱ）、模型（Ⅲ）中“僵尸企业”占比的相关系数，φ 为企业融资约束的系数，γ_1、γ_2 为控制变量的相关系数，δ_{jt}、μ_{jt}为随机误差项。

我们参照谭琳（2018）的方法，中介效应的检验逻辑图如图 1 所示，具体的检验步骤为：第一，对模型（Ⅰ）进行回归检验。当解释变量“僵尸企业”占比与被解释变量金融发展规模的回归系数 β 显著，则证明解释变量与被解释变量之间存在直接的影响，可以继续进行中介效应的检验，反之假设不成立；第二，对模型（Ⅱ）进行回归检验，如果中介变量企业融资约束与解释变量“僵尸企业”占比的回归系数 β_1 是显著的，则继续进行检验，反之中介效应不成立；第三，对模型（Ⅲ）进行回归检验，若方程中的系数 β_2 和 φ 都显著，且“僵尸企业”占比的回归系数 β_2 的绝对值相对于 β 的绝对值有所下降，则说明企业融资约束具有部分中介效应；若“僵尸企业”占比的回归系数 β_2 不显著，企业融资约束的回归系数 φ 显著，则说明企业融资约束在“僵尸企业”占比与金融发展的关系中起完全中介效应。

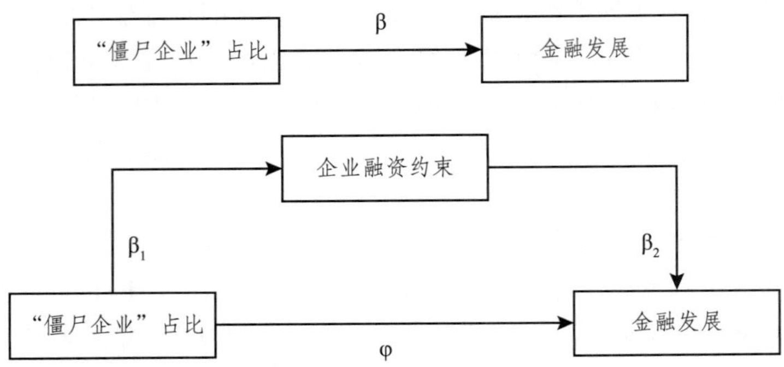

图 1　中介效应检验流程图

按上述三步骤进行检验，检验结果如表 5 所示。

表 5　企业融资约束的中介效应回归结果

变量	(1)	(2)	(3)
	fir	SA	fir
ZB	-0.418*** (-2.97)	0.186*** (3.06)	-0.407*** (-2.87)
fdi	5.153 (0.48)	-8.638* (-1.87)	4.635 (0.43)
lnpgdp	0.056 (0.76)	-0.209*** (-6.58)	0.044 (0.58)
trof	0.107** (2.06)	0.040* (1.76)	0.110** (2.10)

续表

变量	(1)	(2)	(3)
	fir	SA	fir
inf	0.833*** (5.82)	-0.041 (-0.67)	0.830*** (5.80)
pop	0.003*** (2.67)	0.001*** (2.58)	0.003*** (2.73)
nae	6.472*** (15.68)	-0.155 (-0.87)	6.462*** (15.65)
gdpg	-2.753*** (-2.77)	-1.258*** (-2.92)	-2.828*** (-2.83)
secondind	-3.506*** (-11.14)	-0.188 (-1.38)	-3.517*** (-11.16)
SA			-0.072* (-1.03)
年份固定效应	YES	YES	YES
地级市固定效应	YES	YES	YES
观测值	936	937	936
R^2	0.428	0.178	0.428

注：***、**、*分别表示在1%、5%和10%的显著性水平下显著，括号内为t值。

第（1）列报告了模型（Ⅰ）的回归结果，“僵尸企业”占比与金融发展规模有显著的关系，在1%的置信水平下显著，与基准回归结论一致，说明方程通过了中介效应检验步骤的第一步。第（2）列报告了模型（Ⅱ）的回归结果，反映的是“僵尸企业”占比与各地级市SA指数1/4分位数之下的企业数量占该地级市总企业数的百分比之间的关系，结果显示两者在1%的置信水平下呈显著正相关，即“僵尸企业”占比越高，在统计范围内的企业数量越多，说明该地区企业受到的融资约束越重，说明方程通过了中介效应检验的第二步。第（3）列报告了模型（Ⅲ）的回归结果，结果表明，“僵尸企业”对金融发展规模的影响在加入了融资约束的变量后仍具有显著影响，且显著性系数的绝对值由0.418下降到0.407，同时各地级市1/4分位数以下的企业数量对金融机构存贷款之和/GDP在10%的水平下呈显著的负向影响，即该地区企业受到的融资约束越强，金融发展规模越小。通过以上中介效应的三步骤检验，我们可以得知，企业融资约束通过了中介效应检验，并在“僵尸企业”占比与金融发展规模之间起部分中介效应，由此研究假设2得证。

六、稳健性检验

（一）基准回归稳健性检验

我们首先通过替换解释变量和被解释变量的测度指标来对基准回归进行了稳健性检验。表 6 报告了更换测度金融发展的指标，即用金融机构存贷比测度地区金融发展效率，并与“僵尸企业”占比进行回归的结果。第（1）~（4）列为逐步加入控制变量的结果，“僵尸企业”占比的估计系数始终在 1% 的置信水平下显著，和假设 1 相符。

表 6 “僵尸企业”占比对金融发展效率影响的回归结果

变量	fde			
	（1）	（2）	（3）	（4）
ZB	-0.672*** (-11.94)	-0.778*** (-12.21)	-0.812*** (-11.26)	-0.336** (-2.38)
lnpgdp		0.068*** (3.46)	0.088*** (3.12)	0.067** (2.11)
trof			0.003 (0.15)	0.016 (0.60)
inf				0.015 (0.52)
pop				0.000 (1.28)
gdpg				0.213* (1.83)
nae				-0.252** (-2.00)
secondind				0.145 (1.19)
fdi				2.287 (0.75)
年份固定效应	YES	YES	YES	YES
地级市固定效应	YES	YES	YES	YES
观测值	1320	1319	954	894
R^2	0.922	0.924	0.939	0.941

注：***、**、* 分别表示在 1%、5% 和 10% 的显著性水平下显著，括号内为 t 值。

表7报告了更换“僵尸企业”数量占比的测度指标，即用“僵尸企业”资产占比（ZB_{asset}）对测度金融发展规模的指标（fir）进行回归，第（1）列为未加入控制变量的情况，第（2）列为加入控制变量的情况，结果显示“僵尸企业”占比与金融发展效率均显著负相关，进一步证实了假设1估计结果的稳健性。

表7　　“僵尸企业”资产占比对金融发展规模影响的回归结果

变量	fir	
	(1)	(2)
ZB_asset	-2.484* (-1.75)	-1.945*** (-3.05)
控制变量	NO	YES
年份固定效应	YES	YES
地级市固定效应	YES	YES
观测值	1306	882
R^2	0.925	0.989

注：***、**、*分别表示在1%、5%和10%的显著性水平下显著，括号内为t值。

（二）中介效应稳健性检验

政府财政赤字越高的省份内企业，其面临的融资约束也更加严峻（肖兴志等，2019）。所以我们用各地级市财政支出/收入作为宏观层面测度该地区企业融资约束的指标进行中介效应的检验（见表8）。第（1）列同样是对模型（Ⅰ）的检验，结果与基准回归结论一致，“僵尸企业”占比与地级市金融发展规模存在显著负相关，说明方程通过了显著性检验。第（2）列是对模型（Ⅱ）的检验，结果显示，解释变量的测度指标“僵尸企业”占比与中介变量的测度指标地级市财政支出/收入之间在10%的置信水平下呈显著正相关关系，即地级市“僵尸企业”占比越高，该地区财政支出/收入越高。第（3）列是对模型（Ⅲ）的回归结果，在前两步均通过显著性检验的条件下，进一步证明了中介效应的存在，“僵尸企业”对金融发展规模的影响加入了融资约束的变量后仍具有显著影响，且显著性系数的绝对值有所下降，由0.404变为0.383，同时，财政支出/收入对金融机构存贷款之和/GDP在1%的水平下呈现显著的负向影响，即融资约束越强，该地区金融发展程度越差。通过以上三步，以地级市财政收入/支出测度的融资约束作为中介变量通过了中介效应检验，结果表明，企业融资约束在“僵尸企业”占比与金融发展程度之间起到部分中介效应的作用，进一步证明了假设2估计结果的稳健性。

表 8 企业融资约束的中介效应稳健性检验回归结果

变量	(1)	(2)	(3)
	fir	fer	fir
ZB	-0.404*** (-3.09)	0.254* (1.68)	-0.383*** (-2.93)
fde	2.121*** (12.76)	-1.115*** (-5.80)	2.029*** (12.03)
secondind	-3.031*** (-10.39)	-0.889*** (-2.63)	-3.104*** (-10.64)
lnpgdp	-0.245*** (-3.50)	-1.439*** (-17.71)	-0.361*** (-4.47)
trof	-0.014 (-0.28)	-0.076 (-1.30)	-0.020 (-0.40)
pop	0.004*** (4.67)	-0.002 (-1.47)	0.004*** (4.55)
nae	5.502*** (15.05)	0.204 (0.48)	5.517*** (15.14)
gdpg	-2.864*** (-3.24)	1.254 (1.22)	-2.767*** (-3.14)
inf	0.480*** (3.72)	-0.034 (-0.22)	0.478*** (3.71)
fer			-0.081*** (-2.86)
年份固定效应	YES	YES	YES
地级市固定效应	YES	YES	YES
观测值	936	937	936
R^2	0.489	0.537	0.493

注：***、**、*分别表示在1%、5%和10%的显著性水平下显著，括号内为t值。

（三）稳健性检验：工具变量

在识别“僵尸企业”占比对金融发展程度的影响上，我们面临两大内生性问题。第一个是遗漏变量的问题。由于地级市相对省级来讲，完整数据的可获得性较差，回归中难免会遗漏部分对地级市金融发展程度有正向或负向影响的相关变量，前者会导致回归系数高估，后者会导致回归系数低估。第二个是反向因果问题。金融发展程度差会阻碍银行等金融机构的市场化改革，企业如果能按期偿还贷款利息，银行就会维持好看的报表，进一步加速

“僵尸企业”的形成。为避免上述遗漏变量和反向因果导致的内生性问题，我们参考谭语嫣等（2017）的做法，用样本初期各地级市国有企业资产占比与上一年全国国有企业资产负债率的乘积作为“僵尸企业”占比的工具变量进行稳健性检验。工具变量应同时满足“外生性”和“相关性”，由于构建工具变量的两个因素均为前定变量，所以满足了“外生性”要求，同时帮我们排除了反向因果的问题；而“僵尸企业”占比与国有企业比重具有高度正相关性（申广军，2016；王永钦等，2018），又进一步满足了工具变量的“相关性”要求。

表9报告了工具变量实现两阶段最小二乘法的估计结果。第（2）、第（4）列为第一阶段的回归结果，在第一阶段回归中，工具变量的符号在均1%的置信水平下显著为正，且F值分别为20.76和18.76，均大于10，说明工具变量通过了过度约束检验，且无弱相关问题，说明用工具变量实现的两阶段最小二乘法回归有效。第（1）列、第（3）列为第二阶段的回归结果，此时基准回归结果依然成立：“僵尸企业”占比每提高1%，金融机构存贷款之和/GDP下降1.638%，而金融机构存贷比下降0.188%。综合来看，说明“僵尸企业”与地区金融发展存在因果关系。

表9　工具变量检验回归结果

	fir	ZB	fde	ZB
	(1)	(2)	(3)	(4)
	2SLS		2SLS	
ZB	-1.638** (-2.15)		-0.188** (-2.20)	
工具变量		0.138*** (4.55)		0.134*** (4.87)
控制变量	YES	YES	YES	YES
年份固定效应	YES	YES	YES	YES
地级市固定效应	YES	YES	YES	YES
观测值	936	936	862	862
R^2	0.413	0.050	0.190	0.051

注：***、**、*分别表示在1%、5%和10%的显著性水平下显著，括号内为t值。

七、异质性分析

由于不同地区地理位置和环境不同，其经济发展水平、产业结构、工业化与城市化、对外开放程度等方面也都存在一定的差异。诸竹君等（2019）

通过对我国东、中、西部进行分组回归，证实了“僵尸企业”的负外部性强弱存在空间差异。我们基于已有数据，测算出东中西部“僵尸企业”占比分别为 3.16%、5.24% 和 11.35%。即，东部“僵尸企业”比例最低，其次是中部，西部占比最高。这可能导致不同地区“僵尸企业”占比对金融发展影响程度不同。因此，基于以上三点论断，我们将样本内所有地级市按国家统计局分类标准分为东、中、西三个子样本，分别进行回归分析，回归结果报告如表 10 所示。

表 10　　按东、中、西部分组的回归结果

变量	fir			fde		
	东部	中部	西部	东部	中部	西部
ZB	-0.650** (-1.99)	-0.750 (-1.36)	-1.482*** (-5.11)	-0.078* (-1.98)	0.024 (1.39)	-0.069*** (-6.56)
控制变量	YES	YES	YES	YES	YES	YES
年份固定效应	YES	YES	YES	YES	YES	YES
地级市固定效应	YES	YES	YES	YES	YES	YES
观测值	278	400	260	278	400	262
R^2	0.131	0.136	0.278	0.123	0.257	0.262

注：***、**、* 分别表示在 1%、5% 和 10% 的显著性水平下显著，括号内为 t 值。

“僵尸企业”占比对金融发展程度的影响在东部地区和西部地区均产生了显著的负面作用，西部地区负面影响最大，东部地区次之，但在中部地区不显著。即，“僵尸企业”占比最高的西部地区，其对金融发展影响程度最高。

八、结论与建议

本文引入中介效应模型，研究了“僵尸企业”对地级市金融发展的影响及作用机制。实证研究结果表明：（1）地级市“僵尸企业”占比越高，金融发展规模及效率越低；（2）对中介效应的检验表明，企业融资约束在“僵尸企业”对金融发展程度的影响中起着部分中介的作用，由于“僵尸企业”挤占了辖区金融资源，导致正常企业融资困难，从而影响了辖区的金融发展；（3）采用工具变量法解决了可能的内生性问题后，回归结果依然稳健，进一步证实了上述结论；（4）将样本按东、中、西部进行分类回归，结果显示，东、西部表现出负向效应，且作用强度西部大于东部。在此基础上，本文的政策建议如下：

第一，加快“僵尸企业”的市场出清，释放存量占用资金。“僵尸企业”以增加当地就业机会为由占用大量信贷资源，使资源分配效率降低，限制非“僵尸企业”融资。随着“僵尸企业”的整治，金融资源得以丰富，金融结构得以优化，企业融资约束问题才能得到解决。

第二，国家层面应完善金融体系，不断创新金融工具，通过市场化的多种融资手段支持“僵尸企业”的市场出清；政府层面减少行政干预，把更多的权利交给市场，使市场活力得到释放，健全社会主义市场经济体制必须遵循市场决定资源配置这一基本规律，但“决定作用”不是“全部作用”，与此同时，政府自身则应该强化权力制约监督，维护公平市场秩序，推动可持续发展，促进共同富裕，弥补市场失灵。

第三，企业层面应不断加强自身的创新能力，提高竞争力，自觉遵守法律法规，积极配合国家政策，脚踏实地、实事求是地进行发展。

第四，加大力度支持东中西部协同发展。打破各区域间要素流动障碍，促进创新资源流动，各地发挥自身优势，实现东中西部区域协同发展。支持东部地区率先实现创新驱动发展，以便更好地发挥对中西部地区的辐射和带动作用。

参考文献

[1] 蔡宏波、宋研霏、马红旗：《城市商业银行设立与僵尸企业的形成》，载《中国工业经济》2020年第9期。

[2] 戴泽伟、潘松剑：《僵尸企业的“病毒”会传染吗？——基于财务信息透明度的证据》，载《财经研究》2018年第12期。

[3] 方晋：《杜绝“僵尸企业”产生的根源》，载《中国经济时报》2016年第5期。

[4] 方明月、孙鲲鹏：《国企混合所有制能治疗僵尸企业吗？——一个混合所有制类啄序逻辑》，载《金融研究》2019年第1期。

[5] 方明月、张雨潇、聂辉华：《中小民营企业成为僵尸企业之谜》，载《学术月刊》2018年第3期。

[6] 蒋灵多、陆毅、陈勇兵：《市场机制是否有利于僵尸企业处置：以外资管制放松为例》，载《世界经济》2018年第9期。

[7] 蒋灵多、陆毅：《最低工资标准能否抑制新僵尸企业的形成》，载《中国工业经济》2017年第11期。

[8] 金祥荣、李旭超、鲁建坤：《僵尸企业的负外部性：税负竞争与正常企业逃税》，载《经济研究》2019年第12期。

[9] 鞠晓生、卢荻、虞义华：《融资约束、营运资本管理与企业创新可持续性》，载《经济研究》2013年第1期。

[10] 孔繁成、谷梦圆、易小琦：《僵尸企业成因与退出机制研究：基于晋升激励的视角》，载《经济评论》2020年第5期。

[11] 李旭超、鲁建坤、金祥荣：《僵尸企业与税负扭曲》，载《管理世界》2018年第

4 期。

[12] 刘冲、周峰、刘莉亚、温梦瑶、庞元晨：《财政存款、银行竞争与僵尸企业形成》，载《金融研究》2020 年第 11 期。

[13] 刘奎甫、茅宁：《“僵尸企业”国外研究述评》，载《外国经济与管理》2016 年第 10 期。

[14] 刘莉亚、刘冲、陈垠帆、周峰、李明辉：《僵尸企业与货币政策降杠杆》，载《经济研究》2019 年第 9 期。

[15] 卢洪友、刘敏、宋文静：《扩权能否抑制僵尸企业——来自“扩权强县”改革自然实验的证据》，载《当代财经》2020 年第 11 期。

[16] 聂辉华、江艇、张雨潇、方明月：《我国僵尸企业的现状、原因与对策》，载《宏观经济管理》2016 年第 9 期。

[17] 乔小乐、宋林、戴小勇：《中国制造业僵尸企业的劳动力资源错配效应研究》，载《财贸经济》2019 年第 11 期。

[18] 申广军：《比较优势与僵尸企业：基于新结构经济学视角的研究》，载《管理世界》2016 年第 12 期。

[19] 施佰发、陈伟雄：《僵尸企业的形成逻辑与治理对策——基于中国特色社会主义政治经济学的视角》，载《改革与战略》2018 年第 12 期。

[20] 谭琳：《企业家精神配置与僵尸企业形成》，载《中国硕士学位论文》2018 年。

[21] 谭语嫣、谭之博、黄益平、胡永泰：《僵尸企业的投资挤出效应：基于中国工业企业的证据》，载《经济研究》2017 年第 5 期。

[22] 王万珺、刘小玄：《为什么僵尸企业能够长期生存》，载《中国工业经济》2018 年第 10 期。

[23] 王永钦、李蔚、戴芸：《僵尸企业如何影响了企业创新？——来自中国工业企业的证据》，载《经济研究》2018 年第 11 期。

[24] 肖兴志、张伟广、朝镛：《僵尸企业与就业增长：保护还是排挤?》，载《管理世界》2019 年第 8 期。

[25] 杨攻研、范琳琳、胥鹏：《“简政放权”与僵尸企业出清：以投资审批制度改革为例》，载《经济评论》2021 年第 1 期。

[26] 杨龙见、王路、刘冲：《社保降费、融资约束与僵尸企业处置》，载《财贸经济》2020 年第 8 期。

[27] 张成思、朱越腾、芦哲：《对外开放对金融发展的抑制效应之谜》，载《金融研究》2013 年第 6 期。

[28] 张栋、谢志华、王靖雯：《中国僵尸企业及其认定——基于钢铁业上市公司的探索性研究》，载《中国工业经济》2016 年第 11 期。

[29] 张璇、李金洋：《僵尸企业、退出行为和资源错配——来自中国工业企业的证据》，载《经济学动态》2019 年第 3 期。

[30] 朱鹤、何帆：《中国僵尸企业的数量测度及特征分析》，载《北京工商大学学报（社会科学版）》2016 年第 4 期。

[31] 诸竹君、黄先海、王煌：《僵尸企业如何影响企业加成率——来自中国工业企业的证据》，载《财贸经济》2019 年第 6 期。

[32] Arrowsmith, M., Griffiths, M., Franklin, J., Wohlmann, E., Young, G., and

Gregory, D., 2013: SME forbearance and its implications for monetary and financial stability, *Bank of England Quarterly Bulletin*, Vol. 53, No. 4.

[33] Caballero, R. J., Hoshi, T., and Kashyap, A. K., 2008: Zombie lending and depressed restructuring in Japan, *American economic review*, Vol. 98, No. 5.

[34] Fukuda, S. and Nakamura, J., 2011: Why did 'zombie' firms recover in Japan? *The world economy*, Vol. 34, No. 7.

[35] Giannetti, M. and Simonov, A., 2013: On the Real Effects of Bank Bailouts: Micro Evidence from Japan, *American Economic Journal Macroeconomics*, Vol. 5, No. 1.

[36] Gouveia, A. F. and Osterhold, C., 2018: Fear the walking dead: zombie firms, spillovers and exit barriers, *Working Paper.*

[37] Hadlock, C. J. and Pierce, J. R., 2010: New evidence on measuring financial constraints: Moving beyond the KZ index, *The Review of Financial Studies*, Vol. 23, No. 5.

[38] Hoshi, T. and Kashyap, A., 2011: Why did Japan stop growing? *NIRA report.*

[39] Kawai, M. and Morgan, P., 2013: Banking crises and "Japanization": Origins and implications, *Working Paper.*

[40] Kwon, H. U., Narita, F., and Narita, M., 2015: Resource reallocation and zombie lending in Japan in the 1990s, *Review of Economic Dynamics*, Vol. 18, No. 4.

[41] Lamont, O., Polk, C., and Saaá – Requejo, J., 2001: Financial constraints and stock returns, *The review of financial studies*, Vol. 14, No. 2.

[42] McGowan, M. A., Andrews, D., and Millot, V., 2017: The walking dead?: Zombie firms and productivity performance in OECD countries, *Working Paper.*

[43] Tan, Y., Huang, Y., and Woo, W. T., 2016: Zombie firms and the crowding-out of private investment in China, *Asian Economic Papers*, Vol. 15, No. 3.

[44] Whited, T. M. and Wu, G., 2006: Financial constraints risk, *The Review of Financial Studies*, Vol. 19, No. 2.

[45] Willam, D., 2014: Zombie banks and forbearance lending: Causes, effects, and policy measures, *Leipzig: Universität Leipzig.*

The Influence of "Zombie Enterprises" on Financial Development

—Analysis of Intermediary Effect Based on Financing Constraints

Fancheng Kong　Yumeng Han

Abstract: This paper matches the micro data of Chinese enterprises with the macro data of prefecture level cities, and analyzes the influence of zombie enterprises on the financial development of the jurisdiction by using the two-way fixed effect model of panel data. Furthermore, we introduce corporate financing constraints as an intermediary variable to examine the mechanism of zombie enterprises on financial development. The empirical results show that zombie enterprises significantly inhibit the expansion of financial development scale and the improvement of financial development efficiency, and corporate financing constraints play a partial intermediary effect between the proportion of zombie enterprises and the degree of financial development, and the regression results of instrumental variables confirm that this research conclusion is robust and reliable. Zombie enterprises damage fair competition among enterprises by aggravating financing constraints, which affects the normal financing ability of enterprises, so as to inhibit the financial development of the jurisdiction.

KeyWords: Zombie Enterprises Financing Constraints Financial Development

JEL Classification: M21 G01 E62

普惠金融、金融素养降低家庭金融脆弱性了吗？

——基于 CHFS2015 数据的实证

邢大伟　管志豪*

摘　要： 家庭金融是我国金融体系的重要组成部分，对金融风险的防控具有特殊意义。本文基于中国家庭金融调查（CHFS）2015 年的数据，以居民家庭为研究对象，采用有序 Probit 模型研究了普惠金融、金融素养对家庭金融脆弱性的影响。研究发现：普惠金融及金融素养均对家庭金融脆弱性有显著的负向影响，但金融素养的上升降低了普惠金融对家庭金融脆弱性的抑制作用。普惠金融及金融素养显著提高了低金融脆弱性家庭的金融脆弱性，但对中高金融脆弱性家庭仍有显著的抑制作用。异质性研究发现，随着普惠金融指数的增加，农村家庭的金融脆弱性会比城镇家庭更大程度地降低，中部地区比东西部地区家庭金融脆弱性降低概率更大；随着金融素养的上升，普惠金融对城镇家庭及中西部地区家庭金融脆弱性的抑制作用会消失。本文的研究结论对于理解普惠金融和金融素养对我国家庭金融脆弱性的影响，进而抑制家庭金融风险具有重要的理论和现实意义。

关键词： 普惠金融　金融素养　家庭金融脆弱性

一、引　　言

我国经济发展进入新时期，金融风险的防控受到越来越多的关注。习近平在 2017 年 7 月召开的全国金融工作会议上指出防控金融风险、深化金融改革的重要性。家庭金融作为金融体系中的重要组成部分，其作用的发挥对金融风险的防控起着重要作用。家庭金融风险主要反映家庭在负债、储蓄及消费等方面的风险，影响着宏观经济的稳定运行和居民家庭的生活状况，金融脆弱性作为衡量家庭金融风险的重要视角开始得到越来越多的关注。近年

---

* 本文受国家哲学社会科学基金一般项目“改革四十年来农村居民家庭消费行为嬗变及供需协同政策研究”（18BJL004）资助。
感谢审稿人的专业意见！
邢大伟：扬州大学商学院；地址：江苏省扬州市邗江区扬州大学扬子津西校区，邮编：225125；E-mail：xingdawei@163.com。
管志豪：扬州大学商学院；地址：江苏省扬州市邗江区扬州大学扬子津西校区，邮编：225125；E-mail：guanzhihaoo@126.com。

来，我国家庭负债规模快速上升、储蓄率不断降低的现象在一定程度上增加了家庭金融脆弱性。《2019 年中国城镇居民家庭资产负债情况调查》显示，我国户均家庭总负债为 51.2 万元，负债率达到 54.3%，年均上涨 3.5%，与之相对，储蓄率下降较快。家庭负债的积累会在很大程度上增加家庭金融风险，对家庭消费的挤出作用不仅会在家庭内部造成危机，还会传导到其他部门，引起其他部门，特别是企业部门的连锁反应（田国强等，2018），最终引发金融危机。2007 年美国次贷危机前，美国家庭的债务达到了历史最高点（Mian and Sufi，2011），可见家庭的高负债也是金融危机的预警指标之一。普惠金融是我国金融改革的重要措施之一，对家庭金融有重要影响。中国政府网将普惠金融解释为立足机会平等要求和商业可持续原则，以可负担的成本为有金融服务需求的社会各阶层和群体提供适当、有效的金融服务。我国大力推进普惠金融，特别是在乡村及经济落后地区，试图改善家庭金融状况。《2020 年中国普惠金融发展报告》指出，推进普惠金融以来，我国家庭获得了更多有效的金融服务，金融可得性得到了很大提升，同时报告建议要用普惠金融增强乡村经济的韧性，精准对接中小微经济的金融需求，加强“微弱经济体”的金融能力建设。金融素养反映的是人们掌握基本金融概念以及在使用和管理资产的时候能够运用这些知识、技能有效配置金融资产以实现终生财务保障的能力（Huang et al.，2009），金融素养作为影响家庭金融行为的一项重要因素受到了广泛研究。《2019 年消费者金融素养调查简要报告》显示，我国消费者金融素养平均分为 64.77，较 2017 年提高了 1.06，这表明，我国消费者金融素养水平总体得到了上升。

因此，在目前重点关注金融风险防控的背景下，普惠金融及金融素养是否能通过普及有效的金融服务、改善家庭金融状况，提高居民金融知识和金融技能等降低家庭金融脆弱性？如果普惠金融可以降低家庭金融脆弱性，金融素养在普惠金融降低家庭金融脆弱性的过程中会起到怎样的作用？本文基于 CHFS2015 年数据对三者之间的关系进行解析，并试图回答这些问题。

二、文献综述

金融脆弱性源于 Minsky（1982）提出的“金融内在脆弱性”，国内学者认为家庭金融脆弱性反映在家庭应对风险的能力上，目前的研究展示了多种影响家庭金融脆弱性的因素。金融素养可以显著降低家庭金融脆弱性（孟德峰等，2019），既通过增加家庭收入和资产降低家庭金融脆弱性，也通过增加家庭负债和支出提高家庭金融脆弱性（刘波等，2020）。李波、朱太辉（2020）认为债务杠杆率增大了家庭金融脆弱性，但是金融素养的上升能够降低债务杠杆率对家庭金融脆弱性的负面影响。Anderloni et al.

（2012）研究发现，意大利家庭金融脆弱性主要与家庭的债务偿还能力、个人情绪及教育水平有关。Marianna et al.（2016）研究意大利家庭的金融脆弱性，发现房屋所有权增加了金融脆弱性的可能性，而抵押贷款的存在降低了发生这种脆弱性的可能性。Liaqat et al.（2020）研究了巴基斯坦家庭的金融脆弱性，发现受教育程度，就业状况和户主的就业行业是家庭金融脆弱性的主要决定因素。Noerhidajati et al.（2020）发现印尼的家庭金融脆弱性不仅受到收入的强烈影响，还受家庭自身金融行为特征和社会经济因素影响。

关于普惠金融的研究，目前主要集中于定义及其与家庭金融方面的关系。大多数学者认为普惠金融是对金融服务和产品提供范围的拓展，Mohan（2006）认为普惠金融是为社会中缺乏条件的某些群体提供适合、公平及安全的金融产品和服务，特别是农村地区的群体。国内学者罗斯丹等（2016）认为普惠金融应是建立完善基础设施等措施，为社会中所有群体提供高效的、全面的金融服务体系。Takeshi（2019）认为普惠金融起到了普及正规金融服务的作用，对减少贫困和降低收入不平等方面有重要影响。

关于金融素养的文献目前主要集中在对家庭金融行为的影响上。研究发现：金融素养是居民通过接受教育获得金融知识及技能，并在做出金融决策时有效使用它们实现金融资产保值增值的能力（Potrich et al.，2016）。缺乏金融素养的人做出的金融决策通常不合理，教育水平低、未参加过经济类课程培训、女性、未参加过工作的人一般拥有较低的金融素养，有更大的几率做出不合理的金融决策（Huang et al.，2009）。金融素养是促进家庭借贷行为的重要因素，可以显著增加家庭从正规渠道借贷的可能性（董晓林等，2019）。金融素养还会通过提高风险态度增加居民家庭资产中股票的价值和比例（胡振、臧日宏，2016）。

从以上文献可以看出：第一，国内学者认为金融素养可以通过多种途径降低家庭金融脆弱性，国外学者则对家庭金融脆弱性的影响因素进行了进一步扩展；第二，普惠金融可以有效缓解贫困，缩小收入差距，提高收入；第三，金融素养可以改善家庭金融状况，使家庭金融行为更有效合理。目前国内外关于普惠金融、金融素养及家庭金融脆弱性的相关研究较多，但针对普惠金融的研究大多是与家庭金融某一行为放在一起。金融素养方面虽有与家庭金融脆弱性相关的研究，但大多是只着眼于两者间的关系。关于家庭金融脆弱性的研究主要集中在金融素养对其的影响方面，缺少对其他因素的探讨。本文利用中国家庭金融调查（CHFS）2015 年的数据，将金融素养作为调节变量，研究普惠金融对家庭金融脆弱性的影响，这有利于政府控制金融风险，进一步合理引导普惠金融的开展，提高社会福利，促进经济健康发展。

三、理论机制与研究假说

（一）普惠金融对家庭金融脆弱性的影响

我国普惠金融的目的是惠及民生，主要着眼于为广大居民家庭普及适当的、有效的金融服务，改善家庭金融状况。家庭金融脆弱性一般由与负债相关的客观指标衡量，如家庭资产负债率、债务收入比、偿债收入比、主要住房的房贷占房产价值比例、财务利润等（Leika and Marchettini，2017），这些指标多和家庭金融状况相关。普惠金融可以减少居民失业率（张号栋等，2017），这对家庭金融有着重要的影响。现有关于普惠金融与家庭金融脆弱性的相关研究非常有限，但实际上普惠金融会对地区经济、地区金融可得性、家庭收入及优化金融资产配置等方面产生影响，从而提高或降低家庭金融脆弱性。具体机制分析如下：

普惠金融可以通过多种途径促进经济增长，从而降低家庭金融脆弱性。普惠金融的服务包括提供丰富的金融产品、为个人和企业融资借贷提供便利、促使他们更好地发展并参与金融市场、使金融市场更活跃、进而更好地服务实体经济，推动经济增长。普惠金融可以通过优化居民储蓄、市场投资及资源配置为经济发展提供有利条件。同时，经济增长会通过“涓滴效应”提高家庭收入。普惠金融还会降低失业率，稳定就业，从而减少因失业可能导致的应急储蓄不足的情况，降低家庭金融脆弱性。家庭金融脆弱性主要包括“资不抵债”和“入不敷出”两种情况（刘波等，2020），低收入弱势群体由于收入和资产较少很容易陷入这两种状况之中。提高普惠金融水平可以通过增加这类家庭的收入，缓解家庭应急储蓄不足和过度负债两种情况，从而降低家庭金融脆弱性。一方面，普惠金融降低了金融门槛以使更多需要金融服务的群体受益，减弱金融机构与需求者之间的互相排斥现象，融通资金，增加收入。另一方面，普惠金融显著降低家庭发生贫困和脆弱性的概率，对农村及城镇低收入者等弱势群体的影响更大，能协助家庭应对社区协同性冲击导致的脆弱性（尹志超、张栋浩，2020），从而消除贫困，增加居民家庭的收入。收入的增加会直接改善家庭金融的状况，通过扩大资产规模和储蓄缓解了应急储蓄不足和过度负债。普惠金融促进家庭合理地配置金融资产，提高家庭资产水平（张晓玫等，2020）。金融资产配置的优化为家庭资产实现了保值增值，增加了家庭的财产性收入并扩大资产规模，缓解了家庭资不抵债的风险，降低家庭金融脆弱性。根据资产组合理论，优化金融资产配置的实质是增加了家庭参与风险市场和机会，提高风险资产的比重。虽然资产配置的多样化组合和适当的比重会有效地分散风险，但是相对于一些原来未参与风险市场的家庭，金融可得性的提高通过促进风险资产的配置会增加金融风险，提高家庭金融脆弱性。另一方面，普惠金融为个人和企业提供的各类融资借贷服务会增加居民家庭借贷的几率，从而造成更多负债，特别是对那些原来很少负债且拥有更多储蓄的风险厌恶型家庭会带来过度负债的风险，提高这类家庭的金融脆弱性。

具体影响机制如图 1 所示。普惠金融一方面通过促进经济增长、提高收入、优化家庭金融资产配置降低家庭金融脆弱性；另一方面，由于普及金融服务使得金融可得性增加，导致居民家庭风险资产比重及借贷上升，特别是对原来金融风险较低的家庭带来的风险尤为明显。本文认为，根据导致家庭金融脆弱性上升因素的特征来看，这些因素对低金融风险家庭的影响可能会更明显，对于一般家庭来说，普惠金融降低家庭金融脆弱性的效应更大。基于此，本文提出假设 H1：

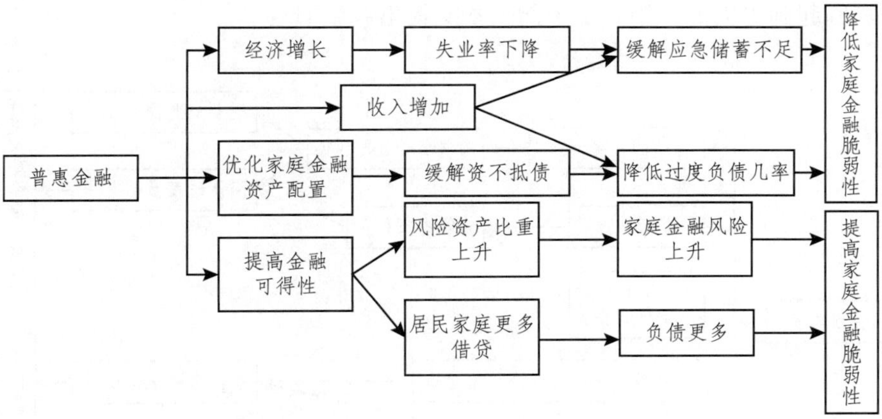

图 1　普惠金融影响家庭金融脆弱性的作用机制

假设 H1：普惠金融对家庭金融脆弱性有显著的负向影响，但对金融风险较低的家庭有正向影响。

（二）金融素养对家庭金融脆弱性的影响

金融素养是影响家庭金融行为的重要因素之一，对家庭金融脆弱性同样有着促进和抑制两方面的作用。一方面，金融素养越高的家庭越理性，对金融相关的信息和技能掌握得越好，促使家庭做出包括借贷、金融资产配置等金融事务方面的合理金融决策；缺乏金融素养的家庭容易做出不合理的金融决策，对家庭金融福利造成负面影响，增加金融风险，最终提高家庭金融脆弱性（李波、朱太辉，2020）；另一方面，金融素养较高的家庭在配置金融资产时更加符合理性人的假设，促进家庭风险资产配置及增加资产多样性以优化金融资产配置并通过金融知识维度缓解资不抵债以降低金融脆弱性（刘波等，2020）。金融素养不仅能抑制家庭金融脆弱性，也会通过一些途径促进家庭金融脆弱性的上升。首先，金融态度是金融素养中的一个重要维度，金融态度主要是指居民的风险态度，金融素养较高的家庭一般有更高的风险偏好，倾向于更多地参与风险市场，增加低金融风险家庭的金融风险；其次，金融素养同普惠金融一样会促进居民家庭的借贷行为（董晓林等，2019），容易造成过度负债，增加家庭金融脆弱性。

具体机制如图 2 所示。金融素养一方面通过增加金融决策的合理性、提高金融知识及优化金融资产配置降低家庭金融脆弱性。另一方面金融素养也会改变家庭的风险态度、增加风险资产配置和收入的不稳定性及借贷行为，从而增大家庭金融脆弱性。但是，同普惠金融一样，本文认为，我国居民的金融素养普遍偏低，金融素养提升带来的优势会更明显。另外，低金融风险家庭大多储蓄率较高、负债较少，在风险态度上偏向于风险厌恶型，一般较少参与风险市场，而金融素养中对家庭金融脆弱性起促进作用的因素将对这类家庭起到更大的作用。基于此，本文提出假设 H2：

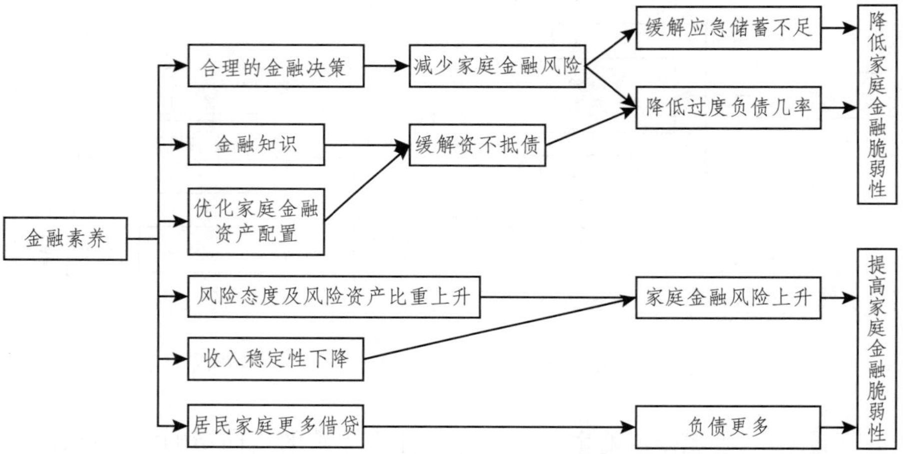

图 2　金融素养影响家庭金融脆弱性的作用机制

假设 H2：金融素养对家庭金融脆弱性有显著的负向影响，但对金融风险较低的家庭有正向影响。

（三）金融素养在普惠金融影响家庭金融脆弱性过程中的作用

根据对普惠金融与金融素养影响家庭金融脆弱性的机制分析，普惠金融可以通过促进经济增长、增加居民家庭收入及优化家庭金融资产配置降低家庭金融脆弱性，通过提高金融可得性、增加家庭风险资产配置及借贷行为提高家庭金融脆弱性。在这个过程中，金融素养由于通过某些和普惠金融相同的途径对家庭金融脆弱性产生影响，因此，金融素养可能在普惠金融影响家庭金融脆弱性的过程中起到调节作用。从调节机制来看，金融素养对降低家庭金融脆弱性的作用中只有促进家庭金融资产配置优化这一个效应和普惠金融相似，因此金融素养在普惠金融降低家庭金融脆弱性的过程中只能加强普惠金融优化家庭金融资产配置的作用，并不能对普惠金融促进经济增长及收入增长这两个效应产生作用。关于普惠金融提高家庭金融脆弱性的方面，普惠金融提高金融可得性导致的家庭风险资产配置及借贷行为的上升与金融素养的影响途径相似，因此金融素养可以对普惠金融在提高家庭金融脆弱性中的这两个途径都起到促进作用。具体影响机制如图 3 所示。

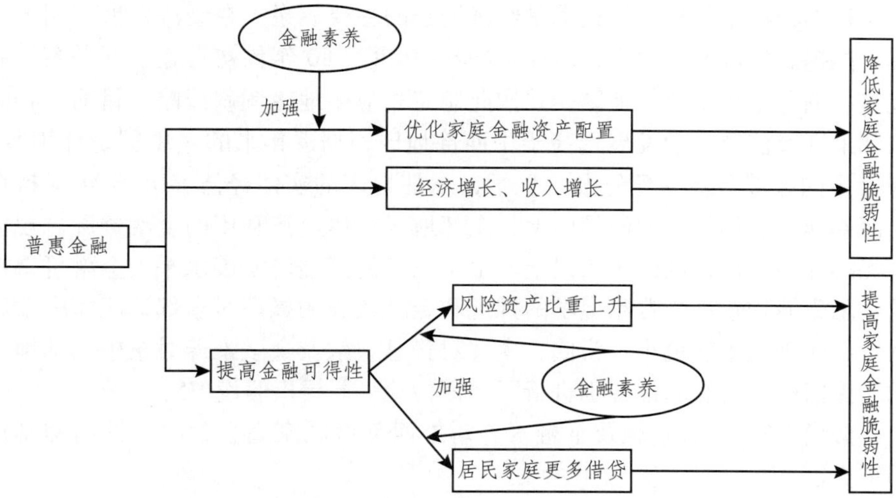

图 3　金融素养在普惠金融影响家庭金融脆弱性中的作用机制

综上所述，本文认为金融素养对普惠金融降低家庭金融脆弱性中的一个途径产生加强作用，对普惠金融提高家庭金融脆弱性中的两个途径都有促进作用。因此，根据普惠金融对家庭金融脆弱性影响的机制分析，普惠金融可能降低家庭金融脆弱性，由此，金融素养对普惠金融抑制家庭金融脆弱性的作用则可能起到阻碍作用。基于此，本文提出假设 H3：

假设 H3：金融素养的上升降低了普惠金融对家庭金融脆弱性的抑制作用。

（四）普惠金融、金融素养对不同地区家庭金融脆弱性的影响

农村金融理论主要包括农业信贷补贴理论及不完全竞争市场理论，该理论认为农村地区经济的发展需要农业信贷的支持，而由于投资农业的高风险性和低收益性，农村地区的信贷资金容易流入城镇地区导致农业信贷可得性的下降，并且由于农业的这种特性，保险业在农村地区的发展也处于较低水平。另外，不完全竞争市场理论认为，农民在进行正规借贷行为时缺少可靠有效的抵押物，同时，正规金融机构对贷款的农民资信信息很难掌握得完

全，容易出现信息不对称的问题，这很大程度上提高了农民贷款的难度。鉴于农村地区经济发展较落后、金融服务和金融可得性相对于城镇地区处于较低状态，同时，农村地区金融素养水平也更低，有较大提升空间。本文认为普惠金融的推进及金融素养的提高对农村地区家庭金融的影响要更大。为此，对普惠金融及金融素养对城乡地区的居民家庭金融脆弱性进行实证检验，并提出假设 H4：

假设 H4：普惠金融与金融素养对农村地区家庭金融脆弱性的抑制作用更大。

根据经济增长理论，技术是经济增长的主要源泉，在经济发展初期产业集聚能提高经济发展效率，由此我国在 20 世纪 80 年代初实施了不平衡发展战略，划分了东中西部地区，并按此制定相应的地区倾斜战略。目前，我国东部地区经济及金融发展远高于中西部地区，据近年来的《中国统计年鉴》和《中国区域金融运行公报》显示，东部地区的实体经济 GDP 常年保持在中西部地区实体经济的两倍以上，东部地区实体经济利用的金融资源总规模则保持在中西部地区的 3 倍以上。由于东部地区经济发展水平、金融可得性及金融素养均较高，普惠金融的推进和金融素养的提高对东部地区家庭金融状况的改善效果会更小。为此，本文对普惠金融及金融素养对东中西部地区的居民家庭金融脆弱性分别进行了实证检验，并提出假设 H5：

假设 H5：普惠金融及金融素养对中西部地区家庭金融脆弱性的抑制作用更大。

四、数据来源、变量选取与模型设定

（一）数据来源

本文使用西南财经大学中国家庭金融调查与研究中心 2015 年在全国范围内开展的抽样调查项目（CHFS2015）的问卷数据作为初始数据。该调查覆盖全国 29 个省（份）、363 个县、1439 个村（居）委会，从人口统计特征、家庭资产负债情况、保险保障程度、收入支出结构等方面提供了详细的微观信息，对家庭的基本状况进行了较为全面的刻画。根据研究内容，本文对 37289 个样本家庭的数据进行整理，在剔除信息不完整和极端的样本后，最终的样本观测数为 27744 个家庭。下面就本文重点关注的核心研究变量以及控制变量的选取进行说明。

（二）变量选取

1. 因变量

本文的因变量为家庭金融脆弱性，主要通过过度负债和消费欠款两个方面来衡量。过度负债主要考察家庭负债与收入的情况，反映家庭信用风险暴露程度，本文使用家庭偿还欠款的能力作为客观指标表示。在CHFS2015问卷中，共有农业贷款、工商业贷款、购房贷款、教育贷款、医疗贷款及信用卡贷款六种债务来源，如果对偿还能力的选项选择了“很难偿还”“完全没有能力偿还”“逾期付款”“逾期未付款”，则将家庭设定为过度负债家庭，赋值1，其他家庭赋值0。消费欠款主要考察家庭消费支出的拖欠情况，反映家庭缓冲收入冲击的能力，本文使用应急储蓄表示。应急储蓄可以应对由于意外事件导致的收入冲击，并在出现收入冲击时使家庭维持当前生活水平。失业是对收入造成冲击最大的事件，失业人员一般需要3到6个月的时间实现再就业（Johnson and Widdows，1985）。因此，本文将家庭储蓄低于该家庭3个月支出的家庭设定为应急储蓄不足的家庭，赋值1，其他家庭赋值0。本文的家庭金融脆弱性指标在综合考虑过度负债和应急储蓄后，取值0、1和2。0代表家庭无过度负债和应急储蓄不足的情况，为低度脆弱型家庭；1代表家庭正处于过度负债或应急储蓄不足任何一种情况中的家庭，为中度脆弱型家庭；2代表家庭正同时处于过度负债和应急储蓄两种情况下的家庭，为高度脆弱型家庭。

2. 自变量

本文的自变量为普惠金融和金融素养。关于普惠金融，本文借鉴尹志超等（2019）的做法构建家庭普惠金融指数衡量普惠金融。本文选取银行账户、信贷可得性、商业保险覆盖面、支付便利性及数字金融服务5个指标衡量普惠金融指数。拥有银行账户是普惠金融的基础，提高信贷可得性及支付便利性是普惠金融工作开展的核心，分别用家庭的贷款情况和拥有信用卡的情况表现。保险可以为家庭提供风险屏障，用家庭是否拥有商业保险衡量。另外，考虑到数字金融发展对普惠金融的影响越来越重要，本文加入了数字金融服务指标，具体包括家庭使用互联网融资、理财及支付的情况。本文基于这5个指标使用因子分析法构建家庭普惠金融指数，KMO和Bartlett检验表明指标适合进行因子分析，以特征值为1提取了两个公因子，以两个公因子对应的方差贡献率比例为权数计算普惠金融指数综合得分情况衡量普惠金融。

关于金融素养，本文从金融知识、金融技能、金融态度及金融经验四个维度结合CHFS2015问卷中的金融知识部分选取了9个指标，具体包括：对经济金融信息的关注、是否上过经济金融相关的培训课程、对利率和通货膨胀率的计算、资产组合的多样性、风险程度的判断、风险态度、面对风险是否能正确决策及家中是否有人从事金融业。本文基于上述指标采用因子分析法构建金融素养指数，KMO和Bartlett检验表明指标适合进行因子分析，但是以特征值为1提取因子累计方差解释率低于50%，表达较差，因此不提取特征值为1的公因子，而采用最大方差旋转法设定提取4个公因子，累计方差解释率达到了 60% 以上，结果是有效的。本文将 4 个公因子命名为金融知识因子、金融技能因子、金融态度因子及金融经验因子。根据旋转成分矩阵的结果，金融知识因子包括对经济金融信息的关注、资产组合的多样性及风险程度的判断，反映家庭对金融知识的掌握程度；金融技能因子包括对利率和通货膨胀率的计算，反映家庭的金融相关计算能力；金融态度因子包括风险态度及面对风险能否正确决策，反映家庭面对风险时的态度和行动；金融经验因子包括是否上过经济金融相关的培训课程及家中是否有人从事金融业，反映家庭是否受到专业金融的影响。提取公因子后，本文以四个公因子对应的方差贡献率比例为权数计算金融素养综合得分。

3. 控制变量

本文在参考研究家庭金融脆弱性影响因素的相关文献后，选取如下控制变量个人特征变量：地区、户口、年龄、年龄的平方、性别、婚姻、教育、健康、风险态度、就业情况。家庭特征变量包括：家庭人数、自有住房、家庭收入、家庭资产。

（三）变量描述

描述性统计结果（见表 1）显示，我国家庭普惠金融指数较低，最小值与最大值相差较大，标准差较大，说明普惠金融未能有效普及全部家庭。金融素养较低，应急储蓄不足的家庭较多，过度负债的情况远少于应急储蓄不足的情况，家庭金融脆弱性较高。受访家庭的城乡比例和地区分布较均匀，户主年龄偏大，男性居多，多为已婚，教育水平介于初中和高中之间，健康状况较好，多为风险厌恶型。受访家庭人口多为 3 ~ 4 人，基本都有自有住房，户主大部分有工作，家庭收入和家庭资产标准差较大。

表 1 变量的描述性统计与说明

变量	均值	标准差	最小值	最大值	变量说明
普惠金融指数	0.0013	0.7313	-8	2.32	家庭的普惠金融综合得分
金融素养	0.0004	0.5079	-0.77	3	家庭的金融素养综合得分
过度负债	0.0786	0.2692	0	1	0 表示家庭未存在过度负债情况，1 表示家庭存在过度负债情况
应急储蓄	0.5137	0.4998	0	1	0 表示家庭未存在应急储蓄不足情况，1 表示家庭存在应急储蓄不足情况
家庭金融脆弱性	0.5924	0.6102	0	2	0 表示低度脆弱性家庭，1 表示中度脆弱性家庭，2 表示高度脆弱性家庭
地区	1.7520	0.8164	1	3	1 表示东部，2 表示中部，3 表示西部
户口	0.7057	0.4558	0	1	0 表示农村家庭，1 表示城镇家庭

续表

变量	均值	标准差	最小值	最大值	变量说明
年龄	51.97	14.0262	18	96	受访者的年龄
年龄的平方	2897.735	1495.274	324	9216	受访者年龄的平方
性别	0.7559	0.4296	0	1	0表示女性，1表示男性
婚姻	2.2828	1.0865	1	6	1表示未婚，2表示已婚，3表示同居，4表示分居，5表示离婚，6表示丧偶
教育	3.5588	1.7008	1	9	1表示文盲，2表示小学，3表示初中，4表示高中，5表示中专/职高，6表示大专/高职，7表示大学本科，8表示硕士研究生，9表示博士研究生
健康	3.3977	0.9349	1	5	1表示非常不好，2表示不好，3表示比较一般，4表示好，5表示非常好
风险态度	1.9629	1.1805	1	5	1表示非常厌恶风险，2表示厌恶风险，3表示一般，4表示偏好风险，5表示非常偏好风险
家庭人数	3.6799	1.8429	1	16	受访者家庭人数
自有住房	0.9170	0.2760	0	1	0表示没有自有住房，1表示有自有住房
就业	0.6719	0.4695	0	1	0表示受访者下岗，1表示受访者在岗
家庭收入	10.4258	1.9330	0	15.4250	受访者家庭去年的所有收入的对数
家庭资产	12.7590	1.5590	6.9078	16.8112	受访者家庭目前拥有的所有资产的对数

另外，本文还统计了受访家庭金融脆弱性的详细情况（见表2），我国家庭过度负债率为7.86%，这表明我国家庭的负债率较低，在过度负债方面控制得较好。应急储蓄不足率较高，有超过一半的家庭出现了应急储蓄不足的情况，这可能是由于我国家庭近年来储蓄率不断降低的结果。我国家庭金融脆弱性较低，低度脆弱性家庭占比47.31%，接近一半，可能得益于负债率控制较好，中度脆弱性家庭占比46.15%，高度脆弱性家庭仅占6.55%，这说明我国家庭同时出现过度负债和应急储蓄不足的情况较为罕见，家庭金融情况整体较好。

表2 受访家庭金融脆弱性总量及占比

指标	取值	户数	占比
过度负债	0	25562	92.14%
	1	2182	7.86%
应急储蓄不足	0	13491	48.63%
	1	14253	51.37%
家庭金融脆弱性	0（低度脆弱）	13125	47.31%
	1（中度脆弱）	12803	46.15%
	2（高度脆弱）	1816	6.55%

（四）模型设定

本文的因变量家庭金融脆弱性是一个取值为0、1、2的有序因变量，因此使用有序Probit模型进行分析，模型设定为：

$$FV^* = \alpha + \beta \times finde + \gamma \times FL + \mu \times finde \times FL + \delta \times Z + \varepsilon \quad (1)$$

$$Z = \begin{bmatrix} region, rural, age, age^2, gender, marry, edu, health, riskattitude, \\ num, house, job, Inincome, Inasset \end{bmatrix}$$

FV^* 为家庭金融脆弱性的潜变量，finde为家庭普惠金融指数，FL为金融素养，Z为控制变量。

家庭金融脆弱性FV在0、1、2上的取值取决于 FV^* 的取值范围：

$$FV = \begin{cases} 0, & FV^* < \theta_1 \\ 1, & \theta_1 < FV^* < \theta_2 \\ 2, & FV^* > \theta_2 \end{cases} \quad (2)$$

θ_1 和 θ_2 分别是家庭金融脆弱性 FV^* 的不同阈值。

五、实证结果与分析

（一）普惠金融、金融素养对家庭金融脆弱性的影响

表3是使用有序Probit模型对普惠金融、金融素养与家庭金融脆弱性关系的回归结果，模型1~3是加入普惠金融、金融素养及两者交互项进行的回归，模型4~6是自变量及控制变量对低中高三个等级家庭金融脆弱性的不同的边际效应结果。

表3　　普惠金融、金融素养对家庭金融脆弱性影响的模型回归结果

解释变量	有序Probit模型			边际效应		
				低度脆弱	中度脆弱	高度脆弱
	模型1	模型2	模型3	模型4	模型5	模型6
普惠金融	-0.0625*** (-5.18)	-0.0242** (-1.97)	-0.0788*** (-6.15)	0.0313*** (6.15)	-0.0241*** (-6.14)	-0.0072*** (-6.11)
金融素养		-0.4459*** (-20.29)	-0.5093*** (-22.71)	0.2025*** (22.71)	-0.1558*** (-22.14)	-0.0468*** (-21.02)
普惠金融×金融素养			0.2721*** (14.84)	-0.1082*** (-14.84)	0.0832*** (14.67)	0.0250*** (14.35)
地区	0.0178** (1.96)	0.0207** (2.27)	0.0269*** (2.94)	-0.0107*** (-2.94)	0.0082*** (2.94)	0.0025*** (2.94)
户口	-0.0554*** (-2.96)	-0.0381** (-2.03)	-0.0474** (-2.52)	0.0189** (2.52)	-0.0145** (-2.52)	-0.0044** (-2.51)
年龄	-0.0008 (-0.24)	-0.0017 (-0.49)	0.0009 (0.27)	-0.0004 (-0.27)	0.0003 (0.27)	0.0001 (0.27)
年龄的平方	-0.0001*** (-2.82)	-0.0001*** (-2.57)	-0.0001*** (-3.39)	0.0001*** (3.39)	-0.0001*** (-3.39)	-0.0001*** (-3.38)
性别	-0.0434** (-2.36)	-0.0430** (-2.33)	-0.0439** (-2.38)	0.0175** (2.38)	-0.0134** (-2.38)	-0.0040** (-2.38)
婚姻	0.0325*** (4.5)	0.0316*** (4.36)	0.0284*** (3.91)	-0.0113*** (-3.91)	0.0087*** (3.91)	0.0026*** (3.9)
教育	-0.0543*** (-9.91)	-0.0228*** (-3.99)	-0.0263*** (-4.59)	0.0105*** (4.59)	-0.0080*** (-4.59)	-0.0024*** (-4.58)
健康	-0.1439*** (-17.58)	-0.1422*** (-17.33)	-0.1394*** (-16.95)	0.0554*** (16.96)	-0.0426*** (-16.69)	-0.0128*** (-16.3)
风险态度	0.0169*** (2.58)	0.1064*** (13.44)	0.1134*** (14.28)	-0.0451*** (-14.28)	0.0347*** (14.13)	0.0104*** (13.84)
家庭人数	0.0628*** (15.23)	0.0576*** (13.91)	0.0592*** (14.26)	-0.0235*** (-14.26)	0.0181*** (14.11)	0.0054*** (13.83)
自有住房	0.4077*** (13.38)	0.3692*** (12.06)	0.3612*** (11.78)	-0.1437*** (-11.78)	0.1105*** (11.69)	0.0332*** (11.53)
就业	-0.0429** (-2.17)	-0.0599*** (-3.01)	-0.0435** (-2.18)	0.0173** (2.18)	-0.0133** (-2.18)	-0.0040** (-2.18)
家庭收入	-0.0458*** (-11.28)	-0.0393*** (-9.61)	-0.0376*** (-9.19)	0.0150*** (9.19)	-0.0115*** (-9.14)	-0.0035*** (-9.07)
家庭资产	-0.2158*** (-33.04)	-0.1970*** (-9.61)	-0.1934*** (-29.19)	0.0769*** (29.19)	-0.0591*** (-27.97)	-0.0178*** (-25.95)

注：***、**、*分别表示在1%、5%、10%水平下显著，括号内是z值。

在模型 1 中，普惠金融与家庭金融脆弱性在 1% 的置信水平上有显著的负向关系，部分验证了 H1 的观点。原因在于，普惠金融为更多的家庭提供了他们所需的金融服务，如某些家庭急需的信贷、保险等，为这些家庭在资金周转、规避风险及增加收入等方面提供了保障，缓解导致家庭陷入高度金融脆弱性的过度负债及应急储蓄不足问题，一定程度上控制了家庭金融风险，降低家庭金融脆弱性。在模型 2 中，金融素养的加入一定程度上减少了普惠金融对家庭金融脆弱性影响的显著性，但系数方向仍为负向，这从侧面验证了金融素养上升会降低普惠金融对家庭金融脆弱性的抑制作用的观点。金融素养对家庭金融脆弱性在 1% 的置信水平上有显著的负向影响，部分验证了 H2 的观点。原因可能是，金融素养增加了家庭对风险的理性态度，对控制风险的认识及方法有较强意识，能更好地合理配置金融资产减少应对的风险，同时，金融素养高的家庭一般具备一定程度的金融知识和金融经验，在进行金融决策时更容易做出合理的判断，避免错误的决策对家庭金融造成的不良影响，最终降低家庭金融脆弱性。

在模型 3 中，加入了普惠金融与金融素养的交互项，普惠金融的金融素养的系数与显著性仍不变，交互项对家庭金融脆弱性在 1% 的置信水平上有显著的负向交互作用，说明金融素养的上升降低了普惠金融对家庭金融脆弱性的抑制作用，验证了 H3 的观点。原因可能是，我国是储蓄大国，家庭的储蓄率都较高，且多为风险厌恶型，较少参与风险市场，金融素养可以提高家庭对待风险的理性，增加大部分家庭的风险偏好，提高家庭风险资产的持有，扩大了家庭金融面对的风险，同时金融素养导致风险态度的上升使家庭参与负债活动的主观能动性更强，金融素养的提升也使家庭对正规借贷流程和政策更为了解，从而增加不必要的信贷，这些都会让家庭负债及承受的风险增加，对普惠金融降低家庭金融脆弱性有抑制作用。控制变量方面，东部地区和城镇户口的家庭金融脆弱性更低。东部地区和城镇地区的金融业更发达，这些地区的家庭相比其他地区能获得更多的金融服务和金融产品，接触更多金融方面的信息。户主年龄对家庭金融脆弱性影响不显著，但呈倒 U 型曲线。户主为男性和教育水平较高的家庭金融脆弱性更低，这可能是因为男性对控制家庭金融风险更理性和敏感，教育水平高的家庭更容易解读金融信息和政策，能够提前预知或规避金融风险。婚姻、风险态度、家庭人数及自有住房与家庭金融脆弱性在 1% 的置信水平上有显著的正向关系，原因可能是户主已婚和人数较多的家庭需面对更多事件的冲击，减少家庭的收入稳定性，户主偏好风险会直接增加家庭金融的风险，拥有自有住房的家庭多有房贷，容易造成过度负债。健康、就业状况、家庭收入及资产都对家庭金融脆弱性有显著的抑制作用，这可能是因为户主的健康状况越好，面对的疾病风险越小，受到收入冲击的概率也越小，户主拥有工作的家庭有稳定的收入，家庭收入和资产高的家庭可以在面对负债和不确定性冲击时维持家庭当前的生活水平。

从模型 4 ~ 6 的边际效应看，当其他自变量处于均值时，普惠金融导致低度脆弱性家庭的金融脆弱性增加，中高脆弱性家庭金融脆弱性的概率减少，金融素养的情况也是如此，验证了 H1 和 H2 的观点。交互项对低度脆弱性家庭的金融脆弱性有显著的负向交互作用，对中高脆弱性家庭仍有显著的正向影响。细看系数可以发现，普惠金融、金融素养及两者交互项影响最大的是低脆弱性家庭，接着是中脆弱性和高脆弱性家庭。这说明，在低度脆弱性家庭中，普惠金融和金融素养会增加家庭金融脆弱性，金融素养的上升会降低普惠金融对家庭金融脆弱性的促进作用，原因可能是，低度脆弱性家庭一般储蓄率很高且很少负债并参与金融市场，家庭金融面对的风险极小，普惠金融和金融素养使他们一定程度上减少储蓄并涉足风险性金融事务，增加家庭金融脆弱性，但这不代表推进普惠金融及提高金融素养对这类家庭来说没有好处，相反，低脆弱性家庭中储蓄过多或几乎没有负债的家庭需要适当参与风险市场或使用贷款提高他们的福利，而由于中高度脆弱性家庭的情况和总体回归的结果相同，低脆弱性家庭也不会由于普惠金融的推进和金融素养的提高轻易地转变为中高脆弱性家庭。

（二）普惠金融、金融素养对家庭金融脆弱性的影响：城乡家庭组回归分析

本文使用有序 Probit 模型分别对城镇组和农村组家庭金融脆弱性进行回归，并分析解释变量对低中高三个等级家庭金融脆弱性的不同的边际效应结果，得到模型 7 ~ 18。如表 4、表 5 所示，被解释变量均值可以看出，农村家庭金融脆弱性高于城镇家庭，这说明我国目前需注意控制农村地区的家庭金融风险。从模型 7 ~ 9 可以看出，普惠金融对城镇家庭金融脆弱性的抑制作用仅在 10% 的置信水平上显著，金融素养和交互项仍在 1% 的置信水平上与家庭金融脆弱性分别有显著的负向关系和正向关系，另外，模型 8 的普惠金融已不显著。这说明，在城镇家庭中，普惠金融对家庭金融脆弱性的抑制作用较弱，城镇地区金融业发达，金融可得性较高，需要普惠金融的群体较少，因此普惠金融在城镇地区的作用有限。金融素养对普惠金融降低家庭金融脆弱性的抑制作用更高了，甚至消除了普惠金融的作用，说明在城镇地区金融素养对降低家庭金融脆弱性有重要作用。

表 4　普惠金融、金融素养对城镇地区家庭金融脆弱性影响的模型回归结果

	城镇组					
被解释变量均值	0.5194					
	有序 Probit 模型			边际效应		
				低度脆弱	中度脆弱	高度脆弱
解释变量	模型 7	模型 8	模型 9	模型 10	模型 11	模型 12
普惠金融	-0.0244* (-1.8)	0.0135 (0.98)	-0.0499*** (-3.41)	0.0198*** (3.41)	-0.0165*** (-3.4)	-0.0034*** (-3.39)
金融素养		-0.4255*** (-16.29)	-0.5034*** (-19.46)	0.2004*** (19.47)	-0.1662*** (-19.08)	-0.0342*** (-17.19)
普惠金融×金融素养			0.2538*** (12.74)	-0.1010*** (-12.74)	0.0838*** (12.63)	0.0172*** (12.05)

注：***、**、*分别表示在1%、5%、10%水平下显著，括号内是 z 值。

表 5　普惠金融、金融素养对乡村地区家庭金融脆弱性影响的模型回归结果

	乡村组					
被解释变量均值	0.7673					
	有序 Probit 模型			边际效应		
				低度脆弱	中度脆弱	高度脆弱
解释变量	模型 13	模型 14	模型 15	模型 16	模型 17	模型 18
普惠金融	-0.2556*** (-8.61)	-0.2282*** (-7.63)	-0.2083*** (-6.82)	0.0755*** (6.82)	-0.0417*** (-6.67)	-0.0338*** (-6.77)
金融素养		-0.5584*** (-12.04)	-0.5440*** (-11.69)	0.1972*** (11.67)	-0.1088*** (-11.01)	-0.0884*** (-11.41)
普惠金融×金融素养			0.2058*** (3.01)	-0.0738*** (-3.02)	0.0407*** (3)	0.0331*** (3.01)

注：***、**、*分别表示在1%、5%、10%水平下显著，括号内是 z 值。

模型 13～模型 15 中，普惠金融、金融素养及两者交互项的情况与总体回归基本一致，从系数和显著性可以发现，普惠金融和金融素养对农村地区家庭金融脆弱性的影响远高于城镇地区，验证了 H4 的观点，但金融素养的调节效应弱于城镇地区，说明金融素养的上升对普惠金融降低家庭金融脆弱性的抑制作用弱于城镇地区。原因可能是，农村地区金融发展落后，金融服务网点、产品种类少，获取金融信息渠道匮乏，金融可得性较低，拥有较多金融弱势群体，普惠金融可以为他们带来丰富的金融服务和产品，增强金融对农村家庭发展的支持，金融素养能提高农村家庭的基础金融意识，协助农

村家庭更好地处理金融事务，在降低家庭金融脆弱性上获得更好的效果。

从模型 10 ~ 12 及 16 ~ 18 的边际效应看，随着普惠金融上升，城乡地区低度脆弱性家庭的金融脆弱性都会增加，而中高度脆弱性家庭的情况相反。金融素养及两者交互项的情况与普惠金融相似，系数上看普惠金融对乡村组的影响要更大，金融素养则影响城镇组较多。交互项显示，金融素养的调节效应对城镇组的低中度脆弱性家庭和乡村组的高度脆弱性家庭影响更大。

（三）普惠金融、金融素养对家庭金融脆弱性的影响：不同地区组回归分析

使用有序 Probit 模型分别对东、中、西部地区家庭金融脆弱性进行回归，并分析解释变量对低中高三个等级家庭金融脆弱性的不同的边际效应结果，得到模型 19 ~ 36。如表 6 ~ 表 8 所示，被解释变量均值可以看出，东部地区家庭金融脆弱性最低，中西部地区都较高。从模型 19 ~ 36 可以看出，普惠金融、金融素养及交互项对家庭金融脆弱性的影响与总体回归基本一致，细看系数及显著性可以发现，普惠金融和金融素养对家庭金融脆弱性的抑制作用都是在中西部地区更高，验证了 H5 的观点，原因可能是，中西部地区金融发展较落后，家庭的金融意识不强，缺少处理金融事务的经验，需要金融服务的群体较多，金融可得性低，导致很多家庭可能由于得不到金融支持而陷入困境，增加家庭金融脆弱性，因此普惠金融和金融素养在控制中西部家庭金融脆弱性的作用更大。交互项显示，金融素养的调节效应在东中部地区更高，但模型 20 和模型 32 的普惠金融在金融素养加入后变得不显著了，这说明，在东西部地区金融素养的调节效应会减弱并消除普惠金融对家庭金融脆弱性的影响。

表 6　普惠金融、金融素养对东部地区家庭金融脆弱性影响的模型回归结果

	东部组					
被解释变量均值	0.5158					
	有序 Probit 模型			边际效应		
				低度脆弱	中度脆弱	高度脆弱
解释变量	模型 19	模型 20	模型 21	模型 22	模型 23	模型 24
普惠金融	-0.0550*** (-3.31)	-0.0138 (-0.82)	-0.0794*** (-4.42)	0.0316*** (4.42)	-0.0267*** (-4.41)	-0.0049*** (-4.36)
金融素养		-0.4461*** (-14.31)	-0.5357*** (-16.59)	0.2132*** (16.59)	-0.1801*** (-16.27)	-0.0331*** (-14.32)
普惠金融×金融素养			0.2709*** (11.15)	-0.1078*** (-11.15)	0.0911*** (11.05)	0.0167*** (10.39)

注：***、**、* 分别表示在 1%、5%、10% 水平下显著，括号内是 z 值。

表7 普惠金融、金融素养对中部地区家庭金融脆弱性影响的模型回归结果

	中部组					
被解释变量均值	0.6658					
	有序Probit模型			边际效应		
				低度脆弱	中度脆弱	高度脆弱
解释变量	模型25	模型26	模型27	模型28	模型29	模型30
普惠金融	-0.0916*** (-3.7)	-0.0596*** (-2.39)	-0.1063*** (-4.15)	0.0413*** (4.15)	-0.0286*** (-4.14)	-0.0126*** (-4.12)
金融素养		-0.4675*** (-10.85)	-0.5016*** (-11.6)	0.1948*** (11.59)	-0.1352*** (-11.2)	-0.0596*** (-11.06)
普惠金融×金融素养			0.3485*** (8.74)	-0.1353*** (-8.74)	0.0939*** (8.57)	0.0414*** (8.52)

注：***、**、*分别表示在1%、5%、10%水平下显著，括号内是z值。

表8 普惠金融、金融素养对西部地区家庭金融脆弱性影响的模型回归结果

	西部组					
被解释变量均值	0.6650					
	有序Probit模型			边际效应		
				低度脆弱	中度脆弱	高度脆弱
解释变量	模型31	模型32	模型33	模型34	模型35	模型36
普惠金融	-0.0679*** (-2.66)	-0.0311 (-1.2)	-0.0578** (-2.17)	0.0225** (2.17)	-0.0151** (-2.17)	-0.0074** (-2.16)
金融素养		-0.4534*** (-10.04)	-0.4800*** (-10.53)	0.1872*** (10.52)	-0.1257*** (-10.17)	-0.0615*** (-10.13)
普惠金融×金融素养			0.1735*** (4.15)	-0.0677*** (-4.15)	0.0454*** (4.13)	0.0222*** (4.12)

注：***、**、*分别表示在1%、5%、10%水平下显著，括号内是z值。

从三组回归结果的边际效应看，普惠金融、金融素养及两者交互项对任何地区低中高度脆弱性家庭的影响都和总体回归中的情况相似。细看系数，普惠金融和金融素养都对所有地区低度脆弱性家庭的影响更大，这为我们在推进普惠金融和提升居民金融素养时给予了启示，应多关注原本同时无过度负债和应急储蓄不足情况的家庭是否在得到更多的金融服务、金融知识或金融技能后出现这两种情况，注意控制这类家庭在不增加自身金融脆弱性的情况下通过普惠金融和金融素养改善家庭金融的状况。

六、稳健性检验

为检验本文模型及回归结果是否稳健，本文使用加总计算方法和 Sarma（2010）合成金融包指数的构建方法分别重新计算普惠金融指数和金融素养指数，将它们作为代理变量。普惠金融的五个指标都是二值变量，因此普惠金融指数的构建是通过对五个指标进行加总求得。金融素养指数的构建方法如下：

$$FL(S)=1-\frac{\sqrt{(1-x_1)^2+(1-x_2)^2+\cdots+(1-x_j)^2}}{\sqrt{j}}$$

X_j 为金融素养的各个指标，是二分类变量。本文的金融素养指标包括 9 个方面：对经济金融信息的关注、是否上过经济金融相关的培训课程、对利率和通货膨胀率的计算、资产组合的多样性、风险程度的判断、风险态度、面对风险是否能正确决策及家中是否有人从事金融业。由于指标需为二分类变量，经济及金融方面信息关注度、资产组合的多样性和风险态度不是二分类变量，本文将经济及金融方面信息关注度中关注度为平均及以上水平的家庭赋值为 1，其余赋值为 0，将金融资产在 4 种及以上的家庭赋值为 1，其余赋值为 0，将风险态度中愿意投资平均风险、平均回报及以上项目的家庭赋值为 1，其余赋值为 0。j 为金融素养指标的数量，为 9。

构建新的普惠金融指数和金融素养指数后，使用有序 Probit 模型对新的普惠金融、金融素养与家庭金融脆弱性进行回归并计算各个自变量的边际效应，得到模型 37 ~ 42，如表 9 所示。将回归结果与模型 1 ~ 6 中的结果比较，前者的各变量系数方向与显著性和后者的基本一致，因此，可以证明该结论是稳健的。

表 9　　稳健性检验的结果

	有序 Probit 模型			边际效应		
				低度脆弱	中度脆弱	高度脆弱
解释变量	模型 37	模型 38	模型 39	模型 40	模型 41	模型 42
普惠金融	-0.2173*** (-27.22)	-0.1909*** (-23.46)	-0.3646*** (-31.42)	0.1449*** (31.43)	-0.1134*** (-30.03)	-0.0315*** (-27.11)
金融素养		-1.4624*** (-17.62)	-3.6646*** (-27.32)	1.4569*** (27.32)	-1.1399*** (-26.38)	-0.3170*** (-24.35)
普惠金融×金融素养			0.9878*** (21.28)	-0.3927*** (-21.28)	0.3073*** (20.82)	0.0855*** (19.82)

续表

	有序 Probit 模型			边际效应		
				低度脆弱	中度脆弱	高度脆弱
解释变量	模型 37	模型 38	模型 39	模型 40	模型 41	模型 42
家庭收入	-0.0348*** (-8.49)	-0.0301*** (-7.32)	-0.0269*** (-6.5)	0.0107*** (6.5)	-0.0084*** (-6.49)	-0.0023*** (-6.46)
家庭资产	-0.1762*** (-26.62)	-0.1612*** (-24.12)	-0.1545*** (-23.02)	0.0614*** (23.03)	-0.0480*** (-22.43)	-0.0134*** (-21.22)

注：***、**、*分别表示在1%、5%、10%水平下显著，括号内是z值。

七、结论与启示

实证研究发现：普惠金融及金融素养均对家庭金融脆弱性有显著的负向影响，区分城乡组和地区组后结论不变。城镇地区家庭金融脆弱性相较于农村地区更低，普惠金融及金融素养对农村地区家庭金融脆弱性的抑制作用远高于城镇地区。东部地区家庭金融脆弱性低于中西部地区，普惠金融及金融素养对家庭金融脆弱性的抑制作用在中西部地区更高。加入交互项后，交互项显示金融素养的上升降低了普惠金融对家庭金融脆弱性的抑制作用，区分乡村组和地区组后结论不变，但金融素养的调节效应会完全消除城镇地区及东西部地区普惠金融对家庭金融脆弱性的抑制作用，金融素养的调节效应在城镇地区和东中部地区更高。解释变量的边际效应分析发现，普惠金融及金融素养显著提高了低金融脆弱性家庭的金融脆弱性，但对中高金融脆弱性家庭仍有显著的抑制作用，交互项显示金融素养的上升降低了普惠金融对低金融脆弱性家庭金融脆弱性的促进作用，但提高了普惠金融对中高金融脆弱性家庭金融脆弱性的促进作用，区分乡村组和地区组后，结论基本不变，普惠金融和金融素养对任何组别的低金融脆弱性家庭的影响都更大。

据此，本文得出启示：第一，持续推进普惠金融体系建设，特别是在农村地区和中西部地区，提升弱势群体的金融可得性以抵御不确定性的冲击。第二，构建金融素养教育体系，通过多平台推广，加快普及金融教育，提升金融知识和能力，全面提高居民金融素养。第三，在城镇地区及东部地区重点推动居民家庭金融素养的提高，在农村地区及中西部地区促进普惠金融与居民家庭金融素养同步提升。第四，优化家庭资产配置，引导居民家庭合理负债，多渠道增加收入，提高危机处理能力。第五，加强金融市场的监管，防范发生系统性金融风险，力争居民家庭财富保值增值，降低家庭金融脆弱性。

参考文献

[1] 董晓林、戴月、朱晨露：《金融素养对家庭借贷决策的影响——基于 CHFS2013 的实证分析》，载《东南大学学报（哲学社会科学版）》2019 年第 3 期。

[2] 胡振、臧日宏：《金融素养过度自信影响股票市场参与吗？——基于中国城镇家庭的微观数据》，载《北京工商大学学报（社会科学版）》2016 年第 6 期。

[3] 李波、朱太辉：《债务杠杆、金融素养与家庭金融脆弱性——基于中国家庭追踪调查 CFPS2014 的实证分析》，载《国际金融研究》2020 年第 7 期。

[4] 刘波、王修华、胡宗义：《金融素养是否降低了家庭金融脆弱性?》，载《南方经济》2020 年第 10 期。

[5] 罗斯丹、陈晓、姚悦欣：《我国普惠金融发展的减贫效应研究》，载《当代经济研究》2016 年第 12 期。

[6] 孟德锋、严伟祥、刘志友：《金融素养与家庭金融脆弱性》，载《上海金融》2019 年第 8 期。

[7] 田国强、黄晓东、宁磊、王玉琴：《防范金融风险当警惕家庭债务危机》，载《社会科学报》2018 年 9 月第 1 版。

[8] 尹志超、彭嫦燕、里昂安吉拉：《中国家庭普惠金融的发展及影响》，载《管理世界》2019 年第 2 期。

[9] 尹志超、张栋浩：《金融普惠、家庭贫困及脆弱性》，载《经济学（季刊）》2020 年第 5 期。

[10] 张号栋、尹志超、彭嫦燕：《金融普惠和京津冀城镇居民失业——基于中国家庭金融调查数据的实证研究》，载《经济与管理研究》2017 年第 2 期。

[11] 张晓玫、董文奎、韩科飞：《普惠金融对家庭金融资产选择的影响及机制分析》，载《当代财经》2020 年第 1 期。

[12] Anderloni, L., Bacchiocchi, E., and Vandone, D., 2012: Household financial vulnerability: An empirical analysis, *Research in Economics*, Vol. 66, No. 3.

[13] Huang, A., Parker, A. M., and Yoong, J., 2009: Defining and Measuring Financial Literacy, *Working Paper*, Vol. 708.

[14] Johnson, D. P. and Widdows, R., 1985: Emergency Fund Levels of Households, *Proceedings of the 31st Annual Conference of the American Council of Consumer Interests. Fort Worth, TX: Amer Council Consumer Interest*, Collected papers.

[15] Leika, M. and Marchettini, D. A., 2017: Generalized Framework for the Assessment of Household Financial Fragility, *IMF Working Paper.*

[16] Liaqat, A., Khan, M. K. N., and Ahmad, H., 2020: Financial Fragility of Pakistani Household, *Journal of Family and Economic Issues*, Vol. 41, No. 3.

[17] Marianna, B., Giarda, E., and Torricelli, C., 2016: Is Financial Fragility a Matter of Illiquidity? An Appraisal for Italian Households, *Review of Income and Wealth*, Vol. 62, No. 4.

[18] Mian, A. and Sufi, A., 2011: House Prices, Home Equity - Based Borrowing, and the

US Household Leverage Crisis, *American Economic Review*, Vol. 101, No. 5.

[19] Minsky, H. P., 1982: *The Financial Instability Hypothesis, Capitalist Processes, and the Behavior of the Economy. In Kindleberger, C. P. and Laffargue, J. P. (eds.), Financial Crises: Theory, History and Policy*, Cambridge: Cambridge University Press.

[20] Mohan, R., 2006: Economic Growth, Financial Deepening, and Financial Inclusion, *Policy Research Working Paper.*

[21] Noerhidajati, S., Purwoko, A. B., Werdaningtyas, H., Kamil, A. I., and Dartanto, T., 2020: Household financial vulnerability in Indonesia: Measurement and determinants, *Economic Modelling*, Vol. 39.

[22] Potrich, A., Vieira, K. M., and Mendesdasilva, W., 2016: Development of a financial literacy model for university students, *Management Research Review*, Vol. 39, No. 3.

[23] Sarma, M., 2010: Index of Financial Inclusion, *Indian Council for Research on International Economic Realations*, Working Paper.

[24] Takeshi, I., 2019: Financial inclusion and poverty reduction in India, *Journal of Financial Economic Policy*, No. 1.

Do Inclusive Finance and Financial Literacy Weaken Household Financial Vulnerability?

—Empirical Research Based on CHFS2015 Data

Dawei Xing Zhihao Guan

Abstract: As an important part of Chinese financial system, household finance is of special significance to the prevention and control of financial risks. Based on the data of China Household Finance Survey (CHFS) in 2015, this paper studies the impact of inclusive finance and financial literacy on household financial vulnerability by using the ordered Probit model with households as the research object. The study shows that both inclusive finance and financial literacy have a significant negative impact on household financial vulnerability. However, the increase of financial literacy weakens the inhibitory effect of inclusive finance on household financial vulnerability. Inclusive finance and financial literacy significantly increase the financial vulnerability of households with low financial vulnerability, but still has a significant inhibiting effect on households with medium and high financial vulnerability. The heterogeneity study finds that with the increase of inclusive finance index, the financial vulnerability of rural households will be weakened to a greater extent than that of urban households, and the probability of the decrease of financial vulnerability of households in the central region is greater than that in the eastern and western regions. With the rise of financial literacy, the inhibiting effect of inclusive finance on the financial vulnerability of urban families and families in the central and western regions will disappear. The research conclusions of this paper have important theoretical and practical significance for understanding the impact of inclusive Finance and financial literacy on the household financial vulnerability in China, and then to curb the financial risk of households.

KeyWords: Inclusive Finance　Financial Literacy　Household Financial Vulnerability

JEL Classification: D13　G28　H31

附录：

关键性原始数据

家庭户号	普惠金融	金融素养	过度负债	应急储蓄不足	家庭金融脆弱性
201100002	0.78	0.6	0	0	0
201100006	0.02	0.69	0	0	0
201100007	−0.72	0.73	0	0	0
201100008	0.02	−0.08	0	0	0
201100012	−0.72	−0.38	0	0	0
201100016	0.05	−0.2	0	0	0
201100017	−0.72	−0.39	0	0	0
201100022	−0.72	0.19	0	1	1
201100025	0.78	0.42	0	1	1
201100033	−0.72	−0.29	0	0	0
201100040	−0.72	0.13	0	0	0
201100056	1.4	0.18	0	0	0
201100057	0.64	0.6	0	0	0
201100058	0.64	0.84	0	0	0
201100068	−0.72	−0.2	0	0	0
201100070	1.4	0.13	0	0	0
201100071	1.58	−0.26	0	1	1
201100072	−0.1	−0.36	0	1	1
201100075	1.4	2.25	0	1	1
201100076	−0.72	0.01	0	0	0
201100077	0.64	1.27	0	0	0
201100079	2.32	−0.15	0	0	0
201100081	1.4	1.36	0	0	0
201100083	0.64	0.43	0	0	0
201100085	1.56	2.4	0	1	1
201100087	−0.72	−0.29	0	0	0

续表

家庭户号	普惠金融	金融素养	过度负债	应急储蓄不足	家庭金融脆弱性
201100090	0. 55	0. 16	0	1	1
201100092	-0. 72	0. 29	0	0	0
201100097	0. 64	0. 37	0	1	1

注：受到篇幅的限制，且本文原始数据过于庞大，本文在附录中仅提供了 30 户家庭的自变量和因变量数据，完整的数据感兴趣的读者可以来函索取。

《产业经济评论》投稿体例

《产业经济评论》是由山东大学经济学院、山东大学产业经济研究所主办，由经济科学出版社出版的开放性产业经济专业学术文集。它以推进中国产业经济科学领域的学术研究、进一步推动中国产业经济理论的发展，加强产业经济领域中海内外学者之间的学术交流与合作为宗旨。《产业经济评论》为中文社会科学引文索引（CSSCI）来源集刊。

《产业经济评论》是一个中国经济理论与实践研究者的理论、思想交流平台，倡导规范、严谨的研究方法，鼓励理论和经验研究相结合的研究路线。《产业经济评论》欢迎原创性的理论、经验和评论性研究论文，特别欢迎有关中国产业经济问题的基础理论研究和比较研究论文。

《产业经济评论》设“综述”“论文”“书评”三个栏目。其中：“综述”发表关于产业经济领域最新学术动态的综述性文章，目的是帮助国内学者及时掌握国际前沿研究动态；“论文”发表原创性的产业经济理论、经验实证研究文章；“书评”发表有关产业经济理论新书、新作的介绍和评论。

《产业经济评论》真诚欢迎大家投稿，以下是有关投稿体例说明。

1. 稿件发送电子邮件至：rie@ sdu. edu. cn。

2. 文章首页应包括：

（1）中文文章标题；（2）200 字左右的中文摘要；（3）3 ~5 个关键词；（4）作者姓名、署名单位、详细通信地址、邮编、联系电话和 E-mail 地址。

3. 文章的正文标题、表格、图形、公式须分别连续编号，脚注每页单独编号。大标题居中，编号用一、二、三；小标题左齐，编号用（一）、（二）、（三）；其他用阿拉伯数字。

4. 正文中文献引用格式：

单人作者：

“Stigler（1951）……”“……（Stigler，1951）”“杨小凯（2003）……”“……（杨小凯，2003）”。

双人作者：

“Baumol and Willig（1981）……”“……（Baumol and Willig，1981）”“武力、温锐（2006）……”“……（武力、温锐，2006）”。

三人以上作者：

“Baumol et al.（1977）……”“……（Baumol et al.，1977）”。

“于立等（2002）……”“……（于立等，2002）”。

文献引用不需要另加脚注，所引文献列在文末参考文献中即可。请确认包括脚注在内的每一个引用均有对应的参考文献。

5. 文章末页应包括：参考文献目录，按作者姓名的汉语拼音或英文字母顺序排列，中文在前，Word 自动编号；英文文章标题；与中文摘要和关键词对应的英文摘要和英文关键词；2 ~ 4 个 JEL（*Journal of Economic Literature*）分类号。

参考文献均为实引，格式如下，请注意英文书名和期刊名为斜体，中文文献中使用全角标点符号，英文文献中使用半角标点符号：

[1] 武力、温锐：《1949 年以来中国工业化的“轻重”之辨》，载《经济研究》2006 年第 9 期。

[2] 杨小凯：《经济学——新兴古典与新古典框架》，社会科学文献出版社 2003 年版。

[3] 于立、于左、陈艳利：《企业集团的性质、边界与规制难题》，载《产业经济评论》2002 年第 2 期。

[4] Baumol, W. J. and Willig, R. D., 1981: Fixed Costs, Sunk Costs, Entry Barriers, and Sustainability of Monopoly, *The Quarterly Journal of Economics*, Vol. 96, No. 3.

[5] Baumol, W. J., Bailey, E. E., and Willig, R. D., 1977: Weak Invisible Hand Theorems on the Sustainability of Multiproduct Natural Monopoly, *The American Economic Review*, Vol. 67, No. 3.

[6] Stigler, G. J., 1951: The Division of Labor is Limited by the Extent of the Market, *Journal of Political Economy*, Vol. 59, No. 3.

[7] Williamson, O. E., 1975: *Markets and Hierarchies*, New York: Free Press.

6. 稿件不做严格的字数限制，《综述》《论文》栏目的文章宜在 8000 字以上，欢迎长稿。

7. 投稿以中文为主，海外学者可用英文投稿，但须是未发表的稿件。稿件如果录用，由本刊负责翻译成中文，由作者审查定稿。文章在本刊发表后，作者可以继续在中国以外以英文发表。

8. 在收到您的稿件时，即认定您的稿件已专投《产业经济评论》并授权刊出。《产业经济评论》已被《中国学术期刊网络出版总库》及 CNKI 系列数据库收录，如果作者不同意文章被收录，请在投稿时说明。

《产业经济评论》的成长与提高离不开各位同仁的鼎力支持，我们诚挚地邀请海内外经济学界的同仁踊跃投稿，并感谢您惠赐佳作。我们的愿望是：经过各位同仁的共同努力，中国产业经济研究能够结出更丰硕的果实！

让我们共同迎接产业经济理论繁荣发展的世纪！